韓日關係史의 樣相

한일관계사학회 편

國學資料院

차 례

韓日間 漂流民에 관한 研究*

閔德基·孫承喆·河宇鳳
李 薰·鄭成一**

1. 머리말

최근 韓·日 海域에서의 漂流·漂着과 漂流民(또는 漂流人)에 관한 연구가 한국과 일본의 역사학계에서 적지 않은 관심을 끌고 있다.[1] 근대 이전 동

* 이 論文은 學術振興財團 연구지원(1997년 10월~1999년 9월)에 의해 이루어졌음.

** 閔德基(청주대 역사교육과 부교수, 연구책임자), 孫承喆(강원대 사학과 교수), 河宇鳳(전북대 사학과 교수), 李薰(국사편찬위원회 연구위원), 鄭成一(광주여대 경영정보학과 조교수)

1) 최근에는 국내 연구자들도 漂流民 문제에 대하여 크게 주목을 하기 시작하였다. 그 구체적인 한 사례로 1999년 4월 29~30일 韓日關係史學會 주최로 江原大學校에서 「조선시대 漂流民을 통해 본 한·일관계」라는 주제로 국제심포지

아시아 해역에서의 漂流·漂着이란 어떤 의미를 지니고 있는 사건일까? 선박과 항해술의 발달이 제한되어 있고 해외에 대한 지식이 적었던 전근대에는 기본적으로 한·중·일 모두 상호간의 정보체계가 원활하지 못하였다. 바로 이와 같은 조건 속에서 표류·표착사건이 발생했던 것이며, 이 시기에 와서 국제적 공조체제에 의한 '표류민 송환체제'가 형성·발전되었던 것이다. 주로 朝鮮時代를 분석대상으로 삼은 이 공동연구에서는 지금까지 한·일 학계에서 발표된 표류·표착에 관한 연구성과를 비판적으로 수용하면서, 크게 다섯 가지 관점에서 표류민 문제를 다루고자 한다.

첫째 漂流民 송환의 前史로서 被虜人의 송환이 언제 어떠한 과정을 거쳐 이루어지고 있었으며, 그것이 표류민 송환으로 전환된 배경은 무엇인지에 대하여 분석을 실시하고자 한다. 즉 朝鮮前期 동아시아 국가들 사이의 피로인과 표류민의 송환을 동아시아 국제질서의 형성이라고 하는 거시적 측면에서 살펴보려는 것이다.

둘째 朝鮮前期 韓·日 해역에서의 표류·표착에 대한 조선정부의 인식과 대일정책을 검토하고자 한다. 지금까지의 조선전기 조·일간 표류민 연구가 주로 일본측의 송환 의도나 절차에 편중되어 있었던 문제점을 극복하기 위하여, 이 공동연구에서는 일본에 표착한 조선인의 송환을 조선이 어떤 필요에서 일본측에 유도하게 되었는지에 대해서 살펴보려는 것이다.

셋째 표류민을 통한 情報의 전달 경로와 그 특징에 관한 것이다. 잘 알려진 것처럼 前近代 국가간의 정보 교류는 使者의 왕래를 통한 것이 주류였는데, 이 루트를 통하여 전달된 정보는 국가권력에 의해 윤색되거나 정제되기 쉽다고 하는 특징을 지니고 있다. 그런 반면에 본국에 송환된 自國 표류민이

엄이 열린 바 있다. 비슷한 시기에 일본에서도 표류민을 주제로 한 학술행사가 개최되었다. 즉 1999년 7월 24일 東京大學에서 「近世東アジアの漂流民と國家」라고 하는 타이틀로 심포지엄이 있었다. 또한 1998년 8월 28~29일에는 일본의 放送大學에서 '제1회 濟州島研究 國際學術 심포지엄'이 열렸는데, 그 자리에서 「黑潮の中の濟州島」와 「濟州島人のネットワーク·コミュニティ」라는 주제와 관련하여 漂流를 둘러싼 濟州島의 문제가 논의된 적이 있다.

나 자국에 표착한 외국 표류민에 의한 정보는 변방에 노출되어 있던 「있는 그대로」의 정보라는 데 그 가치가 있는 것이다.

넷째 표류민을 통해서 본 相互認識의 변화에 관하여 추적하고자 한다. 국가간의 공식적인 使行을 제외하고는 외국에 나갈 수 없었던 근대 이전의 시기에 표류는 본인이 원하지 않은 결과이지만 하여튼 '해외여행'을 하고 다른 나라와 '異國文化'를 체험한 드문 사건이기도 하였다. 따라서 민중이 일본인과 접촉할 수 있는 기회가 거의 없었던 조선시대에는 외국에 표착하였다가 송환된 표류민을 통해서도 상대국에 대한 이미지가 형성되었던 것이다.

다섯째 이 공동연구에서는 표류·표착이 일어났던 地域 즉 공간(space)에 주목하면서, 표류·표착의 원인과 그 지역적 특성 등에 대하여 살펴보고자 한다. 그와 함께 漂流民 研究를 통하여 오늘날 우리가 무엇을 얻을 수 있을 것인가 하는 문제에 대해서도 정리해 보려는 것이다.

2. 朝鮮前期 被虜人·漂流民 送還과 東아시아 國際秩序

1) 조선과 중국

⑴ 중국으로부터 송환된 被虜朝鮮人

피로조선인이 明으로부터 조선에 송환된 경우는 모두 6차례인데, 고려에 송환된 1차례를 제외하면 5차례가 된다.

명으로부터 송환된 이들 피로조선인들은 모두 조선을 습격한 왜구에게 잡혀갔던 사람들이었는데, 왜구가 다시 명을 습격했을 때, 그곳에서 탈주해 중국관리에게 보호되었던 조선인들이었다. 그리고 이들은 모두 조선에서 명에 파견되었던 조선사절단에 인계되어 본국으로 송환되었다. 이들 피로조선인의 송환경위를 보면, <표 1>과 같이 1402년 2월 김철력등 3명은 요동도사가 황제에게 상주하여 賀正通事 閔德生의 편에 돌아왔고, 1409년 2월 김득정등 6명은 명의 사신 摠制 權緩편에 송환되었는데, 禮部의 咨文을 가지고 왔다. 또 1409년 3월 이주장등 8명은 賀正使 김노에 의해 송환되었다. 그리고 1409

<표 1> 중국에서 송환된 피로조선인

No	연월일	피로인수	송환자	인솔자	출전
1	1402. 2. 15	김철력, 김막혜	명황제	하정사 민덕생	태종실록 권3
2	1409. 2. 19	김득정 등 6인	명황제	明摠制 權緩	태종실록 권3
3	1409. 3. 26	이주장 등 8인	명황제	하정사 김노	태종실록 권17
4	1409. 4. 12	김맹쇄	명황제	사은사 이양우	태종실록 권17
5	1419. 9. 6	이원생 등 3인	명황제	사은사 조흡	세종실록 권5

년 4월 김맹쇄와 1419년 9월 이원생 등 3인은 각기 謝恩使편에 돌아왔다.

즉 명으로부터의 피로조선인은 모두 皇帝의 명에 의하여 명정부가 직접 관여하였고, 인솔자는 모두 양국의 공식적인 외교사절인 謝恩使나 賀正使 또는 명사절이었으며, 禮部의 「咨文」을 휴대하였던 것이다. 이상의 내용을 통해볼 때, 조선과 명간의 피로인송환은 기본적으로 양국의 事大・冊封의 외교적인 틀 속에서 처음부터 짜임새 있게 이루어지고 있음을 볼 수 있다.[2]

<표 2> 피로중국인 송환표

연 도	송환횟수	송환피로인수
1392(태조 원) – 1400(정종 2)	3	24
1401(태종 1) – 1410(태종 10)	2	6
1411(태종 11) – 1420(세종 2)	26	287
1421(세종 3) – 1430(세종 12)	9	29
1431(세종 13) – 1440(세종 22)	2	4
1441(세종 23) – 1450(세종 32)	5	21
1451(문종 1) – 1460(세조 5)	0	0
1461(세조 6) – 1470(성종 2)	1	1
1392 – 1470(79년간)	48	372

---

2) 조선에서 명으로부터 誥命과 印信을 받은 것은 1401년 3월이지만, 당시는 명이 내란상태에 있었기 때문에, 成祖에 의해서 다시 책봉을 받게 되는 것은 1403년 4월이다. 孫承喆, 『朝鮮時代 韓日關係史研究』 제1장 동아시아 국제질서와 교린체제, 47쪽.

(2) 조선이 송환한 被虜中國人

다음은 조선이 明에 송환한 피로중국인의 경우이다. 조선에서 피로중국인이 발생하는 경우에 관해서도 이미 여러 연구가 있다. 기존의 연구에 의하면 대개 다섯 가지의 경우를 들고 있다. 즉 ㉠ 피로중국인이 일본 또는 왜구의 배에서 도망친 경우, ㉡ 조선군이 왜구를 토벌할 때 왜구로부터 탈환하는 경우(對馬島 征伐), ㉢ 일본으로부터 조선에 송환되는 경우, ㉣ 일본에 도항한 조선사절이 사오는 경우, ㉤ 왜구에 피랍되었다가 버려졌던 피로인을 발견하여 송환하는 경우 등이다.[3]

『朝鮮王朝實錄』에 기록된 피로중국인의 송환사실은 1392년 11월 병술부터 1466년 4월 갑진에 이르기까지 총 48회에 밝혀진 숫자만도 372명에 달한다. 이 가운데 조선에 당도하게 된 경위가 분명한 것은 38회인데, 도망쳐 온 경우(㉠)가 27회로 가장 많고, 탈환(㉡)이 3회, 일본으로부터 송환(㉢)이 5회, 조선사절을 통한 경우(㉣)가 2회, 발견된 경우(㉤)가 1회이다.

조선의 피로중국인 송환의 특징을 보면, 조선정부는 피로인을 획득하는 즉시 司譯院 관리로 하여금 요동에 송환하는 것을 원칙으로 했다. 즉 피로조선인의 경우는 정례적인 사절단에 의해 조선으로 송환되었지만, 피로중국인은 그때 그때 곧바로 송환되었는데, 이것은 조선이 책봉국의 입장에서 적극성을 가졌기 때문이라고 생각한다. 그 예로 1419년(세종 즉위년)에 피로중국인의 송환을 둘러싼 논의에서, 「사람을 보내어 몰래 빼앗아 중국으로 보내는 것은 오직 事大의 정성이다」[4]라고 했듯이, 이미 조선에서는 事大政策의 원칙에 의해 피로중국인을 송환하고 있음을 알 수 있다.

그러나 조선은 당시 일본과의 관계를 독자적으로 전개했기 때문에, 피로중국인이 일본에서 조선을 경유하여 중국에 송환될 경우, 피로중국인을 통하여 조선이 일본과 통교하고 있다는 사실이 중국에 알려질 가능성도 있었

---

3) 關周一, 「14～16世紀 東アジアにおける「人」をめぐる交流」, 筑波大學大學院 歷史・人類學研究科 석사(修士)학위논문.

4) 『世宗實錄』 즉위년 12월 임인. 「遣人潛奪解送中國者 專以事大之誠也」

다. 따라서 피로중국인의 송환여부를 놓고 조선정부 안에서는 논의를 거듭하였는데, 때에 따라서는 송환되지 않은 경우도 여러 차례 있었다.[5] 그러한 이유에서인지 『朝鮮王朝實錄』에 의하면 1397년부터 1487년까지 총 13건의 피로중국인이 일본으로부터 조선에 왔다는 기록이 있는데, 이 중 6건만이 중국에 송환되었다는 기록이 있고, 나머지 7건에 대해서는 기록이 없어 송환여부를 알 수 없다.

그렇다면 일본에서는 왜 직접 중국에 피로중국인을 송환하지 않았을까?

물론 일본에서 직접 중국에 피로중국인을 송환한 사실이 전혀 없는 것은 아니다. 『明太祖實錄』이나 『善隣國宝記』에 의하면 총 4차례의 기사가 있으나, 조선시대에 들어와서는 1401년과 1402년의 단 두번 있을 뿐이다. 이는 결국 중국의 대외정책의 기조가 명과 事大關係를 맺은 冊封國의 國王使節이 아니면 명에의 入國이 허락되지 않았기 때문에, 결국 책봉국인 조선을 경유하지 않으면 안 되었기 때문이 아닐까 생각한다. 이러한 추측을 가능하게 하는 것이 『朝鮮王朝實錄』의 1447년(세종29) 기사이다. 즉 "황제가 日本國王에게 주는 물건을 탁자 36개에 진열해 놓고 말하기를, '너는 마땅히 도적을 금하고, 또 백성으로서 잡혀가서 너의 나라에 있는 자가 매우 많으니, 또한 모두 다 추심하여 보내되 朝鮮과 琉球國으로 보내라."[6]고 되어 있어 피로중국인의 송환을 조선과 유구국을 통하여 보내도록 했다. 이 기록이 나오는 1447년 조선과 유구는 명의 책봉을 받고 있었지만, 일본은 책봉국이 아니었다.[7]

2) 조선과 일본

⑴ 일본으로부터 송환된 被虜朝鮮人

<표 3>에서 보는 바와 같이 일본으로부터 송환된 피로조선인은 1392년 10

---

5) 『太宗實錄』 13년 정월 정미.

6) 『世宗實錄』 29년 5월 병진.

7) 일본의 冊封에 관해서는 高橋公明, 「外交儀禮よりみた室町時代の日朝關係」 『史學雜誌』 91~98, 1982 참조.

<표 3> 일본으로부터 송환된 피로조선인

연 도	송환횟수	송환인수	왜구침입	통교건수	비 고
1392(태조 원) 1400(정종 2)	12	1,488	62	41	
1401(태종 1) 1410(태종 10)	39	751	66	145	삼포개항(1407)
1411(태종11) 1420(세종 2)	12	26	18	275	도서발급(1418)
1421(세종 3) 1430(세종 12)	13	35	21	327	
1431(세종 13) 1440(세종 22)	2	2	13	366	문인제도(1438)
1441(세종 23) 1443(세종 25)	1	7	5	234	고초도조약(1441) 계해약조(1443)
1392년 1443년(52년간)	79	2,309	185	1,388	

월 정묘부터 1443년 10월 갑오까지 총 79회에 걸쳐 2,309명이었던 것으로 확인되었다. 그것을 도표화하면 위와 같다.

이들 피로조선인들은 대부분이 조선에서 일본에 사절을 파견하거나, 아니면 幕府나 西日本의 영주들이 조선에 사절을 파견하는 형식으로 피로조선인을 대동하여 송환했다. 따라서 피로조선인의 송환은 기본적으로는 조선정부와 幕府 또는 西日本의 영주들(九州, 壹岐, 對馬)과의 외교적인 교섭에 의해 이루어지고 있었지만, 조선과 명의 경우처럼 국가간에 이루어진 一元的인 송환방식과는 달리 일본의 경우는 교섭루트와 송환경위가 매우 多元的이었다. 그리고 이 시기는 비고란에 제시된 바와 같이 조선과 일본의 통교체제가 정비되어가는 과정중에 있었음을 알 수 있다.

그렇다면 왜구에 의해서 피로인이 되었거나 轉賣된 피로인을 일본측 송환자들은 왜 어떠한 의도를 가지고 조선측에 송환하였을까? 일부 송환자들은 피로인송환이 인도적인 조치라고 강변하지만, 그러나 그들의 의도는 조선의 왜구금압책이 강화되고, 피로인 송환에 대한 조선정부의 의지가 강력해지자, 피로조신인의 송환을 통해서 스스로를 평화적인 통교자로 인정받고 싶어했으며, 그 대가로 조선측으로부터 경제적인 반대급부를 받음으로써 그들 스스로가 통교자로 전환하려 했기 때문이다. 따라서 1443년 癸亥約條에 의하여 조선과 일본 사이에 대마도를 매개로 통교체제가 어느 정도 정비되게 되면, 왜구의 출현도 일단락될 뿐만 아니라 被虜人도 자취를 감추게 되며, 그 이후는 漂流民送還으로 바뀌어지는 현상을 볼 수 있다.

(2) 일본으로부터 송환된 漂流朝鮮人

일본에서 송환된 표류조선인의 사례는 고려시대는 단 한건만 있을 뿐 모두 조선시대에 이루어지는데, 1408년부터 1500년까지 총 25건에 170명이었다. 그것을 도표화하면 <표 4>와 같다.

<표 4>에서 알 수 있는 것처럼 표류민송환이 두드러지는 것은 통교체제가 정비되는 시기인 1450년대부터이다. 물론 그 이전에도 세 차례 이루어지지만 피로인송환이 일단락 된 후부터 표류민송환이 정착된다고 볼 수 있다.

그리고 표류민 송환자와 송환형식을 보면, 초기에는 피로인송환 때와 마찬가지로 조선과의 통교관계를 맺고 있던 西日本의 영주층이 담당하지만, 1443년 계해약조 이후 조선에의 통교무역이 對馬宗氏에게 집약된 뒤에는, 표류민송환도 대부분 對馬宗氏를 경유하거나 그에 의해서 이루어진다.[8]

<표 4> 일본으로부터 송환된 표류조선인

연 도	송환횟수	송환자수	비고
1408(태종 8) - 1410(태종10)	1	1	
1411(태종11) - 1420(세종 2)	0	0	
1421(세종 3) - 1430(세종12)	2	22	
1431(세종13) - 1440(세종22)	0	0	
1441(세종23) - 1450(세종32)	2	2	계해약조(1443년)
1451(문종 1) - 1460(세조 5)	8	11	해동제국기(1470년)
1461(세조 6) - 1470(성종 1)	8	6	
1471(성종 2) - 1480(성종11)	2	38	
1481(성종12) - 1490(성종21)	2	90	
1491(성종22) - 1500(연산 6)	0	0	
1408년 - 1500년(92년간)	25	170	

---

8) 荒野泰典, 「近世日本の漂流民送還體制と東アジア」, 121쪽.

그렇다면 일본측의 표류민송환자의 의도는 무엇이었을까. 이점에 있어서도 피로인송환의 경우와 마찬가지로, 조선의 통교체제 확립에 따라, 통교를 원하는 송환자가 표류민송환을 통해 조선정부와의 우호관계를 표명하고, 그 대가로 통교의 기회를 얻어 경제적인 목적을 달성하는 것이었다. 즉 圖書發給(1418년)·歲遣船定約(1424년)·文引制度의 확립(1438년)·계해약조(1443년) 등에 의해 통교체제가 정비되자, 표류민송환은 조·일간의 통교체제에 새로이 편입되는 유효한 수단으로 작용되었던 것이다.

⑶ 조선이 송환한 漂流日本人

조선에 표류한 일본인을 조선정부가 일본에 송환한 사례는 1436년부터 나타나기 시작하는데, 1500년까지 『朝鮮王朝實錄』에는 모두 8차례의 기록이 있다. 그것을 도표화하면 다음과 같다.

<표 5>에서 보는 바와 같이, 조선에 표착한 일본인은 크게 두 종류로 구분되는데, 하나는 어로행위 등을 위해 바다에 나왔다가 표류한 경우이며, 다른 하나는 일본에서 중국으로 가던 배가 표류하여 조선에 표착한 경우이다.

이들 표류민은 표착지의 지방관이 조사를 한 후, 그 원인이 왜구행위가 아

<표 5> 조선이 송환한 표류일본인

No	연월일	표류민수	비고
1	1436(세종18) 5월 기축	太郎左衛門 등 15인 (대마인)	일본본토에 장사하러 가다가 울산에 표착
2	1440(세종22) 12월 임진	表溫古老 등 6인(대마인)	어로를 하다가 전라도 장흥에 표착
3	1443(세종25) 7월 정묘	왜인 9인(일기인)	노략질하다 표착한 것이 판명되어 분치함
4	1454(단종 2) 7월 정묘	미상(?)	중국에 朝見하러 갔다가 돌아가는 길에 전라도 內禮浦에 표착
5	1463(세조 9) 윤7월 신미	왜선 6척 49인(대마인)	어로를 하다 추자도에 표착
6	1469(예종 1) 3월 정유	望古羅 등 7인(대마인)	대마도에서 칡뿌리를 캐기위해 다른 곳으로 항해하다가 전라도에 표착
7	1478(성종 9) 7월 을유	妙茂 등 300인(遣明船)	명으로부터 귀국도중 제주도에 표착
8	1497(연산 3) 6월 병신	미상(遣明船)	명으로부터 귀국도중 제주도에 표착

닌 순수한 표착으로 판명되면 모두 대마도를 경유하여 송환되고 있으며, 특히 중국과 관련된 경우는 후한 접대와 함께 지체없이 송환되는 것을 볼 수 있다. 이들 조선표착 일본인의 경우는 시기적으로 보아도 역시 조선의 대일 통교체제가 정비되어가는 단계이며, 본격적인 송환사례도 1443년 이후에 나타난다. 따라서 조선에 표착한 일본인의 송환의 경우 조선의 대일정책의 틀 속에서 이루어지고 있었음을 알 수 있다.

3) 조선과 유구

(1) 유구로부터 송환된 被虜朝鮮人

유구가 송환한 피로조선인은 1392년부터 1437년까지 총 7회에 확인되는 숫자만 하더라도 96명이었다. 말할 것도 없이 유구로부터 송환되는 피로조선인은 대부분 왜구에 의해 붙잡혔다가 轉賣된 사람들이다.9) 그런데 유구로부터의 송환은 5회가 琉球國王使가 조선에 오면서 대동한 것이었고, 1회는 조선에서 파견한 回禮使 李藝와 1회는 본국인 김원진에 의해서 였다. 그것을 도표화하면 <표 6>과 같다.

<표 6> 유구로부터 송환된 피로조선인

연 도	송환자수	송환자	비 고
1392(태조 1)	남녀 8	중산왕찰도	
1394(태조 3) 9월 병오	남녀 12	중산왕찰도	
1397(태조 6) 8월 을유	9	중산왕찰도	
1409(태종 9) 9월 경인	부녀 3	중산왕사소	회례사 이예
1410(태종10) 10월 임자	14	중산왕사소	
1416(태종16) 7월 임자	44		
1437(세종19) 7월 무신	6	김원진	
계	96		

---

9) 田中健夫, 「倭寇と東アジア通交圈」, 『日本の社會史, 第1卷, 列島內外の交通と 國家』, 岩波書店, 1987, 156쪽.

　이렇게 볼 때 결국 유구와의 피로인송환은 처음부터 琉球國王과 朝鮮國王
간의 관계에서 이루어졌음을 알 수 있다. 물론 유구로부터의 피로인송환도
기본적으로는 통교를 목적으로 이루어진 것이다. 그러나 송환자가 琉球國王
이었다는 점과 그에 대응한 것이 朝鮮國王이라는 형식을 통해서 볼 때, 양국
간에는 기본적으로 국가대 국가의 交隣關係의 틀속에서 이루어졌다고 보아
야 할 것이다. 이러한 경향은 표류민의 송환을 볼 때, 더욱 자명해진다.

⑵ 유구로부터 송환된 漂流朝鮮人

　유구가 송환한 표류조선인은 『朝鮮王朝實錄』에는 총 8건이 보인다. 1397
년을 제외하면, 시기적으로 모두 피로인송환이 끝난 후인 1450년에서 80년
에 집중되어 있다. 특히 1455년에서 1468년 사이에는 琉球國王使의 명의로
파견된 유구사절이 11회에 달하는데, 이중 7회에 걸쳐 조선표류민이 송환되
어었다. 이것을 도표화하면 <표 7>과 같다.

　<표 7>에서 알 수 있는 바와 같이, 조선표류민의 송환도 모두 琉球國王使
의 명의로 파견된 사절에 의해 송환되었다. 따라서 적어도 표류민송환도 기
본적으로는 「國家 對 國家」 차원 교린관계 속에서 이루어졌다고 해도 무리

<표 7> 유구로부터 송환된 표류조선인

연 도	송환자수	송환자	비 고
1397(태조 6) 8월 경진	9	유구국왕찰도	
1451(문종 1) 4월 계유	2		
1453(단종 1) 5월 정묘	2	유구국중산왕	道安
1455(세조 1) 8월 무진	미상	유구국왕상태구	道安
1457(세조 3) 7월 을해	5	유구국왕	道安
1458(세조 4) 2월 을묘	3	유구국왕	吾羅沙也文
3월 병신	1	유구국왕	友仲僧
1461(세조 7) 5월 기사	2	유구국왕	德源
12월 무진	8	유구국왕	普須古
1462(세조 8) 1월 신해	미상	유구국왕	普須古
1479(성종10) 5월 신미	3	유구국왕	新時羅

가 없다고 보며, 이들도 모두 송환의 기회를 이용하여 통교를 했으므로 송환목적도 기본적으로는 경제적인 것이었다고 볼 수 있다. 그러나 1423년(세종 5)부터는 이미 유구와의 사이에 僞使問題가 제기되고 있는 만큼, 송환자가 정말로 琉球國王使였는지는 의심의 여지가 많다. 이점은 표류조선인의 송환자가 琉球國王使이지만 인솔자가 博多의 상인이나 승려들이었다는 점을 감안하면 쉽게 수긍이 간다.

⑶ 조선이 송환한 漂流琉球人

유구인이 조선에 표착한 사례는 1418년부터 모두 3차례 등장한다. 이것을 정리한 것이 <표 8>이다.『朝鮮王朝實錄』의 기록에 의하면, 표착유구인에 대한 대우는 일본인에 비하여 후대하고 있음을 알 수 있는데, 이것은 유구가 조선의 교린상대국이라는 우호적인 입장에서 이루어졌기 때문일 것이다.

그러나 1429년 표착유구인의 경우는 조·유관계가 이미 對馬島와 九州의 영향을 받아서인지, 九州太守 島津貴久에게 송환을 의뢰하고 있다. 그리고 1497년의 표착유구인의 경우는 유구가 交隣國이기 때문에 당연히 송환시켜야 하며, 그 방법으로 조선에서 명에 가는 聖節使 편에 송환시킬 것을 논하였고, 그 이유로 조선이 유구와 단순히 「私交」를 하지 않는다는 사실을 명에 알리고자 했다.10) 이점에서 적어도 조선은 표류유구인송환에 동아시아 국제질서의 규범을 쫓았던 것으로 판단된다.

<표 8> 조선이 송환한 표류유구인

No	연월일	표류민수	비고
1	1418(세종즉위) 8월 무술	미상	조선에 오던 유구국사절로 한산도에 표착
2	1429(세종 11) 8월 기축	包蒙古羅 등 15인	강원도 울진에 표류, 島津貴久편에 송환함
3	1497(연산 3) 10월 임오	10인	배를 타고 바다에 나왔다가 제주도에 표착함, 중국에 가는 성절사편에 송환을 의논함

---

10)『燕山君日記』, 3년 10월 병술.

⑷ 북경을 우회하는 조·유 표류민의 송환

僞使에 의한 교류가 종말을 고하면서 1530년(중종 25)부터 1638년(인조 16)까지 조·유간의 제반교류는 북경을 통하여 우회하는 방법에 의하여 이루어진다. 이 기간동안 조·유간의 접촉사실이 『朝鮮王朝實錄』에 8건, 『歷代宝案』에 12건이 기록되어 있는데, 이중 표류민송환이 직접 언급된 기록은 7건이다. 그 내용을 도표화하면 다음과 같다.

 <표 9>에서와 같이 북경을 우회하여 표류민송환이 시작되는 것은 1530년 8월 제주도에 표착한 유구인 7인을 송환시킬 때, 명으로 떠나는 正朝使 편에 북경을 경유하여 귀국시킨 것이 계기가 되었다. 그러나 표착유구인을 북경을 우회하여 송환시키는데는 여러 차례 논의 끝에 이루어졌다. 당시 토의된 내용을 검토해 보면, 조정에서는 이들을 처음에는 對馬島와 薩摩州를 거쳐 송환하도록 결정하였다. 그러나 표착유구인들이 이 소식을 듣고는 송환도중 왜인에게 해를 입을까 두려워하여 밤새 통곡하였다고 한다. 그러자 조정에서는 유구국이 중국에 조공하고, 또 조선사람도 전에 유구국에 표류했다가

<표 9> 북경우회의 양국간 표류민송환

No	연 도	기 사	국적	출 전
1	1530(중종 25) 10월	유구표류민 7인을 정조사편에 귀국시킴	유구	중종 25년 10월 을축
2	1546(명종 원) 2월	제주표류민 박송등이 동지사편에 귀국함	조선	명종 원년 2월 무자
3	1589(선조 22) 8월	표착유구인 유구진공사편에 귀국시킴	유구	선조 22년 8월 무진
4	1597(선조 30) 8월	유구국왕 표류민송환에 감사함	유구	역대보안 권39
5	1607(광해 원) 12월	유구국왕 조경사편에 표민송환에 감사하는 자문을 보냄	유구	광해 즉위년 12월 무진
6	1612(광해 4) 9월	표착유구인 동지사편에 귀국시킴	유구	광해 4년 9월 계묘
7	1628(인조 6) 7월	표착유구인 송환에 감사함	유구	역대보안 권39

중국을 거쳐서 돌아온 일이 있으므로 正朝使편에 돌려 보내도록 결정하였다.[11] 그리고 이후 조·유 외교관계가 완전히 단절되는 1638년까지의 양국의 표류민은 모두 북경을 경유하여 송환된다.

이상의 내용을 통해 북경우회의 표류민송환의 특징을 보아도 역시 기본적으로는 册封國間의 交隣이 전제가 된 송환이 이루어졌다고 보아야 할 것이다. 즉 國家 對 國家의 관계에서 조선국왕과 유구국왕이 송환자가 되어, 교린국 상호간의 왕복문서인「咨文」을 교환하면서 표류민 송환을 지속해 갔던 것이다.

4) 피로인·표류민 송환의 특징

이상에서 朝鮮前期 동아시아 三國간의 피로인과 표류민 송환에 관해 살펴보았다. 주지하는 바와 같이, 14~5세기 동아시아 해역, 특히 중국과 조선의 연안해에서는 왜구에 의한 피해가 극심하였고, 그로 인한 인적피해는 가장 큰 골칫거리였다. 따라서 明이나 朝鮮 모두가 왜구의 금압과 왜구를 평화적인 통교자로 전환시키려는 노력이 경주되었고, 그것은 곧 양국 대외정책의 가장 큰 잇슈가 되었던 것이다. 뿐만 아니라 왜구로 인한 피로인의 송환은 자국민 보호의 차원에서도 매우 중요한 문제였고, 이러한 점 때문에 조선은 피로인과 표류민의 송환에 매우 적극적이었다.

그런데 피로인의 송환에 관해서 보면, 조선과 중국, 조선과 유구 사이에는 기본적으로 事大·册封이라는 國際關係의 一元的인 틀 속에서 이루어지고 있는 반면, 일본과의 관계는 역시 복잡했다. 그것은 이미 다른 연구들에서 언급되고 있는 바와 같이 多元的인 關係라고 하는 조선전기 조·일관계의 構造的인 問題 때문이다. 즉 조선에서는 왜구를 평화적인 통교자로 전환시켜, 모든 통교자들을 대마도주를 대리인으로 설정하는 羈縻秩序에 편입시켜 가는데, 피로인과 표류인의 송환방식도 크게는 이 틀 속에서 이루어져가고

---

11) 『中宗實錄』 25년 10월 정사, 무오, 기미, 신유, 계해, 갑자.

있다. 예를 들면 1443년 계해약조를 전후로 왜구가 일단락되고, 피로인의 송환도 자취를 감추게 되며, 이후 표류민송환이 등장하게 되는 데, 이것은 표류민송환이 일본측 송환자들에게는 조·일간의 통교체제에 새로이 편입되는 유효한 수단이었기 때문이다. 따라서 조선의 입장에서 피로인과 표류민송환은 당시 설정한 事大·交隣의 東아시아 國際秩序의 틀 속에서 이루고자 했으며, 이러한 의미에서 조선시대 표류민 송환체제의 정착과정이 좀더 실증적으로 논증되어야 할 것이다.

3. 朝鮮前期 朝·日間 漂流民 送還과 交隣

위에서는 14세기에서 15세기로 넘어가는 시기의 동아시아 국제질서를 배경으로 하여 조선·중국·일본 사이의 被虜人과 漂流民의 송환 시스템이 어떻게 형성·전개되었는지 살펴보았다. 지금부터는 이러한 거시적 분석을 기초로 하면서 朝鮮前期에 조선과 일본 양국은 어떤 필요에 의해서 상대국의 漂流民을 송환하였으며, 그것은 朝鮮後期의 그것과 비교해서 어떠한 특징과 차이를 보이는지 고찰하고자 한다.

1) 표류·표착에 대한 조선의 인식

⑴ 朝鮮人의 일본 표착에 대한 조선측의 인식

먼저 조선측은 조선인들이 일본에 표착하는 것에 대해서 어떠한 생각을 하고 있었을까? 조선은 1420년 일본사절에 대한 답례로 송희경을 일본에 보내면서, 雲州(出雲州, 이즈모) 安木에 표착하여 정착한 조선인 70여 호를 찾아서 송환해 주도록 처음으로 요청하였다.[12] 물론 이는 일본측이 사전에 정보를 제공했기 때문에 가능한 것이었으나, 이미 일본에 정착해 살고 있는 사람들을 그들의 귀국 의사와는 상관없이 새삼 표류민으로 인식하여, 쇄환 비용(선박 차용

---

12)『世宗實錄』2년 윤 1월 갑신.

등, 송환 경비)의 조선 부담과 송환자에게는 응분의 경제적 보상까지를 제시한 것이었다.[13] 먼저 송환을 요청한 1420년은 소위 '己亥東征'이라 불리우는 대마도 토벌이 있었던 바로 다음해에 해당된다. 대마도 토벌이 당시 연안 및 도서 지방을 空島化하는 연장선에서 취해진 대규모 파병이라는 점을 염두에 둘 경우,[14] 조선이 일본에 표류민 송환을 요청했다는 것은 더 이상 연안 주민의 일탈을 막아보겠다는 조선정부의 의지가 반영된 것으로 생각된다.

1420년 이후 조선인이 일본에 표착한 사례는 1444년 肥前州에 표착한 제주인 등 6건 정도로, 조선의 송환 요청은 연안에서 漕運 도중 발생한 표류·파선사고에 대한 지침의 정비와 전후하여 이루어진 것으로 보인다.

조운 도중에 일어난 해난사고는 조운군의 익사·실종을 의미했으며, 그로 인한 군적 작성의 차질은 조선정부의 재정확보를 어렵게 했다. 이에 1444년에는 조난 선박 수색에 대한 지시가,[15] 1447년에는 연변의 포구나 섬에 표류한 백성의 수색과 익사체의 매장에 대한 지시가 있었다.[16] 이듬해인 1448년에는 公私船을 막론하고 조운선의 파선시 표착지 수령(지방관)이 파선 상황을 살펴 옷과 양식으로 구제할 것과 이를 어기는 지방관은 처벌할 것임을 밝혔다.[17] 그리고 1458년에는 조업활동 중에 사고를 당한 표류어선에 대해서도 경기·충청·전라관찰사에게 구제를 지시하게 되었다.[18] 따라서 15세기 중엽에는 조운선뿐만 아니라 어선 등, 여러 가지 경우의 수를 포함하는 해난사고에 대한 지침이 마련되었다고 본다. 전근대는 어떤 배이건 동력장치 없이 전적으로 바람에 의해 항해하던 시대인 만큼, 조그마한 기상이변에도 조선의 연안 주민들이 대마도나 일본 本州, 琉球, 中國 등, 외국에 표착하

---

13) 『成宗實錄』 10년 3월 신사.

14) 藤田明良, 「東アジアにおける海域と國家」, 『歷史評論』575, 1998.

15) 『世宗實錄』 26년 윤 7월 기해.

16) 『世宗實錄』 29년 9월 을사.

17) 『世宗實錄』 30년 4월 계해.

18) 『世祖實錄』 4년 4월 기미.

는 일이 얼마든지 있을 수 있었다. 일본측에 대한 표류민 송환 요청은 조선 정부가 해난사고로 인한 연안 주민의 일탈을 당시 國政 현안의 하나로 인식하게 되면서 표류·표착에 대한 관심이 해외에까지 연장되었음을 의미하는 것으로 보인다.

단 송환 요청시기가 1440년대 이후로 주로 대마도에 송환을 의뢰하고 있는 것을 보면, 앞에서도 설명하였듯이 1438년 文引制度 정착과 1443년 대마도와의 계해약조 체결 이후라야 현실적으로 송환 요청이 가능했기 때문이라고 생각된다.

한편 조선정부는 대마도 토벌 이후 남해 해역의 안정을 계기로 濟州의 戶口安定을 위해서도 표류민 송환에 대한 관심을 늦추지 않았다. 제주는 세종 말년까지만 해도 여전히 토호들이 발급한 印信에 의한 양민의 사역이 자행되고 있었기 때문에 명실상부한 중앙정부의 권위는 정착되지 못했다. 성종대에는 제주에 파견된 지방관의 조세 수취를 빙자한 양민 수탈, 밀무역을 통한 축재 등의 비리로 인해 제주인들은 이중적인 수탈에 시달렸다. 그 결과 1467년경에는 晉州·泗川·固城·興陽·困陽 등, 제주를 떠나 경상도의 해안 지역으로 이주해 가는 제주인의 항해가 늘어났다.[19] 또 전복을 채취하기 위해 제주로 잠입해 들어오는 전라도·경상도인도 많았다.[20] 즉, 조선정부의 제주 지배는 시간이 경과함에 따라 어떤 이유로든 제주인 및 제주와 연고관계에 있는 지역 주민에게 항해할 수 있는 많은 기회를 제공했다고 볼 수 있는데, 이는 정부 입장에서 보면 일본에의 표착 가능성 증가와 自意든 他意든 주민 일탈로 인한 호구 불안으로 이어지고 있었다. 실제로 일본이 임진왜란 이전 조선인 표류민을 송환해 온 45건의 사례 가운데 출항지가 확인된 것 중에서는 제주가 출항지로 되어 있는 것이 12건으로 가장 많았다.

그런 만큼 조선은 16세기 중엽 이후 왜란이 빈발하는 가운데 일본에 표착한 제주인의 송환에 우려를 나타냈다. 삼포왜란 이후 대마도와의 사이에 긴

---

19) 『成宗實錄』 8년 10월 기미.

20) 『成宗實錄』 14년 12월 을축.

장이 발생하여 교역이 단절된 이후, 1525년 五島에 표착한 조선인 9명을 대마도가 일본국왕사를 가장하여 조선에 표류민을 송환해 왔을 때에도, 조선은 僞使라는 혐의를 갖고 있었지만 송환을 유도하기 위해 접응하였다.21) 을묘왜변 이후 1557년 후기 왜구가 극성을 부리는 가운데 조선에 표착한 일본인의 송환 지침이 마련되는 것도, 제주 항해와 관련된 주민의 일본 표착 증대가 예상되는 상황에서 조선인의 송환을 유도하기 위해서였다.

제주인들은 조선주민 가운데 표착사고를 가장 많이 당해 제주에 거주하는 남자 숫자가 적었다. 1542년 8월 중국에 표착한 제주인 50여명 가운데 생환자에 대해서는 제주의 호구를 안정시키는 의미에서 복호조치를 취했는데,22) 이러한 조치는 일본에 표착했다가 귀국한 경우에도 마찬가지였다고 생각된다.

조선정부의 표류민 송환에 대한 관심은 지방관에 대한 책임추궁을 요구할 정도로 적극적이었다. 1458년 제주인 복산이 琉球에 표착했을 때는 전라도 관찰사에게 이 사실을 알리지 않았다 하여 경위조사를 지시한 적이 있다.23) 성종대에는 중국에 표류한 제주인 김배회 일행에 대해 신고조차도 하지 않은 지방관을 조사하도록 전라도 관찰사에게 지시한 바 있으며,24) 수령의 호구 관리를 그들에 대한 상벌 및 인사 기준으로까지 논의할 정도였다.25)

요컨대 조선정부는 일본에 표착한 조선인을 연안 주민의 안정이라는 차원에서 끊임없이 관심을 가지고 송환을 유도함으로써 16세기에 들어 잦은 왜란에도 불구하고 표류민의 송환은 안정적으로 이루어졌다고 볼 수 있다.

(2) 日本人의 조선 표착에 대한 조선측의 인식

그러면 조선에 표착한 일본인에 대해서는 어떠했을까? 조선은 일본 선박에 대해 대마도에서 발행하는 文引이 없거나, 1419년 기해동정 이후 조선이

---

21)『中宗實錄』20년 7월 경신.
22)『中宗實錄』37년 6월 임진.
23)『世祖實錄』4년 2월 을묘.
24)『世宗實錄』6년 1월 신묘.
25)『成宗實錄』5년 1월 임인, 20년 2월 정유, 6월 병진.

최일선 해역으로 인식한 거제도 안쪽으로 넘어온 일본인에 대해서는 일단 해적이나 왜구라는 혐의를 두었다.26) 그러나 왜구가 종식된 시점에서는 문인이 없다 하더라도, 또 경계를 넘었다 하더라도 조선 변방을 침입할 의사가 없는 경우에는 표류·표착 등, 해난사고의 가능성을 충분히 염두에 두고 있었다. 1436년 경상도 울산에 표착한 왜인(太郞左衛門 등 15명)에 대해, 경상감사가 대마도 발행의 文引도 없을 뿐 아니라 병기를 가지고 있다는 점을 들어 억류를 요청했음에도 불구하고, 세종이 변방을 침입할 의사가 보이지 않는다는 이유로 송환을 지시한 것이 좋은 예이다.27) 즉 조선의 어디에 표착하건 침입의사(무기소지 및 침탈행위)의 여부가 표류·표착을 가리는 결정적인 기준이 되었다고 볼 수 있다.

왜적과 표류민을 구분하는 기준이 생기면서 1443년에는 조선 근처 해역에서 파선당하거나 익사한 왜인(일본인)들에게는 장사를 지내주고, 생존자에 대해서는 송환해 줄 것을 지시하였다.28) 그리하여 1454년 중국에 조공차 갔다가 귀국하는 길에 전라도 내예포(內禮浦)에 표착한 일본 선박에 대해, 조선은 문인이 없었음에도 불구하고 전라도 관찰사로 하여금 경상도 제포(웅천)로 예인할 것을, 경상도 관찰사에게는 양식도 지급하여 송환하도록 지시하였다.29) 15세기 중엽 이후에는 비록 연안포구의 지방관을 대상으로 한 것이지만 표류 일본인 송환의 계기가 마련되었다고 보아진다.

그러나 삼포왜란(1510년) 이후 왜적의 침탈에 대한 경계 강화를 계기로 임신조약에서 대마도로부터 제포(웅천)로 직항하는 선박 이외에는 적왜로 간주하게 됨에 따라, 조선 연안 포구에 표착하는 일본인은 해난사고가 아니라 왜적으로 취급당할 위험에 처하게 된다. 1523년 6월 황해도 연해에 왜선 10척이 나타났을 때, 유일하게 붙잡힌 왜인(中林)은 중국에 조공차 가다가 표

---

26) 藤田明良, 앞의 논문.
27) 『世宗實錄』 18년 5월 기축, 윤 6월 기묘.
28) 『世宗實錄』 25년 2월 정유.
29) 『端宗實錄』 2년 7월 정묘, 2년 9월 경술, 9월 신해.

류한 것이라 진술했지만, 조선은 그를 중국 배 및 관원 2명을 탈취한 해적으로 취급하여 명에 그의 신병을 인도했다.[30] 명을 사대하는 조선으로서 왜인 (중림)의 신병을 넘기지 않을 수 없다는 것이 의정부·병조·비변사의 견해였다. 그 결과 중림은 九州 大內씨에 소속되어 있는 일본인이었음에도 불구하고, 왜적으로 취급되어 일본으로 송환되지 못하는 전례가 되었다.

이 사건은 1522년 전라도 침구 직후에 일어난 만큼, 중종은 여태까지 표착 (변경)문제를 처리하던 '표착지 수령 → 관찰사 → 병조와 원로대신' 이라는 의결라인 이외에, 邊事와 兵事를 잘 아는 관리와 비변사에도 중림의 신병 처리를 문의하게 되었다. 그 결과 변경 및 군사 문제에 밝은 관리와 기구가 대외관계에서 발생하는 현안문제에 영향력을 증대시키게 되며, 그들이 표류왜인을 중국으로 넘기기 위해 주장하는 '事大重視論'이 표류왜인의 신병처리를 왜곡시키는 등, 교린을 소홀히 하는 계기가 되었다고 본다.

결국 조선은 삼포왜란 이전 조선에 표착한 일본인의 송환을 통신사 파견에 버금가는 교린으로 인식하고 있었음에도 불구하고[31] 삼포왜란으로 긴장 관계가 조성된 이후 표류 일본인의 송환은 불안정한 상태에 놓이게 된다.

2) 조·일간 표류민 송환의 특징

15세기 중엽 이후 대마도의 협력으로 일본과의 간접 통교체제가 정착되면서부터 일본에 표착한 조선인은 대마도가 표착지 영주로부터 그들의 신병을 인도받아 송환을 대행했다.[32] 단 임란 직전 대마도는 표류민 송환에 드는 비용을 절감하기 위해 조선인 송환을 방기한 적도 있어서 아주 순탄하지만은 않았다.[33] 그러나 전체적으로 볼 때 대마도를 통한 이런 송환 방식은 메이지

---

30) 『中宗實錄』 18년 12월 기유, 19년 8월 갑진.

31) 『明宗實錄』 9년 7월 18일 병진, 7월 19일 정사, 7월 24일 임술.

32) 關周一, 「15世紀における朝鮮人漂流民送還體制の形成」, 『歷史學研究』 617, 1991. 일본이 조선에 송환하는 경로는 對馬島를 비롯하여 五島·山陰·薩摩 등 여러 경로가 존재했으나, 15세기 중엽 이후 대마도가 중심 경로가 된다.

(明治)유신으로 전근대 통교 체제가 단절될 때까지 기본적으로 지속되었다.

뿐만 아니라 조선은 일본 표착 조선인의 송환을 안정적으로 유도하기 위해 일본측 송환자에게 여러 종류의 특혜를 인정했다. 1479년의 통신사 사목에서는 조선과 통교 실적이 있건 없건 일본측 송환자에게 職·印 등의 경제적 보상을 제시한 바 있다. 職·印이란 도서 및 수직왜인으로, 무역선을 파견할 수 있는 경제적 특혜를 의미하며, 한번 획득한 특혜가 자자손손 세습되는 대단한 기득권이었다. 이는 일본측에 대단한 매력으로 부각되었으며, 결국 일본에 표착한 조선인들의 송환을 안정적으로 유도하는 계기가 되었다.

그런데 16세기 들어 잦은 왜란으로 대마도와의 사이에 긴장이 생기게 되자, 조선은 대마도와의 통교를 단절해 버렸다. 경제적으로 곤경에 빠진 대마도는 일본국왕사를 사칭하면서까지 표류민을 송환해 왔는데, 조선은 송환을 유도하기 위해 접대 및 특혜를 인정하였다. 뿐만 아니라 16세기 들어 제주를 왕래하는 항해인구 및 어업인구가 증가하게 되자, 조선은 송환을 계속적으로 유도하기 위해 조선에 표착한 일본인의 송환을 약속하기도 했다. 조선의 이러한 노력에 의해 일본에 표착한 조선인의 송환은 상대적으로 안정적으로 이루어졌다고 볼 수 있다.

이에 비해 조선에 표착한 일본인의 송환은 상대적으로 불안하였다. 1454년 송환 지침이 정해지기는 하지만 표선에 타고 있던 일본인에 대해 양식의 지급만 허락했을 뿐, 육지에 상륙하는 것은 금지한 수준이었다.[34] 즉 放還이 기본이었으며, 배가 파손되지 않는 한 자력으로 귀국하도록 하되, 연해 포구의 지방관을 대상으로 송환 지침을 제시한 것이었다.

그러나 이러한 방환 수준의 송환마저도 삼포왜란(1510년) 이후에는 표류·표착을 변경문제 차원에서 인식하게 되면서, 1523년 황해도에 표착한 일본인 中林의 경우와 같이 표착 일본인의 신병을 일본으로 인도하는 것이

---

33) 米谷均, 「漂流民送還と情報傳達からみた16世紀の日朝關係」, 『歷史評論』 572, 1997.

34) 『端宗實錄』 2년 9월 신해.

어려워졌다.

사량진왜변(1544년) 이후에는 대마도와의 긴장은 더욱 높아졌지만, 한편으로는 명의 禁法이 해이해진 틈을 타서 중국 연안 상인들과 일본 九州 상인들의 본격적인 교역활동이 있었다. 조선 연안 해역을 항해하는 중국·일본 선박의 증가 및 표착의 속출을 예견한 조선은 1546년 7월 비변사의 건의로 식수 공급을 허락하고 육로로 송환할 것까지를 논의하게 되었다.[35]

그러나 실제로는 특별히 해적행위가 없었는데도 1546년 전라우도에 정박하고 있던 왜인 5명이 모두 살해당한 사건이 일어났다.[36] 또 1552년에는 소위 '제주변란'이라 하여 중국 복건을 왕래하며 무역하는 일본상인이 제주 정의현에 표착해 주민 40명을 살해한 적이 있어서 표착 일본인에 대한 송환이 쉽지 않았다.[37] 1553년 6월 황해도에 표착한 九州 博多의 왜인 三浦羅古羅 등이 생포되었을 때는, 의정부 대신 및 2품 이상의 관리들이 이들을 해적으로 파악해 사대의 도리를 내세워 사건 자체를 중국에 알리는 것은 물론, 일본인들의 신병도 중국으로 보낼 것을 건의했으며, 명종도 이를 허락했다.[38]

이에 대해 사헌부는 명의 기강이 무너져 가는 시기에 표착 일본인을 중국에 보내는 것은 지나친 사대로 표선에 대한 징벌은 王者가 夷狄을 대하는 도리가 아니므로, 중국인은 중국에, 일본인은 일본으로 각각 송환할 것을 건의하였다.[39] 결국 1554(명종 9)년 3월에는 변장에게 일본상선의 표착시 살해하지 말라는 명종의 지시가 있었으며,[40] 그로 인해 1553년 6월 제주에 표착한 일본인들은 비로소 귀국할 수 있었다.

즉 사량진왜변 이후 표류·표착과 같은 변경문제에 비변사의 영향력이

---

35) 『明宗實錄』 1년 7월 신미.

36) 『明宗實錄』 1년 9월 경진.

37) 『明宗實錄』 7년 7월 계미.

38) 『明宗實錄』 8년 6월 임인, 8년 7월 을묘.

39) 『明宗實錄』 8년 7월 을묘·무진, 9년 7월 병진·정사·임술.

40) 『明宗實錄』 9년 3월 경술.

증대되는 것은 사실이지만, 사헌부나 사간원의 견제로 비변사가 변사를 독점적으로 처리하던 단계는 아니었으며, 사대와 교린이라는 건국 이래의 외교이념이 지켜지는 선에서 불안정하나마 일본인 표류민을 중국인으로부터 떼어내어 분리 송환할 수 있게 되었다고 볼 수 있다.

그렇지만 을묘왜변 이후에는 사정이 많이 달라지게 된다. 조선은 대마도를 통해 왜구 활동에 관한 정보를 입수하는 등, 대일경계를 강화하였다.[41] 그러나 명종 말년까지도 왜구의 조선 침구는 끊이지 않았으며, 중국을 왕래하는 일본선들의 조선 표착에 대해서도 송환 방침이 잘 지켜지지 않았다. 1555년 10월,[42] 1556년 6월[43]·9월[44]에는 사헌부의 반대에도 불구하고 표착 일본선을 사로잡았다.

그런데 1557(명종 12)년 4월에 명종이 전교를 내려, 표류 일본선에 대해 무기를 갖고 변방에 침범한 배를 제외하고는, 표착 일본인에 대한 참살 금지 및 보호 방침을 재확인하게 된다.[45] 표착 일본선을 사로잡고 일본인을 참살하는 일이 빈발하는 가운데 함께 타고 있던 중국인마저 살해당할 경우, 표류민에 대한 지나친 참살로 조선이 武威를 중시한다는 인상을 명에게 주지 않을까라는 우려 때문이었다. 중국에서는 적왜의 중국 침구가 많아지자 조선에 중국으로 가는 적왜를 죽이도록 요청하는 한편, 일본에 칙서를 내리되 조선으로 하여금 일본을 타이르도록 하자는 논의가 대두되고 있었다.[46] 그렇게 될 경우, 조선의 인명 피해나 경제적 손실은 물론, 일찍이 武衛殿에 대해

---

41) 對馬島도 후기 왜구의 습격을 막기 위해 봉화제도·도로망 건설을 비롯하여, 해변과 연안부에 병량미 구축을 위한 시설을 마련하는 등, 대마도 전역(府中 및 8郡)에 걸친 방비태세를 마련하는 한편, 一岐 → 博多 → 赤間關 → 肥前(松浦)을 잇는 그들의 정보망을 통해 왜구 침입에 대한 정보를 알려왔다(佐伯弘次, 「16世紀後期倭寇活動と對馬宗氏」(中村質 編, 『鎖國國際關係』1997).

42) 『明宗實錄』 10년 8월 갑술.

43) 『明宗實錄』 11년 6월 갑진, 7월 15 신미.

44) 『明宗實錄』 11년 9월 경진·신사.

45) 『明宗實錄』 12년 4월 갑진.

46) 『明宗實錄』 12년 4월 임인.

28

일본인 표류민의 보호를 약속했던 만큼, 일본에 대해 외교적으로 큰 부담이 될 수 있었다. 즉 명종의 일본 표선 및 표류민에 대한 보호 조치는 명을 자극하지 않는 범위에서 일본과의 교린을 유지하려는 전략이었다고 보아진다.

명종의 전교 이후에는 비변사의 강경노선이 대세를 이루는 가운데, 1557년 10월 일본인 표류민을 사로잡은 전라우도 수사(오흡)의 경우와 같이,[47) 표착 일본선을 사로잡거나 표류민을 참획한 지방관에 대해서는 포상이 계속되었다.[48) 결국 1560년 6월 명종은 중국에서 도적질하다가 귀국 길에 조선국경에 나타나는 표류 일본선을 붙잡도록 전교를 내렸다.[49) 1573년 표류 일본선 1척을 나포한 가리포 첨사의 승진에 대해 사헌부가 반대의사를 밝혔음에도 불구하고 선조는 듣지 않았다.[50)

요컨대, 을묘왜변 이후부터 임진왜란이 일어나기 직전까지 표류 일본선에 대해 조선정부가 취한 조치는, 일본에 대한 송환 약속과 사헌부의 견제에도 불구하고 언제 해적으로 변할지 모른다는 비변사의 강경노선으로 인해 참획으로 기울게 됨에 따라 표착 일본인의 송환을 교린의 방법으로 실천하기는 어려웠다고 할 수 있다.

4. 조선시대 漂流民을 통한 정보와 교류

1) 조선측의 표류민을 통한 일본정보 입수

바다에서 뜻하지 않은 사고를 당해 외국에 표착하였다가 그곳에서의 체류

---

47) 『明宗實錄』 12년 10월 임인.

48) 1559년 6월에는 전라·경상·황해도에 승선인원이 200명이나 되는 표류 일본선이 나타났는데, 비변사의 건의로 참획할 것을 지시하였다(『明宗實錄』 14년 6월 병오). 같은 해 7월에는 황해도에서 붙잡힌 일본선에 중국인이 250여명이나 타고 있었지만, 중국인만 따로 요동을 통해 육로로 송환하여 사대의 예를 지키기로 했을 뿐, 일본인은 여전히 참획되었다(『明宗實錄』 14년 7월 신미).

49) 『明宗實錄』 15년 6월 신축.

50) 『宣祖實錄』 9년 6월 병자.

생활을 마치고 본국에 송환된 표류민들은 결과적으로 情報의 전달자 역할을 하기도 했다. 특히 정부가 파견하는 使行을 제외하고는 일반인들의 해외도항이 금지되어 있던 조선시대에는 표류민을 통한 정보의 전달 루트가 매우 중요한 의미를 지니고 있었다고 할 수 있다.

그러면 조선정부의 경우 표류민을 통한 對日정보 수집에 어떤 자세를 취하고 있으며, 입수된 정보의 내용과 그 의미는 무엇인가? 朝鮮前期 조선인으로서 일본에 표류되었다가 송환되어 전달된 일본관련 정보로서 우선 1425년의 張乙夫 등의 보고를 들 수 있다. 그들은 송환되는 과정에서 일본 지방세력에 의해 후대 받았으며, 그 후대 이유는 조선국왕에 대한 존경의 표시였다고 하는 일본측의 발언도 전달하고 있다. 1467년 송환된 金石伊 등도 표착지에서 일본인들이 자신들의 복장만을 보고 곧 조선인이란 것을 알아차려 접대했다고 보고하고 있다.[51] 이러한 정보는 조선의 왜구 금압을 위한 다원적인 교린정책, 즉 일본의 호족 및 일본인 개인의 평화적 통교에 대한 후대정책이 이미 이 시기에 주효하고 있음을 보여주는 것으로 여겨진다.

1488년 중국에서 송환된 崔溥는 제주도 경차관으로 임무 수행중 중국으로 표류되었다. 그는 중국측에 처음엔 왜구로 오인되었는데, 그것은 조선인 복장을 한 왜구도 있었다는 사실 때문이었다. 당시 왜구가 중국연안에서 조선인 복장을 하기도 했다는 사실은 조선에선 전혀 파악하지 못했던 새로운 정보라 할 수 있다.[52]

그러나 조선정부가 표류민을 통해 구체적인 對日정보를 습득하려 한 것으로 보이지는 않는다. 『朝鮮王朝實錄』에는 1479년 송환된 표류민 金非衣 등이 九州에서 견문한 大內・少貳氏間의 전쟁에 대한 보고가 기록되어 있으나 간략하다. 또한 1501년 제주도의 官奴인 張廻伊가 표착지에서 壹岐 島主 平順治에 의해 송환되기까지의 이동지역과 접대상황, 농경과 풍습에 대한 보고도 기록되어 있으나 일본측의 환대가 강조되어 있을 뿐이다.[53] 이처럼 조

---

51) 『世宗實錄』 7년 12월 계사, 『世祖實錄』 13년 7월 을유.

52) 『成宗實錄』 23년 정월・을유.

선정부가 표류민을 통한 일본정보 입수에 소극적이었던 이유는 대마도를 통해, 그리고 대마도 및 그 외 일본중앙과 지역에 파견한 사절을 통해, 나아가 평화통교자로서 빈번히 내항하는 일본인으로부터 조선정부가 풍부한 일본 정보를 제공받고 있었기 때문인 듯하다. 그 정보의 結晶이 成宗 초기에 발간되는 申叔舟의 『海東諸國紀』이며, 이 책은 당시의 일본·琉球를 이해하는 중요한 사료로 활용되고 있다.

이러한 조선정부의 自國표류민을 통한 소극적인 對日 정보습득 의지는 三浦倭亂(1510년)을 계기로 바뀌어진다. 일본에 대한 경계심에서 새로운 일본정보를 필요로 하게 되고, 특히 대마도의 동향에 주목하지 않을 수 없었던 듯하다. 그 때문에 송환된 표류민에게 적극적으로 정보를 제공받으려 하고 있다. 즉 조선정부는 1525년 金必(金弼) 등에게 일본의 풍속과 농경 및 大內氏의 위치, 그리고 왜구관련 정보 등을, 1536년 金公 등에게는 표착지인 壹岐의 기후·풍속 등을, 1540년의 裵萬代 등에게도 일본에서 견문한 것을 상세히 묻고 있다.54) 그러나 16세기 중반 이후는 조선정부의 기강 해이가 작용한 탓인지 표류민을 통한 정보 습득의 적극적인 의지는 별로 보이지 않는다. 오직 대마도를 통해 여과된 한정된 정보가 입수될 뿐이었다.

한편 일본표류민을 통해 조선측이 입수한 정보는 대체로 단편적인 것이었다. 주로 일본의 對明 朝貢船이 조선에 종종 표착하였는데, 그것을 계기로 조선정부는 日明관계를 파악할 수 있었다. 즉 1454년 중국에 다녀오던 일본 조공선이 전라도에 표착하자 이를 경상도 薺浦로 인도하여 주고 있다든가, 같은 해 제주도에 조공선이 표류하자 접대는 하되 상륙은 금지시켜 內地의 허실이 드러나지 말게 하라든가, 1478년 濟州牧使 鄭亨이 조공선의 표착에 잘 대응하여 조선의 국위를 손상시키지 않았다 하여 加資하고 있는 기록이 그것이다.55)

---

53) 『成宗實錄』 10년 6월 을미, 『燕山君日記』 7년 정월·기묘.

54) 『中宗實錄』 20년 6월 경술·갑인, 7월 경신·기사, 31년 10월 계사, 35년 4월 경오.

그렇다고 조선이 일본표류민을 통해 日明관계와 관련된 정보를 구체적으로 파악하거나 깊은 관심을 가지고 있지는 않은 듯하다. 예를 들어 1523년 寧波의 亂을 일으켜 중국관리를 나포하여 귀국 중이던 일본의 조공선 일단이 조선연안에 표류하다 그 중 中林이란 일본인이 잡힌 일이 있었다. 中林은 중국에 조공하고 돌아오다 표류했다고 조선측에 진술했고, 영파의 난을 아직 파악하지 못한 조선은 이를 확인하는 과정에서야, 그것도 당시 조선에 온 일본사절의 詩句를 통해 일본 조공선의 중국 입항장이 영파라는 것을 알게 될 정도였다.56)

그후 16세기 중반, 동북아시아 해역에는 後期倭寇가 출몰하고 이로 인해 조선은 긴장하게 된다. 그러던 1553년 황해도에서 일본인 三甫羅古羅 등 3명이 나포된다. 이들은 博多 출신으로 現地에 移住한 중국인들과 南京에서 무역하고 오다가 표류했다고 진술하고 있다. 그러나 조선은 이들이 중국서 노략질을 하고 온 것으로 단정하여 중국으로 압송하기에 이른다. 이러한 결정은 以前에 조선사절이 北京에서 접한 정보와 대마도가 제공한 정보를 근거로 한 것이었다. 조선은 또한 근간에 조선에 표착한 일본인들도 다 중국에서 왜구행위를 자행한 것으로 추정하게 된다.57)

그러면 朝鮮後期의 경우는 어떠했는가? 이 시기 조선의 對日정보는 주로 通信使를 통해 수집되었다. 그런 만큼 표류민을 통한 정보 수집 노력은 별로 보이지 않는다. 그러나 일본 智奇島(변방으로 추정)에 표류했다가 1652년 송환된 徐一立이 임진란 때 잡혀온 現地 조선 被虜人으로부터 전해들었다는 다음과 같은 정보는 주목된다.58) 즉 피로인들이 아직 정신적으로 일본에 정착하지 못하고 있다는 것이다. 그리고 1635년에 있었던 대마도측의 國書개

---

55) 『端宗實錄』 2년 7월 정묘, 9월 신해. 『成宗實錄』 9년 8월 경인.

56) 민덕기, 「寧波의 亂과 조선·일몬·明의 관계」(『성낙기박사화집기념 한국사학 논총』 충남대 사학과, 1996), 361~362쪽.

57) 『明宗實錄』 8년 6월 임인, 9년 정월·계해.

58) 『孝宗實錄』 3년 7월 무자.

조사건인 柳川사건이 양국관계를 파국으로 몰고 가 조선이 일본을 공격한다
는 소문이 퍼졌고, 조선의 내응세력으로 지목된 이들이 일시 구금까지 당했
다는 것이다. 또한 이들이 조선의 1636년 통신사 파견에 대해 양국관계를 정
常化시키고 일본의 朝鮮再侵을 중지케 한 배경이 되었다고 믿고 있다는 것
이다. 이를 통해 柳川사건과 통신사의 渡日로 전개되는 국면이 일본내에서
는 양국간에 심각한 위기상황이 조성되고 해소되는 과정으로 인식되고 있었
음을 알 수 있다. 그 와중에서 발생했다는 '조선이 일본을 공격한다'는 풍문
은 일본 변방의 조선 인식의 일면을 반영하는 것으로 이해된다. 또한 양국간
의 위기상황에서 피로인들이 적대세력으로 간주되어 구금까지 당하고 있었
음을 알 수 있다. 그러나 1652년 당시 조선정부의 통신사를 통한 피로인 송
환노력은 이미 종식되어 있었다.[59]

2) 표류기록에 보이는 일본정보와 '琉球王子殺害說'의 傳承

조선시대 私撰的 표류기록에 보이는 對外정보는 결코 적지 않다.[60] 그러
나 對日정보에 한정해 본다면 우선 崔溥의 『漂海錄』을 들 수 있다. 최부 일
행은 1488년 중국 浙江省 연안에 표착하여 북경을 경유하여 송환된다. 그런
데 이들이 山東省 지역을 통과할 때 그 곳 주민들로부터 '오야지'라 불리워지
고, 그 이유를 왜구로 착각하여 그렇게 호칭된 것이라는 답을 듣는다.[61] 이
로 보아 중국연안 민중의 왜구에 대한 두려움이 어떠했는가를 엿볼 수 있다.
'오야지'란 아버지 또는 아버지에 준하는 일본어이다. 이 『표해록』이 조선시
대 識者들에게 해외정보로서 널리 수용되고 있었음은 후술하는 張漢喆의
『漂海錄』으로 알 수 있다.

李志恒은 1696년 일본 北海道에 표착했던 인물로 『漂舟錄』을 남기고 있

---

59) 통신사를 통한 최후의 피로인 송환은 1643년으로 14명이다(『仁祖實錄』 21년
　　10월 기축).

60) 윤치부 『韓國海洋文學硏究』(학문사, 1994).

61) 崔溥 지음·최기홍 옮김, 『漂海錄』(교양사, 1997) 3月 8日條.

다. 그는 북해도 남단의 松前藩으로부터 들은 정보에 의거하여, 북해도에 거주하는 에조(蝦夷 : 아이누족)는 文字나 농경을 몰라 漁撈와 수렵으로 생활하는 짐승 같은 부류이며, 그 북방에는 長身의 붉은 털을 가진 족속이 있는데 그 지역에 표류하면 아무도 살아남지 못한다고 기록하고 있다. 이러한 에조 정보는 그후 실학자들에게 계승된다.62) 그런데 북방에 산다는 붉은 털의 長身 족속이란 당시 東進해 있던 러시아인들로 여겨진다.

한편 조선후기 표류와 관련한 정보가 시간의 경과에 따라 윤색·변형되어 전설화되고, 특정 지역민에게는 새로운 행동원리로 작용하는 일이 있었다. 그 예를 '琉球王子殺害說'에서 찾아볼 수 있다.

이를 파악하기 위해, 1937년 제주도 사람 李雄植이 전설을 採錄하러 그곳에 들린 민속학자 崔常壽에게 들려준 '유구왕자살해설'을 요약 소개해 보자. 조선 仁祖때 琉球가 일본의 침략을 받아 왕이 잡혀갔다. 이에 그 왕자는 왕을 구하려고 보물들을 배에 가득 싣고 일본으로 향하다가 제주도에 표착했다. 그러나 濟州牧使 李箕賓이 그 보물들을 탐내어 유구사람들을 모두 살해하기에 이르렀고, 왕자도 자신의 심정을 글로 기록한 후 죽음을 당했다.63)

이로 보아 '유구왕자살해설'이 단순한 전설이 아닌 仁祖代라는 구체적인 역사적 배경을 가지고 있음을, 그리고 20세기 전반까지 제주도에 口傳되어 왔음을 알 수 있다. 그러나 이 說은 내용상의 약간의 차이는 있으나 이미 18세기 중반 李重煥의 『擇里誌』―「卜居總論」에 등장한 이후, 18세기 후반 朴趾源의 『燕岩集』(卷14) 등으로 계승되고 있다. 그렇다면 '유구왕자살해설'은 조선후기 사대부층에게 거의 常識으로 정착되었다 볼 수 있다.64)

'유구왕자살해설'은 實錄에 起源하고 있다는 점에서 더욱 주목된다. 즉 光

---

62) 李志恒, 「漂舟錄」, 『海行摠載』 Ⅲ, 416쪽.
　　趙洙翼, 「한 武人의 北海道 漂流」, 『여행과 체험의 문학 ― 일본편』(소재영·김태준 편), 민족문화문고간행회, 1985, 79쪽.
63) 최상수, 『한국민간전설집』(통문관, 1958년), 176～178쪽.
64) 松原孝俊, 「朝鮮における傳說生成のメカニズムについて―主に琉球王子漂着譚を中心として」, 『朝鮮學報』137, 1990, 120쪽.

34

海君 3년인 1611년 제주도에 商船이 표착하자 牧使 李箕賓이 이를 약탈하고
승선원들을 모조리 살해했다고 하고, 다음해 朝廷이 이 상선에 대해 일본을
왕래하는 '安南船', 또는 중국선으로 추정하고 있음을 기록하고 있다. 1613년
엔 이 상선에 중국인 외에 유구인과 일본인이 탑승했다고 추정하고, 그들이
살해될 지경에 이르자 젊은 琉球使臣이 능란한 文辭로 비장한 심정을 토로
했다고 적고 있다.65) 그러나 1623년 仁祖가 즉위하자, 明에 제출할 奏文에
광해군때 표착한 琉球世子를 살해했다고 기술하자는 주장이 나왔고, 이에
대해 李元翼이 세자 여부가 불확실하다며 반대했음을 기록하고 있다. 2년 뒤
사망한 李箕賓의 卒記에선, 유구선박이 표착하여 여기에 승선해 있던 왕자
가 살해된 것으로 기록되어 있다.66) 이처럼 실록에서 이기빈에게 해를 입은
표착인을 '安南人' → 중국인 → 유구사신으로 추정했다가 유구왕자로 지위
상승하여가는 배경엔, 인조정권의 광해군에 대한 惡政 강조의 의도가 나타
난다.

　　그러나 이 說이 仁祖정권에 의해 왜곡된 것임에도 불구하고 제주도 주민
에게 정착되어 갔다는 사실은, 1741년 유구에 표착했다 송환된 제주도인 金
喆重 일행에 대한 「濟州漂流人別情別單」을 통해서도 알 수 있다. 그들은 유
구로 표류되면서 차고 있던 號牌와 '濟州'가 표기된 문서 등을 바다로 던져버
린다. 제주도 사람임이 유구측에 발각되면 살해된다는 우려에서였다. 그후
琉球 官吏의 심문에서도 출신지역을 전라도 靈岩郡이라 답하고 있다.67)

　　그로부터 30년 후인 1770년 제주도인으로 유구에 표류했던 張漢喆도 같은
대응을 보이고 있다.68) 그는 표류가 시작되자, 최부의 『표해록』을 상기하여
유구로의 표류를 확신하고, 자신과 일행의 號牌를 모두 바다에 버리게 한다.
'유구왕자 살해설'을 사실로서 믿고 있었기 때문이다. 유구의 무인도에 표착

---

65) 『光海君日記』3년 8월 계사, 4년 2월 을해·4월 기묘, 5년 정월·병술.
66) 『仁祖實錄』1년 4월 계유, 3년 정월 정사.
67) 『備邊司謄錄』109책, 영조 17년 11월 23일.
68) 張漢喆 지음·鄭炳昱 옮김, 『漂海錄』, 범우사, 1979.

한 그들은 일본으로 향하는 베트남(安南) 商船에 구조 받는다. 그리고 일본으로 가는 중 한라산이 멀리 나타나자 반가움에 울부짖는다. 그러자 베트남인들에 의해 그들은 작은 배로 옮겨 태워져 바다로 내쫓긴다. 옛날 '安南太子'가 耽羅王에게 살해되었다는 이유에서였다. 이에 그는 '유구왕자살해설'을 '安南太子殺害說'로 수정하기에 이른다.

장한철처럼 실학자 鄭東愈도 1806년 편찬한 『晝永編(上)』에서 '유구왕자살해설'을 부정하고 있다. 그는 '유구태자 살해로 유구와의 관계가 악화되었다'는 시각에 의문을 제기하고, 이와 관련하여 조선 사신이 북경에서 직접 유구 사절에게 조선을 원수처럼 생각하는가를 묻고 이를 부정하는 답을 들었다는 傳聞을 기록하고 있다. 아울러 1727년 譯學 李齋聃이 제주도인 高商英으로부터 口述 받은 표류 체험담을 轉載하여 이를 증명하려 하고 있다. 그 내용은 1687년 베트남에 표착한 고상영 일행이 옛날 '安南'太子가 조선인에게 살해당했다는 것을 이유로 그곳 지방관에게 죽음을 당할 뻔했다는 이야기이다.[69]

그러나 이같은 제주도인 고상영·장한철의 실제경험에 의해 주장된 '安南太子殺害說'은 정보로서 전승되거나 활용되지 못한다. 오히려 1828년 朴思浩의 「心田稿」에서 보듯 '유구왕자살해설'이 정보로서 구전되고 제주도인의 유구 표류에 작용하고 있다. 박사호는 유구가 유구왕자 살해에 대한 보복으로 표류해 온 탐라인을 언제나 살해하며, 이를 두려워하는 탐라인은 유구에 표착하면 타지역 출신이라 詐稱하여 위기를 모면한다고 적고 있다.[70] 이같은 왜곡된 정보는 전설의 형태로 20세기에까지 전승되었으니, 전술한 이응식의 例에서 이를 찾아볼 수 있다.

3) 일본측의 표류민 통한 조선정보 입수

일본 중앙정권이 표류민 문제를 식섭 관장하고 표류민을 통해 적극적인

---

69) 鄭東愈지음·南晩星 옮김, 『晝永編(上)』, 을유문화사, 1971.

70) 朴思浩, 「心田稿」, 『燕行錄選集 Ⅸ』, 「심전고—留館雜錄 諸國」.

36

정보수집 의지를 나타낸 것은 에도(江戸)시대에 와서 였다. 16세기 중반 에
도幕府는 대내적으로는 기독교도의 일본 잠입을 봉쇄하기 위해 신경을 곤두
세우고 있었다. 이를 위해 조선에도 수차례 협조를 요청했고, 조선이 이에
응하여 1644년 自國에 표착한 일본행 중국상선을 일본에 인도하기도 했다.
막부는 이들 인도된 중국인들을 심문하여 그 중에서 기독교인 5인을 색출했
다면서 조선에 감사의 뜻을 표명해 오기도 했다.71)

또한 막부는 대외적으로는 明淸교체라는 대륙의 변화가 일본에 미칠 위협
에 긴장하고 있었다. 그러던 1644년 연해주에 표착한 越前 출신의 일본인들
이 조선인삼을 구하려다가 43인이 살해되고 나머지 15명이 구출되어 瀋陽을
거쳐 북경에 송치되고, 다시 조선을 경유하여 대마도에 송환된 일이 있었다.
이들은 홍기하는 청조의 군사력과 북경 입성을 직접 목격하고 돌아왔다. 그
러므로 이들의 보고는 당시 明朝 부흥을 위한 援兵문제로 논란을 벌이던 막
부를 파병 중지로 선회케 하였을 것으로 보인다.72)

그러면 조선에 표착했다 송환된 일본인에 대한 일본측의 기록을 살펴보
자. 1735년 조선에 표착한 일본인들의 경우, 조선에서 매일 식량을 지급 받고
귀국에 즈음해선 조선국왕의 하사품과 함께 파선되었던 배를 수리 받아 대
마도를 경유해 송환되었다고 적고 있다.73) 1756년 표착한 일본인들은 조선
측의 보호조치에도 불구하고, 애당초엔 '唐'(조선)에서는 사람의 피를 짜내
기름을 만든다고 믿고 죽음을 각오하고 있었다 한다. 그러나 조선측의 厚待
를 받고 송환되었다.74) 이들에 의해 조선의 실상과 표류민 송환체제가 하나
의 정보로서 일본의 지역사회에 전달되었을 것이다.

---

71) 申東珪, 「耶蘇宗門禁制를 둘러싼 朝日外交關係」, 『江原史學』13~14 合輯,
   1998.

72) 小林茂文, 「漂流と日本人」(谷川健一, 『海と列島文化 別卷―漂流と漂着・總索
   引』, 小學館, 1993), 131~132쪽.

73) 岸浩, 「長門沿岸に漂着した朝鮮人の送還を巡る諸問題の檢討」, 『朝鮮學報』
   109~110 합집, 1986, 455쪽.

74) 小林茂文, 앞의 논문, 146쪽.

1806년 동남아에 표류한 일본인들의 경우, 그들이 南京 → 조선 → 나가사키 루트로의 송환을 기대했음에도 중국 廣州에서 다시 자카르타로 보내져 네델란드선에 의해 송환되었다 한다. 그들은 기대했던 루트로의 송환이 달성되지 못한 이유를 豊臣秀吉의 조선침략으로 결과된 중국인의 對日觀이 반영된 것으로 이해하고 있었다. 이는 豊臣秀吉에게 침략당한 조선인의 일본인에 대한 보복행위를 근세 일본민중이 당연시한 의식과 상통하는 것이다.75)

한편 일본의 각 지역에서는 조선표류민을 통해 어떠한 조선 정보를 취득하고 있었는가? 長門(나가토)藩은 18세기 중반 조선표류민을 통해 취득한 정보를 바탕으로 『朝鮮物語』를 간행하고 있다.76) 그 내용엔 일본인도 年間 수차례 조선에 표착하고 있으며 일본처럼 조선도 이들을 잘 보호한 후에 송환한다고 하여(183조), 표류민에 대한 양국의 互惠主義를 반영하고 있다. 제주도에 대해서는 대마도보다 큰 섬으로 현재도 일본어를 사용하며 일본 유행가가 불러질 정도라 하여(211조) 특별한 관심을 보이고 있다. 한편 213조에선 1731년 표착한 조선인에게서 들은 정보라 명시하고, 두만강 국경지대와 野人지역을 설명하며 韃靼人의 법률 및 풍습을 소개하고 있다. 동시에 조선에서 痲疹이 유행하고 있음도 기록하고 있다.

鳥取(돗토리)지역의 경우, 1767년 표착한 사람들에게서 겨우 '長崎'와 '朝鮮'이란 두 개의 단어만이 통해 조선인으로 추정하고, 號牌의 착용을 보고 이를 확신하고 있다.77) 이로 보아 조선인들은 일본에 표류하면 '長崎'를 경유해 귀국한다는 것을 익히 정보로서 파악하고 있었음을, 일본측은 호패의 착용 여부로써 조선인 여하를 판단짓는 정보를 갖고 있었음을 알 수 있다.

75) 池內敏, 「近世後期における對外觀と'國民'」, 『日本史研究』344, 1991 ; 小林茂文, 앞의 논문, 156~157쪽.

76) 木部和昭・松原孝俊, 「松原新右衛門『朝鮮物語』解題」, 九州大學大學院比較社會文化研究科, 『漂流・漂着からみた環東ジナ海の國際交流』, 1997.

77) 池內敏, 「鳥取藩領に漂着した朝鮮人」, 『近世日本と朝鮮漂流民』臨川書店, 1998, 193~194쪽.

5. 일본에 漂着한 朝鮮人의 日本認識

1) 표류민과 표류기

　표류민들의 견문은 현지에서 장기간에 걸친[78] 직접적 체험에 바탕을 둔 것이기 때문에 중요한 정보적 가치를 지니고 있다. 따라서 정부에서는 이들을 조사하여 문견사항을『조선왕조실록』에 수록하였다. 또 표류민이 자신의 체험과 견문을 기록한 '漂流記'를 남기기도 하였다. 李志恒의『漂舟錄』과 李鍾德의『漂海錄』 등이 그것이다. 그런데 조선후기만 하더라도 9,000여 명에 달하는 조선인이 일본에 표류했다고 하는데, 그 많은 건수에 비해 그들이 남긴 표류기는 너무 적은 편이다.[79] 그 이유는 대다수의 표류민이 어업과 상업에 종사하며, 신분적으로 賤人과 良人으로 구성되어 자신의 체험과 견문을 글로 남길만한 능력이 없었다는 점이다. 또한 귀국 후 심문받는 과정에서도 일본에서의 사정을 자세히 진술하지 않았다. 이러한 현상은 표류민의 불안감 등에 기인하기도 하지만 보다 주요한 원인은 심문하는 측에서 일본사정에 관해 구체적인 정보를 얻고자 하는 열의가 적었기 때문이라고 여겨진다. 16세기 이후 해외정보에 관한 수집노력이 줄어드는데 그러한 경향의 반영이라고 할 수 있다. 특히 조선후기에는『조선왕조실록』에서도 그것을 외교적인 문제로서만 접근할 뿐 표류민들의 견문보고를 수록한 사례가 한 건도 없다.『비변사등록』이나『변례집요』의 경우도 마찬가지이다. 표류민의 송환 자체는 중시하였으나 그들이 줄 수 있는 정보나 새로운 문화체험, 인식에 대해서는 별반 관심을 기울이지 않았다.

　그러나 표류민들이 비록 자신의 체험과 견문을 표류기의 형태로 남기지

---

78) 표착에서 송환까지 걸리는 기일은 일본 본주의 경우 평균 5개월, 대마도의 경우는 2개월 정도였다. 그러나 1년 이상 걸린 경우도 있었다(朴眞美,「『漂人領來謄錄』의 종합적 고찰」,『慶北史學』19집, 1996, 216쪽).

79) 조선후기 통신사행원에 의한 일본사행록이 40여 편에 달하는 것에 비해서도 그렇고, 같은 시기 일본의 표류기록에 비해서도 적은 편이다.

못하였다고 하더라도 그것은 口傳으로 전해졌을 것이다. 그 결과 그것은 조
선인의 일본인식 형성에 적지 않은 영향을 주었을 것으로 여겨진다. 그들의
체험은 드라마틱한 요소가 있었으므로 파급효과가 컸을 것이며, 문학작품으
로 형상화될 수 있는 좋은 소재이기도 하였다. 한 나라나 민족에 대한 인식
이란 집단적인 체험이 퇴적된 결과라고 한다면 표류민들의 일본인식은 비록
선명하게 드러나지는 않지만 조선시대의 일본인식의 형성에 중요한 부분을
차지하고 있을 것이다.

2) 史料에 관한 검토

조선 표류민의 일본인식을 알아볼 수 있는 자료로는 외교자료집, 표류기,
문집 등이 있는데, 본고에서 참고한 바 자료는 다음과 같다.

(1) 조선측 자료

① 『朝鮮王朝實錄』:『실록』에는 전체적으로 45건의 표류민 송환건이 수록
   되어 있다. 특히 조선전기부분은 실록에의 의존도가 큰데, 표류민 자신
   의 일본인식을 알게 해주는 자료로는 張廻伊의 표류기가 있다.

② 『備邊司謄錄』: 검색단어로 찾아본 결과 표류민의 '供辭'와 같은 일차적
   인 기사는 없다. 표류민 송환과 差倭에 대한 접대 등이 외교 문제로
   되었을 경우 비교적 자세하게 기술되어 있을 뿐이다.[80]

③ 『邊例集要』: 표류에 관한 기사는 권3 「漂差倭」에 나와 있다. 이것은 또
   「漂差倭」, 「漂人」, 「漂人順付」, 「刷還」의 네 항목으로 나누어져 있는데
   주된 것은 앞의 두 항목이다. 「漂差倭」에서는 표차왜의 구성과 조선의
   접대 등에 초점이 맞춰져 있다. 「漂人」은 같은 사건을 표류민에 초점을
   맞춰 기술한 것이다. 따라서 표류민의 출신지역, 인명(대표자의 인명 외

---

80) 漂差倭의 접대문제를 둘러싼 외교마찰이 있었을 경우(예컨대 1816년 이종덕)
   와 正祖年間 일본 長門州에서 소요사건을 일으킨 孫古南 일행의 처벌 건 등에
   관한 기술이 있을 뿐이다.

몇 명 식으로 기술), 출항목적, 표착지, 송환과정 등에 대해 간단한 내용이 적혀 있다. 수록된 연대는 1627년(인조 5)부터 1823년(순조 23)까지의 197년간으로서『표인영래등록』보다 긴 시간에 걸쳐져 있다. 그러나 표류민의 '供辭'와 같은 자료는 없다.

④『漂人領來謄錄』: 표류에 관한 가장 일차적이고 종합적인 자료로서 수록된 연대의 범위는 1641년(인조 19)에서 1751년(영조 27)까지의 110년간이다. 표류민의 진술은 부산첨사와 동래부사가 備邊司에 올린 啓文에 있다.[81] 그런데 여기에도 표류민들의 일본인식(그들의 사정이나 송환과정에서의 주관적인 느낌 등)을 알려주는 내용은 아주 드물다. 조사받는 과정에서 표류한 연월일, 출항이유, 표착지와 함께 '그들의 사정을 모두 사실에 따라 바로 고하라'(及到彼事情 幷以從實直告)라는 심문을 받는데, 그 가운데서 구체적으로 답변한 것은 282건 중 2건에 불과하였다.[82]

⑤『濟州啓錄』: 1846년(헌종 12)부터 1884년(고종 21)까지 濟州牧에서 조정에 보고했던 啓文을 모은 등록이다. 수록된 바 외국에 표류한 건수는 일본 35건, 유구 5건, 중국 19건이며 표류연인원은 130명에 달하였다.[83] 계문에는 제주목사가 조사할 때 표류민에 의한 진술(招辭)이 인용되어 있으므로 표류과정에서의 여러 가지 정황을 아는데 도움이 된다. 그런데 여기서도 대부분의 표류민은 일본 내에서의 상황이나 자신들의 인

---

81) 이 때의 심문과정에서 표류민의 신분·이름·나이·선주·소속관서 등이 밝혀지게 된다.

82) 박진미,「漂人領來謄錄의 綜合的 考察」,『慶北史學』19, 1996, 218쪽. 그나마 비교적 자세한 대답을 한 쪽은 琉球漂流民이고, 일본에 관한 것은 "금년에 또 흉년을 만나 주민들의 생활이 아주 어렵다"라는 소략한 내용에 불과하다. 나머지는 모두 '그 밖의 다른 사정은 어리석고 둔한 어부로서 알 수 없었습니다(其他事情 迷劣海夫 知不得)'라고 대답할 뿐이었다.『濟州啓錄』에 나오는 바 제주목사의 보고내용에 나오는 '招辭'도 마찬가지이다.

83) 高昌錫,「19세기 제주인의 표류실태」,『19세기 제주사회연구』, 1997, 일지사, 122~225쪽.
일본에서의 표착지로는 五島와 對馬島가 대부분을 차지하고 있다.

식에 대해서는 거의 언급하지 않고 있다.84)

⑥ 『漂舟錄』: 1696년(숙종 22) 동래부의 武官이었던 李志恒이 北海道에 표류했다가 귀환한 후 저술한 표류기이다. 그리 길지 않은 내용이지만 내용적으로 아주 충실하며, 본고의 주제와 적합하여 주된 분석대상으로 삼았다.

⑦ 『漂海錄』: 李圭景의 『五洲衍文長箋散稿』 經史編 6 論史類 1 「對馬通信辨證說」에 書名과 함께 내용의 일부분이 인용되어 있다.85) 저자인 李鍾德은 濟州旌義縣監으로서 1815년 五島에 표착하여 귀환하던 중 대마도에서 이 책 1권을 지었다고 한다. 現傳하지는 않으나 이규경에 의해 몇 부분이 인용되어 있는데 참고가 된다.

⑧ 「書李邦翼事」: 정조의 명에 의해 박지원이 중국에 표류한 李邦翼의 표류사건을 기술한 것이다.86) 구성은 虛頭와 漂流, 後記로 되어 있는데 虛頭 부분에 이방익의 아버지 李光彬의 長崎 표류사실에 관한 언급이 있다. 그 내용이 아주 흥미롭다.

⑨ 기타 : 『於于野談』 『芝峰類說』 『盎葉記』 『五洲衍文長箋散稿』 등

(2) 일본측 자료

① 『漂民對話』: 薩摩州에서 朝鮮語通詞 양성을 위해 만들어진 조선어 讀本으로 19세기 전반(1836년?)에 제작된 것으로 추정된다.87) 이 책은 상·

---

84) 『濟州啓錄』 외에 1652년 제주목사 李元鎭이 지은 『耽羅誌』(아세아문화사간 『邑誌』 6, 1983에 수록되어 있음), 정조대에 편찬된 『濟州邑誌』, 1899년에 편찬된 『濟州郡邑誌』 등도 참고가 된다.

85) 이규경이 지었다고 하는 『流球交聘志』에도 유구에 관한 일부 기술내용이 인용 소개되어 있다(『오주연문장전산고』 경사편 4 사적류 1 「史籍總說」).

86) 『연암집』 권 6 별집 소수. 이밖에 이것은 『은휘당필기』 권6에는 「이방익표해일기」로 나오고, '漂海錄'이란 이름하에 필사본이 전해지기도 하였고, 후일 「漂海歌」라는 302행의 장편가사로 창작되기도 하였다(윤치부, 『한국해양문학연구』, 1994, 학문사, 96쪽, 138쪽).

87) 岸田文隆, 「『漂民對話』のアストン文庫本について」, 『朝鮮學報』 164집, 1997. 薩摩州에서 조선어통사가 할 일은 표류민 구조에 관한 것이므로 표류민을 소

중·하 3권으로 되어 있는데, 상권은 일본에 표류한 조선인에 대한 구조활동, 중권은 薩摩州에서 長崎로 호송하는 중 傳語官과 표류민들과의 대화내용이고, 하권은 조선인 표류선의 보수, 조선 배와 일본 배에 관한 비교 등의 내용으로 구성되어 있다.[88] 그런데 중권의 대화내용에 표류민들의 일본인식을 엿볼 수 있는 기사가 있다.

② 『福山秘府』[89] : 1696년 북해도에 표착한 이지항 일행의 활동에 관한 기사를 수록하고 있다.

③ 『五島編年史』 : 1815년 五島에 표착한 이종덕의 활동에 관해 간단하게 기록하고 있다.

④ 「漂流朝鮮人之圖」 : 1817년 鳥取藩에 표착한 安義基 일행의 모습을 그린 그림인데, 윗 부분에 안의기가 일본의 鳥取藩士 岡金右衛門에게 올린 글이 써져 있다. 표류민이 자신들을 구조해준 일본인에게 어떠한 생각을 가지고 있는지 절실하게 표현되어 있다.

⑤ 「朝鮮漂客圖」 : 1817년 해남 대둔사(대흥사)의 승려 15명이 경주에서 佛像을 수송하려다 일본의 筑前州에 표착하였다가 長崎에 호송된 후의 모습을 일본인 화가 浮田一蕙(1795~1859)가 그린 것이다. 여기에는 浮田이 승려 일행과 筆談唱和를 하면서 느낀 감상과 함께 승려들이 일본측에 올린 감사 서찰의 내용도 수록되어 있어 참고가 된다.

재로 하여 만든 중급회화서인 셈이다. 조선의 왜학역관을 위한 일본어학습서인 『捷解新語』가 통신사행시의 통역 임무를 익히기 위해 소재를 통신사행으로 한 것과 대마도의 조선어회화교재인 『隣語大方』이 조선무역과 외교의례 등에 관련된 회화를 사례로 한 것은 이와 같은 이치로서 당연하다 하겠다. 그런데 이 책에 관해서는 근년 새로운 판본이 발견되고 활발한 연구가 일어나 전체적인 내용이 대부분 밝혀진 셈이다.

88) 鶴園裕 外(共同研究), 「江戸時代における日朝漂流民送還をめぐって -『漂民對話』を中心に -」, 『靑丘學術論集』 11집, 1997. 제4장

89) 『福山秘府』, 「朝鮮漂人部」(松前廣長, 『新撰北海道史料 제5권 史料1』 所收, 北海道廳, 1936)

이상 든 자료는 일부분에 불과할 것이다. 앞으로 양국의 자료에 대한 수집 작업이 선행되어야 한다. 국내만 하더라도 이름만 알려진 '漂海錄', '漂流記' 등이 『於于野談』과 같은 野史集이나 野談集 및 개인문집 등에 산재해있을 가능성이 있다. 일본에서도 대마도와 長崎 및 일본 각지에서 행한 심문내용과 조사보고서가 산재해 있을 것이다. 이것들에 대한 검토가 있어야 하고, 나아가 양국의 자료를 비교 분석하는 작업이 이루어져야 한다.

3) 표류민의 활동과 일본인식

⑴ 관리의 경우

일본에 표착한 사람이 조선의 官員이라는 것이 확인되면 일본측에서 그들을 우대하였다. 그들은 筆談을 통한 대화도 일단은 가능했으며, 詩文唱和와 같은 교류를 통해 대접받았다. 따라서 일반민중의 경우와는 차이가 나므로 구분해서 살펴보고자 한다. 관리 가운데 '표류기'를 남긴 이지항·이광빈·이종덕을 중심으로 살펴보겠다.

- 李志恒

이지항은 본디 부산출신으로 표류했던 1696년 당시 50세로 동래부 소속 6품직의 무관으로 있었다. 그는 이 해 4월 강원도 원주에 공무차 출항하였다가 표류하여 5월 12일 蝦夷地(현 북해도지역)의 북서쪽 끝의 섬에 표착하였다. 이후 蝦夷地의 서쪽 해안을 따라 3,600리를 가서 7월 27일 松前府에 도착하였고, 이어 江戶의 對馬藩邸로 호송된 후 大阪, 대마도를 거쳐 1697년 3월 5일 귀국하였다. 약 11개월에 걸친 여정이었는데, 역사상 처음으로 북해도를 방문한 한국인으로서, 귀국 후 그가 지은 『漂舟錄』은 기이한 체험에 걸맞게 조선시대의 대표적인 표류기의 하나로 손꼽힌다.

이지항의 北海道 및 松前府에서의 활동으로는 활발한 문화교류가 눈에 띄는데, 그가 교류한 인사는 다음과 같다.90)

① 新谷十郎兵衛 : 松前府의 金掘奉行으로 羽保呂에서 처음 만난 이후 松前府까지 안내하였고, 江戶까지 동행하였다. 이지항에게는 은인이었으며, 동행하는 과정에서 인간적으로도 깊은 우정을 나누었다. 그들은 한문으로 筆談을 나누었으며 의기투합하여 술도 마셨다. 송별할 때 이지항이 漢詩를 지어주었다.

② 高橋淺右衛門 : 松前府의 奉行으로 이지항과 필담을 나누고 서신을 교환하였는데, 高橋에게 보낸 서신이 14통에 달한다.

③ 瑞流 : 阿吽寺의 主持僧인 慧海로서 본래 江戶人으로 松前에 와 藩主와 詩畫를 논하였던 인물인데, 漢詩에 조예가 깊어 이지항과 많은 詩文唱酬를 하였다. 그의 시가 『漂舟錄』에 12수 실려있는데, 『福山秘府』에는 40수나 수록되어 있다. 그는 松前에 옮겨 산지 70년이 되었는데 이국과 타향에서 외로움을 공감하면서 서로 위로하였다. 그가 보낸 시 가운데 "궁벽한 땅 바닷가엔 시 짓는 벗 적어/ 홀로 굽은 난간에 의지하여 三更을 보내노라"라는 구절이 있는데, 오랜만에 글과 뜻이 통하는 벗을 만나게 되어 반가움을 표현하였다. 그는 또 출발하기 전 찾아와 "앞으로는 서로 異域에 있게되어 다시는 만날 기회가 없을 것이므로 실로 비감하다"고 말하면서 송별시를 한 수 지어주었다.

> "올 때에는 書契로 정 더욱 화목했는데

---

90) 그는 武科 別試에 급제한 무인이었지만 『周易』을 볼 줄 알았고, 詩文과 書道에 상당한 조예가 있었던 것 같다. 松前府에서 조사를 받을 때 여행 중 그가 소지한 서적이 10권에 달하였는데 다음과 같다.
　　『西漢演議評』(3권1책, 唐本), 『醫學正傳』(3권1책, 和本) 『諸藥妙方』(1책, 寫本) 『肘後方』(1책, 사본) 『藥性歌』(1책, 사본) 『世應擲錢解』(1책 사본) 『西關幕遊錄』(1책 사본시집) 『詩集』(사본, 제목이 없음) 『世應論抄集』(1책 折小本) 『朝鮮曆』(1책)이다.(『福山秘府』 「朝鮮人漂人部」)
　　이외에 벼루상자도 있었는데 항해중에도 독서와 글을 썼다는 점에서 그의 문인적 기질을 엿볼 수 있다. 『漂舟錄』의 문장도 문학성이 풍부하며 예리한 관찰력으로 일본의 자연과 풍물을 묘사하였다.

오늘엔 기쁨과 슬픔이 얽히고 설키누나
미처 다 뵙지 못한 채 님 보내니
내 혼은 꿈마다 그대 따르리”

瑞流의 시를 보면, 故事도 풍부하게 인용하고 있으며 시의 정취가 자못 높다. 이지항의 처지를 동정하면서 자신의 인간적인 고뇌도 토로하고 있어 두 사람간의 공감을 나누는 모습이 시에 잘 나타나 있다. 그는 이지항과 자신을 蘇武와 李陵에 비유하였고, 이지항의 시에 대해서는 李太白에 비유하기도 하였다.

④ 松前藩主 : 시문에 상당한 조예를 가졌던 인물로[91] 이지항과 서신 교환도 하고 詩文도 唱酬하였다.[92] 이별시 藩主는 잔치를 베품과 함께 후한 예물을 주었는데, 특히 독수리날개와 황금을 주면서 ‘그대는 武官이므로 띠를 만들라’고 권하였다.

⑤ 鈴木戸次兵衛 : 羽保呂에서 松前으로 오는 사이에 만난 상인인데 요청에 의해 七言小詩를 지어주었다.[93]

이밖에도 藩主가 이지항의 글씨를 받고 칭찬하자 頭倭들이 모두 시와 글씨를 요청하여 松前府에 체재한 48,9일 간에 글씨를 쓴 종이가 100권에 달하였을 정도였다고 한다.[94] 이와 같이 異國의 문화인을 맞이한 일본인들은 매우

---

91) “전해들으니 태수는 詩思를 제법 즐기고 또 회화를 좋아해서 자신도 그림을 잘 그리고 항상 江戸에서 온 중 瑞流와 詩畵를 논하기를 게을리 하지 않고 숙식도 같이 한다고 한다”(『漂舟錄』)

92) 藩主에게 준 6수의 시 가운데 네 번째의 시가 중앙도서관본 『李志恒漂海錄』에는 수록되어 있고, 『福山秘府』에도 나온다.

93) 이 시는 중앙도서관 소장본인 『李志恒漂海錄』에는 실려있다(池內敏, 「李志恒漂舟錄について」, 『鳥取大學敎養學部紀要』 제28권, 1994).

94) 통신사행에 수행한 製述官과 書記들이 客館에서 맞이하는 풍경을 연상하게 한다. 이 소문을 들은 藩主는 좋은 토끼털로 만든 대·중·소의 붓을 종류별로 갖추어 보내주었다.

46

감격하였다. 그 이전의 전 시기를 통해서도 江戶 이북지역에서 이와 같은 조선인과의 문화교류 사례는 없었을 것이다. 그만큼 민중들의 호기심도 대단하였다. 이러한 환영에 대해 이지항 일행은 매우 우호적으로 느낀 것 같다.[95)]

한편 이지항 일행은 蝦夷地에서 교역을 하기도 하였다. 이지항만 하더라도 옷과 목면, 수정을 주고 貂皮(담비가죽) 60장을 바꾸었으며 蝦夷錦도 입수하였다. 이 교환은 아이누족들이 먼저 교환하기를 요구해 응한 것이었으나, 그들의 모피가 품질이 좋다는 것을 확인하였고, 교환한 수량만 보더라도 호기심 차원을 넘어 경제적 동기가 있었다고 보여진다. 선원들도 대량으로 교환하였는데 극한적 상황 속에서도 이러한 교역이 이루어졌다는 점에서 흥미롭다. 이지항 일행이 교환한 貂皮와 蝦夷錦은 당시 아이누족들의 주된 교역품이었다. 그 때 구입한 물품들은 당연히 조선에 전래되었을 것인데, 이것은 조선과 蝦夷의 교류사라는 점에서도 매우 의미있는 사건이다.[96)]

『漂舟錄』에 나타나 있는 이지항의 일본인식을 보면 시종 우호적인 태도로 일관되어 있으며, 華夷觀的 인식을 표출한 적이 거의 없다.[97)]『표주록』의

---

95) 표류선도 이지항의 희망대로 북해도에서 부산까지 호송해 주었는데, 그것은 아주 힘든 일로서 대단한 호의를 보여준 예외적인 조처였다. 오히려 조선에서 문제가 될 정도였다(『邊例集要』권3「漂着」).

96) 이에 대해서는 中村和之,「李志恒『漂舟錄』にみえる蝦夷錦について」,『北海道の文化70』, 1998, 北海道文化財保護協會) ; 中村和之,「蝦夷錦と北方の交易」,『白い國の詩』, 1998년 4월호 참조.

97) 池內敏은「17世紀, 蝦夷地に漂着した朝鮮人」(『日本國家の史的特質 - 近世·近代』, 1995, 思文閣出版)에서 "표주록에서 일관되어 있는 우호감각은 漢詩·漢文이라는 문화를 공유할 수 있는 一群의 사람들 사이에서만 성립될 수 있는 '우호'의 감각"이라고 하면서 이것을 '극히 한정된 우호관계를 반영한 것'이라고 파악하였다. 일리가 없는 것은 아니지만 굳이 그렇게 한정할 필요가 있을까 하는 느낌이 든다. 이지항은 호송무사에게도 시를 주었으며, 상인에게도 시를 주었고, 100권의 종이에 쓰여진 글을 받아간 이는 대다수가 민중일 것이다. 오히려 松前藩과 江戶 이하 대마도까지의 지역과의 차이에 주목하는 것이 타당할 듯 하다.『표주록』에는 松前府를 출발한 이후부터 江戶·大阪·對馬島에 이르기까지의 일정에 대해서는 아주 소략하다. 이 지역도 이지항으로서는 처음 방문길이고, 문물의 번성함은 松前府와 비교할 수 없을 정도임에도

분위기는 국가권력이 개입되지 않은 민간인끼리의 교류, 외교의례를 둘러싼 미묘한 신경전, 문화 과시라는 경쟁심리와 그에 따른 갈등이 없는 순수한 교류의 모습이라고 여겨진다.

그는 일본인의 詩文에 대해 별다른 논평을 하지 않았으나 瑞流의 시를 12수나 『표주록』에 싣고 있는 점으로 보아 높이 평가한 듯하다. 단지 鈴木이 글씨를 잘 알아보지 못한다는 것과 藩主가 草書에 대해 잘 모른다고 지적한 적은 있지만, 그것을 문화우월감이나 멸시관으로 해석하는 것은 지나치다고 여겨진다. 둘 다 자신이 만든 것이므로 과도한 칭찬에 대해 계면쩍어 하는 겸손의 표현이라고 해석할 수도 있다.

그는 일본의 경제적 번성함에 대해 감탄하였다.[98]

> "松前太守의 侍衛의 융성함과 고을 안의 인물 및 市塵 物産의 풍성함은 우리나라 州나 府보다 백 배나 더하니, 그 직을 대대로 물려주기 때문에 이같이 성한 것인가?"

일본의 번성함의 원인을 세습제에 찾는 것이 흥미롭다. 또 노상에 구경꾼들이 많았지만 조금도 떠들지 않았다는 점도 특이하게 느껴졌던 것 같다.

한편 이지항의 蝦夷에 대한 인식도 의미가 있다. 『표주록』에는 아이누족의 생활상과 풍습 등에 관해 상당히 상세히 기록하고 있으며, 新谷으로부터 얻은 지식도 반영되어 있다. 하여튼 『표주록』은 한국인으로서 최초의 蝦夷地 방문자가 남긴 체험적 기록으로서도 중요하다. 이것이 李德懋의 『蜻蛉國志』나 李書九의 『蝦夷國記』(현재 不傳)에 어떤 영향을 끼쳤을까를 조사하는

불구하고, 별반 기록이 없는 것을 보면, 그가 중시한 것은 인간적 교류였다고 보여진다.

98) 松前뿐만 아니라 江差에 도착해서는, "시장에는 물산을 벌여놓았고, 남녀의 의복은 극히 화려하면서 묘했으며, 인물은 영리하고 여자들은 아름다웠다. 구경꾼들은 양쪽 길가에 늘어서 있는데 처음 보는 사람이라고 다 좋아했다"고 했고, 江戸로 가는 도중의 津輕・南部・仙臺・奧州 등에 대해서도 "사람과 물산의 풍부함은 우리나라 都城의 두 배나 되었다"라고 하였다.

것도 앞으로의 과제이다.

• 李光彬

「書李邦翼事」의 虛頭에 나오는 내용을 보면, 이광빈은 18세기 중후반 무렵 武科 시험을 보려고 出船하였다가 표류하여 일본의 長崎에 표착하였다. 그런데 그 곳의 한 의사가 이광빈을 자기 집으로 초대해 대접한 후 사위가 되어줄 것을 간청하였다 한다. 이광빈은 이를 거절하였으나 의사는 그의 귀환을 적극 도와주었다는 것이다. 李邦翼은 五衛將과 全州中軍을 역임한 인물로 역시 중국에 표류한 경험이 있으며, 아들인 李光彬 또한 五衛將과 萬頃縣令을 역임한 武人으로서 일본에 표류하였다. 父子間에 중국과 일본에 표류하였다가 귀환하였다는 기이한 체험이 일반인의 흥미를 끌었고, 정조 또한 박지원으로 하여금 그 사실을 기록하도록 하였던 것 같다.

이 기사는 짤막한 이야기에 불과하지만 이광빈에 대한 일본인의 우호적 태도를 엿볼 수 있다. 아마도 그 정도 호감을 가지고 배려한 데에는 상당한 정도의 인간적 교류를 통한 공감과 상호신뢰가 있었다고 보아도 좋을 듯하다.

• 李鍾德

1815년 9월 27일 五島에 표착한 이종덕은 旌義縣監(종 6품)이었는데, 그 직을 사임하고 부인과 함께 육지로 돌아오던 중 표류하였다. 일행은 五島 → 長崎 → 대마도 → 부산이라는 송환루트를 통해 송환되었다. 그가 조선의 官人임이 확인되자 정중한 접대를 받았으며 대마도에서는 호송시 大差倭의 명목을 띤 一特送使를 파견하였다.[99]

그런데 『五島編年史』의 기사가 눈길을 끈다.

"文化 12년 9월 28일 奈留島大串에 조선인 36인이 탄 배 한 척이 표착하였다. 전라도 정의현감 李鍾德(호 萊嶽)이 있었는데, 萊嶽은 書道와 詩文을 잘

---

99) 이 사건에 대해서는 漂差倭의 접대문제를 둘러싼 마찰이 있었기 때문에 양국의 사료에도 크게 취급되었고 연구논문도 적지 않다. 그런데 모두 송환과정에서의 절차와 접대문제를 둘러싼 논쟁에 초점을 접근하였다.

하였다."100)

　기사 내용으로 보아 五島에서 체재하는 동안 이종덕이 현지인들에게 글씨와 시문을 지어주었던 것 같다. 추측컨대 이지항이 松前府에서 하였던 것과 같은 형태의 문화교류를 하였던 것으로 추정된다.

　한편 이종덕의 『漂海錄』이 현재 전하지 않는 만큼 그의 일본인식의 전체상을 알 수는 없지만 『五洲衍文長箋散稿』에 일부분이나마 인용된 내용을 보면, 1811년 易地通信時 막부와 대마도간의 이면사, 薩摩州와 琉球의 관계, 阿蘭陀의 節氣와 일본과의 관계,101) 可多那國과 일본 및 아란타와의 관계 등이다.

　그는 대마도에서의 易地通信으로 결정된 과정에서 막부와 대마도와의 갈등양상을 서술하였으며, 대마도주를 '島酋'로 기술하면서 "교활한 도추의 간사한 꾀는 헤아릴 길 없다"라고 한 점으로 보아 부정적인 인식도 지니고 있었던 것 같다.

　표류민에게 있어서 가장 큰 장애물이자 불안요소는 언어의 불통 문제라고 할 수 있는데 이 점에서 관리들은 한문을 통한 간접적인 의사소통이 가능하였다. 이지항과 같은 경우에는 매우 호의적인 접대를 받았고, 문화교류는 물론 인간적인 유대감에 바탕한 우호적인 인상을 가지게 되었다. 이에 비해 이종덕은 일본인들에게 시문과 글씨를 써주는 등의 활동을 하였지만 부분적으로 인용되어 있는 바 대마도에 대한 인식은 부정적으로 묘사되어 있다.

(2) 민중의 경우

　관리가 아닌 일반 백성으로서 표류에 관해 직·간접적인 형태로 기사를 남기고 있는 사람을 시대순으로 살펴보겠다.102)

---

100) 『五島編年史』 문화12년 9월 28일조.

101) 이종덕은 長崎에서 이란디인(네덜란드인)을 직접 만나보았고, 종자인 五老沙人(이규경은 이것을 俄羅斯 혹은 交留吧國人으로 추정)도 보았던 것 같다.

102) 1479년(성종 10) 6월 10일 琉球에 표류했던 金非衣 일행은 귀환하는 과정에 覇家臺(博多)에 6개월간 체류하였는데, 博多에 관한 聞見을 보고한 것이 『실록』에 수록되어 있으나 일단 琉球漂流民으로 간주하여 여기서는 제외하였다.

50

- 張廻伊

장회이는 제주도 內贍寺의 종으로서 1499년 정월 일본의 한 섬에 표착하였는데, 구조당한 후 島主 平順治의 집에서 1년간 머무르게 되었다. 그 후 平順治는 '이곳에서 살겠다면 장가를 들여 집을 지어서 살게 할 것이고, 만약 본국으로 돌아가겠다면 보내주리라'고 하였다 한다. 이에 장회이가 귀국을 희망하자 도주는 양식 10석을 주면서 송환시켜주었다. 귀국 후 장회이는 조정에 그 섬의 풍속에 대해 보고하였는데, 『조선왕조실록』에 나오는 일본표류민의 견문보고사항으로는 가장 자세한 기술이다. 내용은 도주의 사냥모습, 어산물과 조업방식, 농작물과 농사방식, 島主官舍의 규모와 구조, 혼인풍습, 연장자를 존중하는 관습과 엄격한 질서 등에 관한 것이었다. 특히 "모든 사람이 항상 環刀와 小刀를 차고 다니면서 싸우면 환도로 목을 자르는데 도주가 비록 알게되어도 전혀 감찰하지 않는다"라는 점이 朝鮮에 없는 특이한 풍습으로 이해되었던 것 같다.

장회이는 이 섬에서 도주의 집에서 거처하는 파격적인 대접을 받았으며, 도주와는 인간적인 교류를 나누었던 것 같다. 平順治는 사냥을 마친 후 술을 마실 때마다 장회이를 초대해 '술과 고기를 배부르도록 먹어라'고 권하였다 한다. 또 平順治가 그에게 결혼을 권유한 것은 그가 표류민 송환을 '利權'으로 삼지 않았음을 말해준다.

- 安義基

「漂流朝鮮人之圖」는 1817년 鳥取藩에 표착한 안의기가 長崎까지 호송해준 일본의 奉行에게 준 글이다.

"奉行武士 岡氏에게 올립니다.
엎드려 생각컨대 슬프도다. 우리들은 신세가 길하지 못한 까닭으로 큰 바다 가운데서 대풍을 만나 꼬박 십여 일을 보냈는데, 일본국에 표류하여 생명을 구하기에 이르렀습니다. 귀국의 사람을 사랑하는 두터운 덕의 은혜는 태산과도 같고 강과 바다와 같습니다. 우리들은 그 은혜를 입음으로

써 살았습니다. …… 중략 …… 호송차 배가 출항하여 長崎에 이르렀는
데, 奉行武士 십여 인과 僉尊諸兄主들이 같은 마음으로 힘을 합침으로써
물길이 육지로 되었습니다. 바다 위에서 같이 머물고 같이 잠자니 同氣나
친형제와 다름이 없습니다. 우리들이 그 은혜를 갚지 못하고 귀국하는 마
음을 알 듯하지만 또한 모를 것입니다. 엎드려 생각컨대 비록 그러하나
한번 만리 밖으로 헤어지면 어찌 서로 볼 수 있겠습니까? 봉행무사와 첨
존주께서는 하늘이 명해준 바 壽와 福을 누리시고 평생토록 잘 거하시며,
자손에 이르기까지 편안하게 지내시기를 지극한 마음으로 엎드려 바랍니
다. 슬프기 그지없으니 슬피 통곡하는 말이 길어졌습니다. 이별을 아쉬워
합니다.

조선국 안의기 삼가 씀".103)

표류민과 현지의 호송인간에 강한 유대의식과 함께 감사의 뜻이 잘 드러
나 있는 문장이다. 표류민에 대한 일본의 구조와 접대 송환에 의해 우호적
인식이 형성되는 좋은 사례라고 보여진다.104)

• 19세기 전반 薩摩州 漂流民

『漂民對話』 중권에 나오는 傳語官과 표류민105)간의 대화내용에서 주목되

---

103) 문장으로서는 유창하지 못하고 오자로 보이는 글자도 있지만 이 정도의 한문
을 지을 수 있었던 안의기는 한문을 아는 선비로 추정된다. 일본측 자료에 의
하면 표착후 필담이 가능하였다고 하며, 그림에도 안의기만 갓을 쓰고 두루마
리를 입은 차림으로 나와 있다.

104) 1817년 안의기 일행은 駕籠에 태워져 鳥取로 향하였는데, 호송에 참여한 인원
도 100명 이상이었고, 연도에 구경군도 넘쳤다고 한다. 이 때 富商들의 거리를
지나게 했는데 그들에게는 상점의 기둥에 융단을 두르고, 금은의 병풍과 진
기한 그릇들을 진열하도록 하였다 한다. 표류민들은 거리의 모습을 보고 '좋
다'라고 감탄하였다고 한다. 鳥取縣의 주민들은 조선표류민이 매우 희귀한 사
례였던 만큼 깊은 호기심을 보여주는 동시에 우호적이었다(池內敏, 「鳥取藩領
に漂着した朝鮮人」, 『論叢 歷史と社會』, 1994).

105) 연대는 알 수 없지만 11월 8일에 표착한 전라도 순천의 어부 12명과 2월 3일에
표착한 해남출신의 상인 16명인데, 주된 대화상대는 해남의 상인들로 추정된
다. 이와 관련된 기사가 『변례집요』에는 나오지 않는데, 『표인영래등록』이나
일본측 자료에서 확인할 필요가 있다.

는 것은 인간적인 공감과 우정이 표현되어 있다는 점이다. 이별을 앞두고 석별의 아쉬움을 토로한 대화를 잠시 살펴보자.

"금번은 비상한 인연으로 만났는데 한번 보니 옛친구 같아(一面如舊) 실로 同鄕之人인 줄 알았다. 근일간에 이별하게 되니 나의 맺힌 회포가 무궁하도다. 그러나 이제 고향에 돌아가 父母妻子 만나면 更生之人이 돌아온 듯이 기뻐할까 싶도다."(傳語官)

"우리들은 팔자가 험악하여 천만의외에 표류하여 고생하는 일이야 어찌이를까보온고 생각하는 적마다 실로 원통하옵지만 그런 중 하늘이 도우셔 이 나라의 바다에 닿았고 아직 남은 목숨을 보존하였사오매 天恩이 끝이 없고 더구나 國恩이 헤아리기 어렵습니다. 公도 傳語官의 소임으로 우리들이 漂泊한 것을 들으시고 遠路에 눈을 밟아가며 큰 일처럼 나오시고 심방하여 주신 후의는 과연 감사하옵니다."(漂流民)

표류민들이 감사하는 것은 당연하다 치더라도 전어관이 표류민들에게 표현한 우정과 귀환의 축하는 주목할 만하다. 장기간 배를 같이 타고 대화를 나누면서 인간적인 공감을 나눈 결과로서, 이것 또한 표류가 가져다준 민간교류의 한 모습이라 하겠다.

• 19세기 중반의 漂流濟州民

『濟州啓錄』에 나오는 바 표류민은 일본에서의 구호와 접대 및 호송과정에 대해 대체로 만족하였으며, 특별히 불만을 표시한 사례가 없다. 일본인들은 파손된 배와 집기를 수리해주고, 사망자가 있으면 관을 만들어 주었으며 음식과 의복 등도 부족하지 않게 제공하였다고 보고하였다. 이에 대해 그들은 供述에서 일본인에 대한 직접적인 감사 표시를 하지는 않았으나 그러한 과정에 대해 우호적인 인식을 지니게 되었던 것으로 추정된다.

이상 표류민들의 일본인식을 보면 공통적으로 볼 수 있는 것이 구호와 무사송환을 해준 데 대한 감사의 정이다. 또 하나는 일본의 경제적 번성에 대한 감탄이다. 이지항, 안의기 일행, 薩摩州에의 표류민은 모두 松前府·鳥取縣·長崎 등 도시의 번성함과 물산의 풍부함에 대해 '우리나라의 都城과 비슷하다거나 몇 배나 더 화려하다'는 등으로 표현하였다. 그러한 인식의 정확성과 객관성 여부는 차치하더라도 조선후기 일본의 경제적 번영상이 그들에게 매우 인상적이었음에는 틀림없다. 또 이들의 일본인식에는 華夷觀念에 바탕을 둔 日本夷狄觀이 표현되어 있지 않다. 통신사행 파견 시 보이는 조선 지식인의 문화우월감이나 그 과정상에 팽팽한 긴장감을 느끼게 해주는 국가 간의 경쟁의식 같은 것은 보이지 않는다.

표류와 연관된 양 국민의 교류사에는 다양한 모습이 나타나 있다. 거기에는 무엇보다 인간끼리의 만남이 있었고, 일부의 지식인 사이에는 筆談과 詩文唱酬를 통한 문화교류가 있었다. 심지어는 극한적인 상황에서도 상호간에 물자를 교환하는 교역활동도 있었다. 때로는 漂着地에서의 접대조건에 불만을 표출하는 소요사건과 항의 소동도 있었다. 어떤 경우는 고의성 짙은 표류(故漂)도 있었다.106) 일본의 표착지에서는 경제적 부담을 무거워하며 표류민을 방치하거나 다시 바다로 내보내는 경우도 있었다. 또 표류민 가운데 장회이와 이광빈은 일본에서 결혼과 함께 定住할 것을 권유받기도 하였다. 이들은 귀국하였지만 조선전기의 경우 일본에 정착한 표류민의 사례도 보인다. 이와 같이 전근대시기의 표류는 여러 가지 측면에서 재조명할 부분이 많은 아주 흥미로운 소재이자 연구주제이다. 역사나 외교적 측면만이 아니라 문

---

106) 故漂는 그 동안 일본측의 厚待를 알고 고의로 표류한다는 주로 경제적인 측면에서만 해석하였지만, 정치적인 이유도 가능하다고 여겨진다. 『濟州啓錄』에 나오는 바 故漂의 의심을 받은 趙正杓의 가족일행은 경제적으로 궁핍하지 않은 전직 고위관리였다. 정치적 망명의 성격을 띤 경우도 있을 수 있고, 쇄국체제하에서 해외에서 이상향을 찾으며 도피처를 구하려는 시도의 하나일 수도 있다. 『홍길동전』에 나오는 율도국, 『허생전』의 남해의 무인도, 동해안의 여인국 설화(신유한의 『해유록』, 『오주연문장전산고』에도 변증설이 나오는데, 실제 1855년 조정표 일행이 표착한 곳이 女島였다.) 등은 그러한 파라다이스상의 반영으로 보아도 좋을 듯하다.

54

화인류학·지방사·기술사·교통사·경제사 등 다양한 분야에서 접근할 수 있을 것이다.

조선 표류민들의 일본인식은 전반적으로 보아 우호적이었다.

조선전기의 경우 표류민 송환에 일본측의 순수하지 못한 의도가 있었고, 후기에는 접대를 둘러싼 항의와 표류민에 의한 소요사건 등 마찰이 노정되기도 하였다. 그러나 그것은 크게 보면, 예외적이고 해프닝에 지나지 않는 것이었다. 표류민의 입장에서 보면 표착지의 주민과 관리 및 송환자는 생명의 은인이었다. 그것은 무엇보다 큰 것이며 가장 소중한 은혜이다. 국가적 손익계산은 그들에게 중요하지 않으며, 생각이 미치지 않았을 것이다. 거기에는 국가적 관점을 벗어난 인간끼리의 만남과 교류가 있는 것이다. 표류문제를 다룰 때 중요한 시점은 표류민의 입장에서 追體驗할 필요가 있다는 것이다. 그래야만 실상에 접근할 수 있을 것이며 표류가 지니고 있는 가치를 살릴 수 있을 것이다.

6. 漂流·漂着의 地域的 特性과 그 現在的 意義

1) 조선시대 漂流·漂着의 지역적 특성과 그 원인

⑴ 朝鮮人의 日本列島 漂着

조선시대의 표류민 연구 중에서 표류·표착의 지역적 특성 문제를 비교적 잘 정리한 것으로는 池內敏의 연구를 들 수 있다.107) 그에 따르면 1599~1872년간(A) 조선인이 일본열도에 표착한 건수는 모두 971건에 표착한 사람의 수는 9,770명이다. 연평균 3.5건에 35.7명의 조선인이 해마다 일본열도에 닿은 셈이니, 민간인의 해외도항이 금지되어 있던 근대 이전의 상황을 고려한다면 이것은 결코 작은 규모가 아니다. 또 이것은 현재 문헌사료에 남아 있는 것만을 집계한 것이므로, 실제 표류건수와 표류민의 수는 이보다 더 많

---

107) 池內敏, 『近世日本と朝鮮漂流民』, 臨川書店, 1998.

았을지도 모른다. 그런데 1873~1888년간(B)에는 표류건수 63건 조선인 표류민수 483명으로 집계되어, 연평균 5.7건에 43.9명의 조선인이 일본열도에 표착하였다고 한다. 이전 기간(A)에 비해 이 시기(B)의 연평균 건수와 인원수가 더 늘어난 셈이다.[108]

그런데 여기서 주목하고자 하는 것은 이케우치의 분석이 주로 일본의 메이지유신(明治維新) 이전, 이른바 藩政時代 각 藩의 기록에 주로 의존하고 있다는 점이다. 다시 말해 그는 일본의 明治初期 사료(특히 外務省記錄)를 이용하지 않았기 때문에, 각 藩이 폐지되고 그에 대신해서 縣이 설치되는 이른바 '廢藩置縣'(1871년) 이후에 해당하는 1873년 이후의 표류·표착에 대해서는 그 실태를 정확히 밝히지 못한 한계점을 지니고 있다. 필자의 최근 조사결과에 따르면[109], 조선의 개항 직후인 1877년 한 해 동안 일본열도에 표착했다가 조선으로 송환된 사람의 수가 225명이었다. 1년 동안 발생한 표류민만 하더라도 2백 명이 넘는 사람이 일본으로부터 송환되었으니, 이것으로 유추해 본다면 '1873~1888년의 15년 동안에 총 표류건수가 63건, 조선인 표류민수가 483명'이라는 이케우치의 통계는 수정되지 않을 수 없을 것 같다.

한편 1599~1872년간(A) 일본열도에 표착한 조선인의 출신지역을 살펴보면 가장 많은 비중을 차지하고 있는 곳이 경상도(521건, 50.9%)이며, 그 다음이 전라도(388건, 38.0%)였다.[110] 그런데 1873~1888년간(B)에는 朝鮮人의 출신지역 구성이 전과 크게 달라지고 있음을 알 수 있다. 즉 이 기간(B) 동안에 모두 65건의 표류·표착사건이 발생하였는데, 그 중 전라도 출신이 37건으로서 전체의 56.9%를 차지하여 가장 많았다. 그 다음이 경상도 출신(22건,

---

108) 池內敏,『近世日本と朝鮮漂流民』, 14쪽.

109)『外務省記錄』戰前期 사료 중「困難船及漂民救助雜件·朝鮮國ノ部」(문서번호 3.6.7.1~10, 총 11책),「遭難船漂民及漂流物關係雜纂」(문서번호 3.6.7.4)(전 2책),「困難船及漂民救助取扱參考書」(문서번호 3.6.7.5)(전 2책),「日韓兩國困難船漂流民救助例規參考書」(문서번호 3.6.7.2)(전 2책) 등이 있다.

110) 鄭成一,「일본에 漂着한 전라도 지역 주민들의 異國 체험」,『全南地域 經濟調査』63, 전라남도·광주은행, 1998.

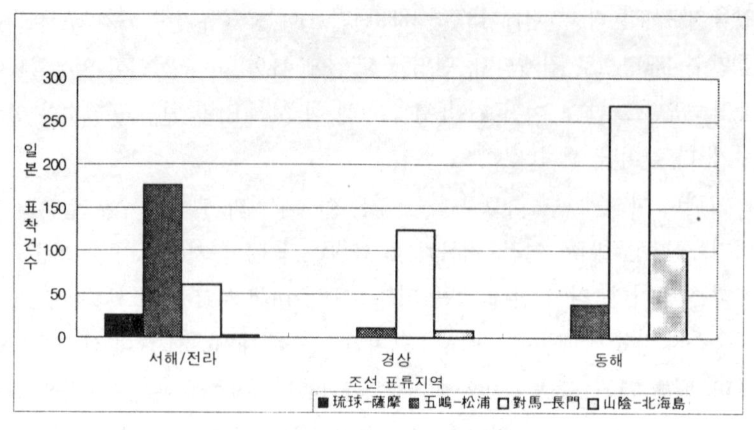

<그림 1> 조선인의 표류지역과 일본 표착지

33.8%)으로 나타났는데, 이전 시기(A)와 정반대의 결과를 보이고 있는 배경
과 원인이 무엇인지에 대해서는 알 수 없다.[111]

　그렇다면 朝鮮人의 漂流地域과 日本에서의 漂着地域 사이에는 어떠한 關
係가 존재하는 것일까? <그림 1>에서 쉽게 알 수 있듯이 조선인의 표류지역
과 그들의 일본 표착지 사이에는 일정한 관련이 있었다. 즉 서해안과 제주도
를 포함한 전라도 지역에서 표류한 조선인들은 일본의 五嶋列島[112]와 松浦
半島 구간에 표착하는 일이 가장 많았으며(176건, 66.7%), 경상도 남쪽 해안
에서 표류한 조선인들은 그 대부분(124건, 86.7%)이 對馬-長門 구간에 표착
하였다. 그리고 경상도 동쪽과 강원도 등 동해안에서 표류를 당한 조선인들
이 주로 표착한 곳은 對馬-長門 지역이 가장 많았으며(268건, 66%), 그 다음
이 山陰-北海島 지역(99건, 24.4%)이었다.[113] 바꾸어 말하면 조선에서 표류

<hr>

111) 池內敏, 『近世日本と朝鮮漂流民』, 14쪽.

112) 五嶋列島의 고지카마치(小値賀町)에 漂着한 朝鮮과 琉球의 배에 대해서는 다
　　음 사료를 참조. 『漂着した琉球・朝鮮船の記錄(一)』, 小値賀町古文書資料集
　　成 제1집, 長崎縣 小値賀町歷史民俗資料館, 1995.

113) 池內敏, 『近世日本と朝鮮漂流民』, 15쪽.

하여 일본에 표착하는 경우 琉球-薩摩 해안과 여러 섬에는 전라도 지역에서
표류한 사람들이 가장 많았으며, 對馬-長門 구간에는 동해와 경상도 남쪽 해
안에서 표류한 사람이, 그리고 山陰-北海島 지역에는 동해안에서 표류한 사
람이 가장 많이 표착하였다.

(2) 日本人의 韓半島 漂着

池內敏의 실증분석 결과에 따르면 1618~1872년간 일본인이 한반도 해역
에 표착한 사건은 모두 91건이었으며, 漂着日本人의 수는 1,235명에 달한다
고 한다. 연평균 0.36건에 4.86명의 日本人이 漂流를 계기로 韓半島와 접촉을
한 셈이다. 그런데 조선인의 일본표착(朝鮮人→日本) 규모(연평균 3.5건, 35.7
명)에 비해 일본인의 조선표착(日本人 → 朝鮮) 규모가 훨씬 작다는 사실이
먼저 눈에 띄인다. 즉 조선인의 일본표착이 漂着件數로는 약 10배, 漂着人數
로는 약 8배정도 일본인의 조선표착보다 더 많았던 것으로 나타났다.114)

또 조선에 표착한 일본인의 출항지는 대체로 九州南部에서 北海島에 이르
는 넓은 지역에 분포되어 있었으며, 瀨戶內海에서 출항하였다가 한반도 해

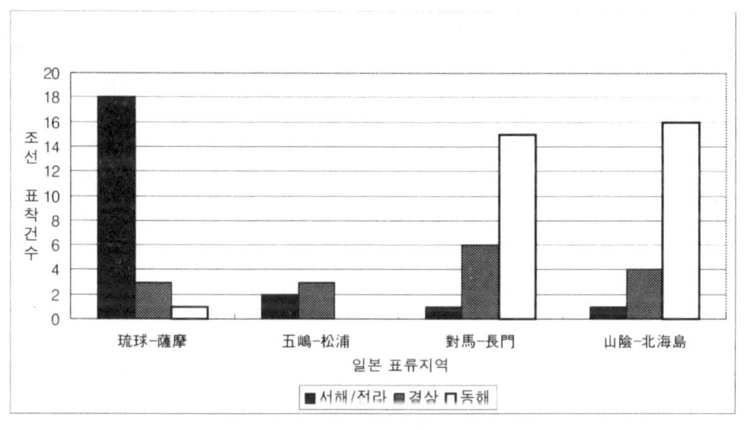

<그림 2> 일본인의 표류지역과 조선표착지

---

114) 池內敏,『近世日本と朝鮮漂流民』, 13~14쪽, 26쪽.

58

역에 표착한 사례도 있었다. <그림 2>에 나타낸 것처럼 琉球(沖繩)-薩摩 지역에서 표류한 일본인들은 주로 전라도 지역에 표착하는 일이 많았다(18건, 81.8%). 對馬-長門 구간에서 표류한 일본인들은 경상도 동쪽과 강원도 등 동해안에 표착하는 일이 가장 많았으며(15건, 68.2%), 그 다음이 경상도 남쪽 해안이었다(6건, 27.3%). 그리고 山陰-北海島 지역에서 표류한 일본인들이 조선에 주로 닿는 곳은 한반도의 동쪽 해안이었음을 알 수 있다(16건, 76.2%). 이와 같이 日本人의 漂流地域과 朝鮮에서의 漂着地域 사이에도 일정한 關係가 존재하고 있었다고 볼 수 있다.115)

⑶ 漂流·漂着의 原因

漂流의 원인은 크게 3가지 측면에서 살펴 볼 수 있을 것 같다.

① 技術的 條件

이미 朝鮮前期에 일본에 가는 조선의 使臣들이 지참하는 물품 중에 羅針盤이 들어 있을 정도로,116) 나침반의 사용이 확대되고 造船術이 발전하는 등 朝鮮後期에는 技術的 條件의 변화에 의해 이전 시대보다 항해의 범위가 더욱 확대되었을 것이다. 다만 일반 민중들이 나침반을 손쉽게 이용할 수 있었는지는 의문이다. 또 池內敏의 분석에서는 '배의 크기'를 문제삼고 있는 대목이 있는데,117) 이것이 기술적 조건에 해당되지 않을까 생각된다. 그러나 動力을 사용하기 이전까지는 그것이 결정적인 변화를 가져오는 요인은 될 수 없었을 것이며, 더욱이 조선과 일본 배[船]의 크기나 제작 방식에 따라서 표류의 건수에 통계적으로 유의적인 차이가 있는지는 좀 더 치밀한 분석을 기다리지 않을 수 없다.

② 社會經濟的 條件

다음으로 표류의 社會經濟的 條件을 살펴보면 다음과 같다. 朝鮮後期의

---

115) 池內敏, 『近世日本と朝鮮漂流民』, 25~27쪽.
116) 『宣祖實錄』 39년 12월 병진·정사.
117) 池內敏, 『近世日本と朝鮮漂流民』, 24쪽.

표류민 기록 가운데는 표류민의 직업이 商業인지 漁業인지, 그리고 官人(또는 武士)인지 居民[民衆]인지를 알 수 있는 것도 더러 있다. 池內敏에 따르면 조선인의 경우 어민과 상인의 비중이 해역에 따라서 차이를 보이고 있다는 것이며, 특히 일본인의 경우는 조선인 표류민에 비해 어업보다는 운송 즉 藩米의 移送과 賣却을 비롯한 商行爲의 비중이 더 많다고 주장한다.118) 다만 이러한 차이가 통계적으로 有意的인 것인지는 별도의 연구를 통해서 검증을 거치지 않으면 안 된다.

③ 自然的 條件

마지막으로 自然的 條件을 살펴보면, 계절별 표류·표착의 건수가 조선과 일본의 표류지역과 일정한 관계를 맺고 있다. 예컨대 같은 朝鮮人이라도 10월부터 이듬해 2월까지는 동해안에서 표류한 경우가 서해안이나 남해안의 경우보다도 월등히 많지만, 나머지 시기에는 상대적으로 표류건수가 적음이 분명하게 드러난다(그림 3 참고).

또 조선의 3개 지역과 일본의 4개 지역의 표류건수 중에서 월별 평균 비중

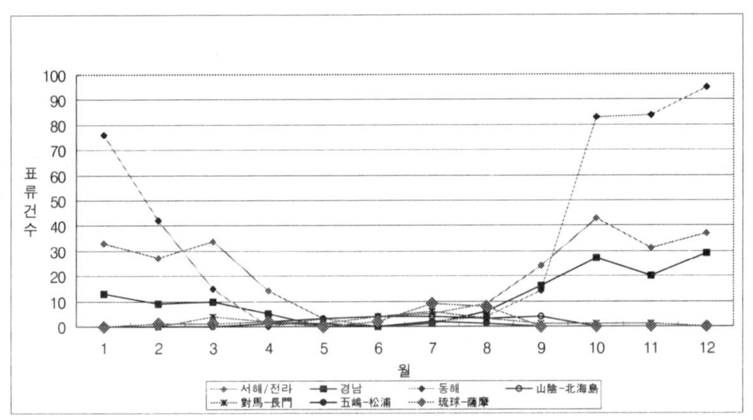

<그림 3> 지역별 표류시기의 비교(전체건수)

118) 池內敏, 『近世日本と朝鮮漂流民』, 19~23쪽.

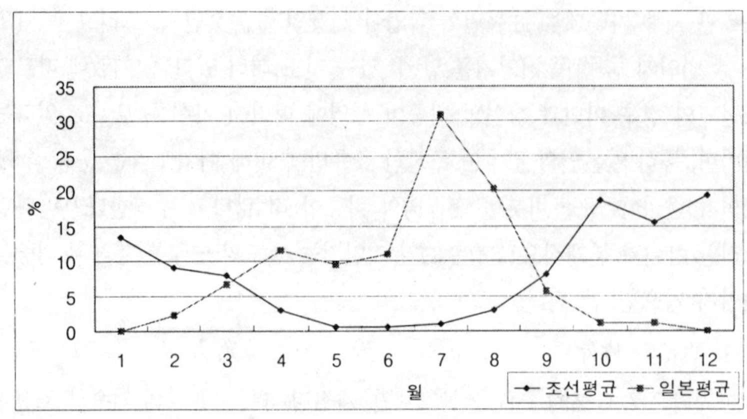

<그림 4> 지역별 표류시기의 비교(%)

(%)을 나타낸 그림 4를 보면, 대체로 조선인은 9월에서 이듬해 2월(모두 음력) 사이에, 그리고 일본인의 경우는 4~8월(모두 음력)에 가장 많은 표류를 당했음을 알 수 있다. 아마도 이것은 한·일 해역에서의 바람과 해류의 변화와 밀접한 관련이 있는 것으로 생각된다.

말하자면 계절에 따른 바람의 방향과 속도의 차이가 계절별 표류건수의 차이를 가져온 것으로 생각된다. 예컨대 12월의 평균 풍향과 풍속을 나타내는 자료를 보면 바람이 북에서 남으로 즉 한반도에서 일본열도를 향하고 있으며, 그 속도가 일본열도와 맞닿기 전까지는 강했다가 그 이후 점차 약해지는 것을 알 수 있다.[119] 반면에 여름철에 부는 바람은 남에서 북으로 즉 일본열도에서 한반도로 불고 있음을 알 수 있다. 가장 대표적인 태풍의 경로를 통해 이러한 사실을 확인할 수 있을 것이다.[120] 이것을 통하여 대체로 日本列島에 漂着한 朝鮮人은 9월에서 이듬해 2월(모두 음력) 사이에, 그리고 韓

119) Cheol-Ho Kim, A Numerical Experiment Study on the Circulation of the Japan Sea(East Sea), A Dissertation submitted for the degree of Doctor of Science, Kyushu University, 1996, p.21.

120) 李錫祐, 『韓國近海海象誌』, 집문당, 1992, 48쪽.

半島에 漂着한 日本人의 경우는 4~8월(모두 음력)에 가장 많은 漂流를 당한 원인을 쉽게 이해할 수 있다(그림 4. 참조).

한편 海流의 흐름을 알기 위해 바다 위해 浮漂를 띄워 그 방향을 실험한 결과에 따르면[121], 동해와 경상도 남동쪽 지점의 바다 위에서 突風에 의해 표류한 물체는 대체로 일본의 山陰地域과 北海道地域으로, 그리고 쓰시마(對馬)와 하카다(博多) 사이에서 표류한 물체는 九州北部와 長門을 비롯하여 山陰地域과 北海道地域 등으로 흘러가 그곳에 漂着하는 것으로 나타났다. 이것을 통해서도 경상도 동쪽과 강원도 등 동해안에서 표류를 당한 조선인들이 주로 표착한 곳이 주로 일본의 對馬-長門 지역과 山陰-北海島 지역이었던 이유를 알 수 있다(그림 1 참조).

2) 漂流民研究의 現在的 意義

⑴ 海難事故의 효율적 처리

그 원인이 무엇이든지 표류·표착은 재산상의 손실과 인명피해를 수반하는 해상에서의 사고임에 틀림없다. 따라서 이러한 피해를 최소화하기 위해 표류·표착 등 해난사고에 어떻게 효과적으로 대처할 것인가 하는 것은 앞으로 각국이 연구하지 않으면 안 될 중요한 과제인 것이다. 또 해난사고에 의해 사망한 사람들의 시신이나 유골을 처리하는 문제도 인도주의적 관점에서 볼 때 결코 가볍게 처리할 수 없는 과제이기도 하다.

예컨대 대한해협과 쓰시마 부근 해역에서 발생한 해난사고를 양국은 어떻게 처리해 오고 있으며, 그에 따른 문제점은 무엇일까?[122] 우선 시신·유골의 송환을 둘러싼 한·일간의 문제를 생각해 볼 수 있다. 오늘날에도 쓰시마 부근 해역에 시신이나 유골 등이 떠내려 가는 일이 종종 있는데, 그것을 수

---

121) 李錫祐,『韓國近海海象誌』, 집문당, 1992, 78쪽.

122) 1950년대 이후 쓰시마 부근에서의 한국 배의 漂流와 海難事故 등에 대해서는 다음을 참조.『戰後對馬三十年史』, 對馬新聞社, 1983.

습하여 처리하는 일이 그 지역에서는 커다란 골칫거리의 하나라고 한다.[123) 처리비용을 지방의 자치단체가 부담해야 하며, 그 시신이나 유골의 신원이 밝혀지지 않을 경우 그것을 처리하는 문제가 여간 복잡하지 않다는 것이다. 따라서 해난사고의 효율적 처리를 위해서는 시신·유골 등의 송환을 포함한 국제적인 표류민 송환시스템의 정비가 요구되는 것이다.[124)

말하자면 조선시대에는 복장이나 두발 상태 등으로 보아 금방 시신의 출신국이나 신원을 파악할 수 있었지만, 이제는 한국인과 일본인의 외모 차이가 거의 없기 때문에 그런 것만으로는 도저히 분간할 수 없다고 한다. 그렇다고 신원이 확실하지 않은 시신이나 유골을 무작정 상대국(?)에서 받아들일 수도 없는 입장인 것 같다. 따라서 이러한 문제를 효과적으로 처리할 수 있는 국제시스템의 정비를 서두른다고 할 때,[125) 朝鮮後期 韓·日間 표류민 송환시스템이 좋은 참고가 되지 않을까 생각한다.

⑵ 韓·日 地域間 交流

오늘날 한·일간 교류협력을 추진중인 지역(즉 지방자치단체)이 과거 표

---

123) 對馬島內 6개 지자체(嚴原町·美津島町·豊玉町·峰町·上縣町·上對馬町)의 '身元 未確認 漂流民의 遺體' 처리상황에 따르면, 1977년 11월 1일부터 1999년 4월27일 현재까지 파악된 遺體가 총 113구로 밝혀졌는데, 그 가운데 국적이 '韓國(북한 포함)'으로 확인된 것이 52구로서 전체의 46%를 차지하고 있다. 이것은 확인이 불가능한 것과 중국 등으로 밝혀진 것을 제외한 것이다. 그러므로 이것을 토대로 하여 쓰시마 주변에 표착한 건수 중 최소한 절반 이상을 한반도 출신이 점하고 있었을 것으로 미루어 짐작할 수 있다. 그런데 표류민의 소지품 등으로 보아 한국 국적으로 볼 수 있음에도 불구하고 신원이 밝혀지지 않은 유골은 1990년대에 들어와 이즈하라의 大平寺에 주로 安置되어 있는 것으로 조사되었다.

124) 이 문제에 대해서는 니시니혼신문사(西日本新聞)의 쓰시마 주재 기자였던 後藤元秀씨(현재 福岡縣 議會 議員)가 관심을 가지고 조사한 바 있는데, 이와 관련하여 『西日本新聞』의 다음 기사가 참고가 된다. 1984년 3월 18일, 4월 22일, 6월 14, 6월 21일자.

125) 예컨대 인터넷 등을 통하여 韓·日 海域에서 발생한 海難事故에 관한 정보를 신속하게 공개·교환한다면 이 문제가 한결 쉽게 해결될 수 있을 것으로 생각한다.

류・표착이 빈발하였던 지역과 적지 않게 관련이 있을 것이라는 점에 주목할 필요가 있다. 한국과 일본의 큐슈지역에 있는 지방자치단체들 사이에 맺어진 자매결연 사례에 대하여 조사한 결과를 보면[126], 지리적 근접과 역사문화의 연계성, 인적인 연고, 산업구조의 유사성 등이 지역간 결연의 계기가 되었던 것으로 나타났다.

이 가운데 두 지역의 역사적 인연이 현재의 지역간 교류협정 체결에 긍정적 영향을 미친 대표적인 사례가 江原道와 鳥取縣의 교류협정 체결이라고 생각된다. 널리 알려진 것처럼 협정 체결에 즈음하여 조선시대에 돗토리현에 표착한 강원도 지역 주민들(安義基 일행)에 관한 당시의 그림과 그 밖의 관련 기록이 지역 언론 등을 통해 일반인들에게 소개된 적이 있는데(제5절 참조), 그것이 두 지역 주민들간의 우호증진에 상당히 긍정적인 영향을 끼쳤을 것으로 짐작된다.

중앙정부 차원의 교류협력이 대부분이던 과거의 흐름에서 이제는 지방정부 혹은 민간 차원의 교류가 더욱 확대되는 이른바 지역 대 지역간(local to local) 교류의 시대로 전환하고 있는 것이 現段階가 아닌가 생각된다. 게다가 역사 등 전통문화를 활용한 '文化産業'의 진흥을 통하여 지역 주민의 생활을 윤택하게 하려는 이른바 地域活性化戰略 차원에서 생각해 볼 때도,[127] 조선시대 표류민의 역사는 결코 단순히 지나가 버린 옛일로만 돌릴 일은 아닌 것이다. 요컨대 한・일 양국의 지역간 교류협력과 '전통의 재생산' 혹은 '문화산업의 개발'을 통해 지역주민의 삶의 질(quality of life)을 향상시키려고 할

---

126) 『韓・日姉妹都市間 經濟交流現況과 促進方案』, 한일경제협회・전남대학교, 1999.

127) 鄭根埴, 「지역 활성화와 장소 마켓팅 : 일본 오이타현 유후인(湯布院町)의 이미지 진락」, 『아시아태평양지역연구』1-1, 1998, 253~280쪽 ; 洪性翕, 「일본 산촌지역의 문화적 특성과 문화산업 만들기 전략—九州지역 중산간지대의 사례를 중심으로—」, 『아시아태평양지역연구』1-1, 1998, 133~158쪽 ; 洪性翕, 「일본 산촌의 지역활성화운동에 나타난 전통의 재생양상 : 湯布院町의 농민집단의 사례를 중심으로」, 『아시아태평양지역연구』 2-1, 1999, 113~134쪽.

때, 표류·표착을 계기로 한 지역주민들의 異國體驗의 역사가 오늘날 우리
에게 示唆하는 바가 매우 크다고 생각한다.

7. 맺음말

한반도와 일본열도 사이의 표류·표착은 오랜 역사를 가지고 있었으며,
그때 그때의 개별적인 경험은 누적되어 그 이후 세대에게 이어지고 있었다
고 생각된다. 무엇보다도 民間人의 海外渡航이 禁止되어 있던 傳統社會에서
는 표류·표착의 경험이 매우 이색적이고 충격적이었을 것이다. 즉 표류·
표착을 경험한 사람들은 의도하지는 않았다 하더라도 결과적으로 異國을 체
험할 수 있는 보기 드문 기회였을 것이기 때문이다.

그런데 오랜 韓半島와 日本列島 사이의 漂流·漂着의 歷史 중에서도 朝
鮮後期(일본의 江戶時代)의 歷史的 意義에 대해서는 아무리 강조해도 지나
치지 않을 것이다. 즉 그 이전에도 산발적으로 표류민의 송환이 이루어지기
는 했지만, 그것이 양국간에 하나의 시스템으로서 안정적으로 정착된 시기
가 곧 조선후기이기 때문이다. 따라서 조선후기 이래의 표류민 송환시스템
을 현재적인 관점에서 재조명 해볼 필요가 있다고 생각한다. 이하 크게 다섯
가지 측면에서 그 내용을 요약·정리하면 다음과 같다.

① 표류민 송환체제의 역사적 연원과 그 배경에 관한 것이다.

먼저 피로인의 송환에 관해서 정리하자면, 조선과 중국, 조선과 유구 사이
에는 그것이 기본적으로 事大·冊封이라는 國際關係의 一元的인 틀 속에서
이루어지고 있어서 비교적 단순했던 반면, 조선과 일본과의 관계에서는 매
우 복잡한 형태로 전개되었다. 그것은 말할 나위도 없이 朝鮮前期 朝·日關
係가 多元的이었다고 하는 構造的인 問題에서 비롯된 것이다. 하여튼 1443
년 계해약조를 전후로 왜구가 문제가 일단락되어 피로인의 송환도 자취를
감추게 되는데, 그 이후에는 그에 대신하여 표류민송환이 등장하게 된다. 이
것은 표류민송환이 일본측 송환자들에게는 조·일간의 통교체제에 새로이

편입되는 유효한 수단이었기 때문이었다. 조선의 입장에서도 피로인과 표류민의 송환 문제를 당시 事大·交隣의 동아시아 國際秩序의 틀 속에서 추진하고자 하였던 것이다.

한편 이와 관련하여 최근 일본에서는 倭寇와 왜구로 발생한 被虜人의 송환문제를 다룸에 있어 「地域史」 또는 「海域史」의 관점에서 「사람(人, ひと)을 둘러싼 교류」라고 하는 애매한 표현을 하고 있는 연구들이 많이 등장하고 있다. 그러나 이러한 태도는 자칫 역사를 왜곡시키며 미화하는 오류를 범할 수 있는 것이므로 매우 경계하지 않으면 안 된다. 왜냐하면 역사 사실은 그것이 발생했던 시점에서부터 평가를 시작해야하기 때문이다. 즉 20세기의 관점에서 倭寇가 「日本의 民」일지는 몰라도, 적어도 14~5세기 왜구는 동아시아 해역에서 「海賊」이자 「掠奪者」였던 것이다. 따라서 그들에게 약탈되었다가 구사일생으로 송환된 조선인이나 중국인들과 왜구의 만남을 어떻게 단순하게 인적 교류라고 볼 수 있겠는가 하는 의문을 지울 수 없다. 이 점에서 볼 때 「倭寇에 의한 被虜人」과 「海難에 의한 漂流民」은 반드시 구별되어져야 하며, 같은 시기 국가간의 人的交流는 이러한 성격규명이 선행된 후에 언급되어야 할 것이다.

② 朝鮮前期 朝·日間에 발생한 漂流民의 송환시스템을 통해서 본 交隣의 특질에 관한 것이다.

삼포왜란을 계기로 대일경계가 강화되는 속에서 을묘왜변 이후 비변사 중심으로 정국이 운영됨에 따라 일본인의 조선 표착을 조선정부에서는 「변경문제」로 인식하게 된 것이 일본인의 송환을 상대적으로 불안정하게 한 요인이었다. 그러나 1479년 통신사 파견시 조목에서 보는 것처럼, 조선정부는 일본에 표착한 조선인들을 송환해 오기 위해 송환 비용(예컨대 표류민들의 속환 비용 및 배삯 등의 경비 지출)까지도 감수하는 적극성을 보인 결과, 朝·日間 해역에서 발생한 표류조선인의 송환이 상대적으로 안정적이었다. 이저럼 표류민 송환의 안정성 측면에서 보면 조선인의 송환이 안정되는 것이 15세기 중엽인데 비해, 일본인의 송환은 16세기 중엽에 이르러서야 비로소 안정되게 되어 상호 불균형이 발생하였다고 말할 수 있다. 또 朝鮮前期에는 비용면에서 완전한 무상송환단계에는 이르지 못하였는데, 이것이 조선후기와의 차이인 것이다.

그러나 여기에서 간과해서는 안 될 것은 16세기 중엽 明의 약체화를 계기로 조선의 사헌부·사간원 관리들이 기존의 事大外交를 비판하게 되고, 그것을 배경으로 하여 일본인 표류민 문제가 중국과 분리·취급되면서, 조선에 표착한 일본인 표류민의 안정적이고 항구적인 송환의 계기가 마련되었다는 점이다. 물론 시기에 따라서는 비변사의 정국 주도로 송환이 왜곡 운영됨으로써 조선후기에 비해 불안정한 것이었지만, 임진왜란이라고 하는 양국관계를 극도로 악화시킨 사건이 가로놓여 있었음에도 불구하고 朝鮮後期에 들어와 표류민의 상호 송환이 交隣의 방법으로 자리잡을 수 있었던 것은 朝鮮前期의 송환 관행이 존재했었기 때문이라고 생각된다.

다만 前近代 朝·日關係의 특징을 上京來朝, 즉 '복속의례가 있었는가'라는 점에서 본다면, 조선은 대마도를 통한 간접통교체제 속에서 표류민 송환자 내지는 인솔자에게 접대비용 등을 고려하여 그들의 무역적 요구를 들어줌으로써 사의를 표했을 뿐, 복속의례를 요구하지는 않았다. 따라서 조선전기는 후기와 같은 안정된 교린관계는 아니었다고 할 수 있다.

③ 漂流民을 통한 朝·日 양국의 정보 입수와 교류에 관한 것이다.

먼저 조선정부의 경우 주로 사절이나 대마도를 통해 對日정보를 입수하고 있으며, 표류민을 통한 정보엔 크게 의존하지 않고 있었다고 생각된다. 그 이유는 당시 정부가 표류민의 사회적 지위나 지식 수준을 대체로 낮게 평가한 결과일 것이다. 한편 민간차원에서는 표류 경험자나 그 관련기록을 통한 정보가 常識化되거나 표류시의 행동원리로 작용하기도 했으니, 前者는 최부의 『漂海流錄』이, 그리고 後者는 '유구왕자살해설'이 그 대표적인 例일 것이다. 또한 조선표류민이 일본에 표착하여 '長崎'를 외쳤다는 例도, 일본의 표류민 송환체제를 조선인들이 이미 정보로서 파악하고 있었다는 것을 말해준다. 한편 일본의 경우에도 조선 또는 自國표류민을 통해 조선의 정보가 입수되었고, 이 정보는 특히 중앙보다 지역사회에서의 조선 인식의 형성에 큰 영향을 끼친 것으로 여겨진다.

④ 漂流民의 異國體驗과 그에 대한 記錄·口傳 등을 통한 상대국에 대한 이미지 형성에 관한 것이다.

지식인들의 인식이 문헌에 의한 간접적인 지식을 바탕으로 하였는데 비해, 표류민의 그것은 직접적인 체험과 견문에 바탕을 둔 점에서 다르다. 또 전자가 서적을 기초로 한 만큼 체계성과 객관성을 지닐 수 있지만 동시에 국가이데올로기의 영향을 받으며 다소 선험적인 경향을 띠고 있다. 여기에는 상대국에 대한 부정적 이미지, 상호견제의식, 상호멸시관 등이 표출된다. 후자는 자신들이 체험한 범위 안에서 이해하고 있으므로 단편적이고 주관성을 띠고 있지만 직접적인 정보인 만큼 그러한 자료를 수렴하면 전체적인 모습을 재구성할 수도 있다.

이덕무가 쓴 『盎葉記』 권5 「黑坊」에 보면, 조선의 표류민이 長崎에서 阿蘭陀人을 직접 목격하였으며, 그들의 배에서 일하는 흑인노예도 보았다고 하면서 그 형상을 설명하는 내용이 나온다. 이종덕도 長崎에서 阿蘭陀人과 종자인 五老沙人을 직접 목격하였다고 하였다. 이러한 체험과 정보는 표류민이 아니고서는 얻을 수 없는 것이다. 표류민들의 표류기를 보면, 그들은 화이관이나 대외인식의 구조, 대외관계, 정책 등의 국가적·문화적 선입관이 없이 자연스런 인간으로서의 만남을 느낄 수 있다.

사실 표류민의 구조·접대·송환으로 이루어지는 전근대 동아시아의 '표류민송환체제'는 이 시기 평화적 국제관계의 상징이자 유지의 토대가 되었다고 해도 과언이 아니다. 표류는 불가항력적인 '天災'에 의한 것이었지만 그것을 통해서 해외교류, 신문화 접촉, 인식의 확대라는 결과적 현상이 일어났다는 점에 주목할 필요가 있다. 그러한 긍정적인 시각에서 표류문제에 접근할 필요가 있다고 생각된다.

⑤ 漂流·漂着이 빈발하였던 지역간의 상관관계와 그것이 현재 우리들에게 던져주는 시사점에 관한 것이다. 크게 두 가지 관점에서 이 문제를

정리하고자 한다.

먼저 경제적 측면에서 생각해보면 과거 표류민의 출신지역과 표착지역 사이의 밀접한 관계가 오늘날 양국의 地自体間 交流 活性化에 활용될 수 있다고 하는 관점을 제시하고자 한다. 예컨대 과거 전라도 지역에서 표류하게 되면 일본의 五嶋列島와 琉球・薩摩海岸에 닿는 경우가 많았는데, 공교롭게도 현재 全羅北道와 鹿兒島縣이 姉妹結緣을 맺어 두 지역간 교류를 활발하게 추진 중에 있다. 또 과거에 동해와 경상도 남동쪽 해안에서 표류하게 되면 일본의 山陰地域과 北海道地域에 표착하는 사례가 많았는데, 우연의 일치인지는 모르겠지만 현재 江原道와 鳥取縣이 姉妹結緣을 체결하여 역시 활발한 교류를 추진해 오고 있다. 이처럼 한반도와 일본열도의 특정 지역은 오랜 역사를 통해서 밀접한 관련을 맺어왔을 것으로 생각되는데, 여기에는 風向과 海流・潮流 등의 자연적인 영향이 (특히 근대 이전까지는) 매우 컸을 것으로 여겨진다. 따라서 과거의 역사적・문화적 교류의 경험을 오늘날의 지역간(lacal to local) 교류로 확대시킬 수 있을 것으로 판단된다. 즉 강원도와 돗토리현의 사례에서 보듯이 표류민의 송환 경험을 지역간 교류의 이미지로 승화시키고, 그것을 '전통의 재생산', '문화상품', '장소 마켓팅' 등의 개념과 연결시켜 지역활성화운동으로 확대・발전시킬 수도 있을 것으로 기대된다.

이와 같은 경제적 관점과 별도로 인도주의적 관점에서 한・일 양국이 앞으로 공동의 노력을 기울여야 할 부분이 있다고 생각한다. 간단히 말해서 표류민의 국제적인 송환시스템 구축 (더 나아가서는 難民까지도 고려하여) 필요성을 제기하고자 한다. 최근 해양오염과 해양자원의 관리 측면에서 국제적인 공동노력의 필요성이 강조되고 있지만, 바다 위에서 뜻하지 않은 海難事故를 당한 사람들이나 그로 인하여 실종된 사람들을 (더 나아가서는 그들의 시체・유골까지도 포함하여) 구조할 수 있는 국제적인 시스템을 구축할 필요가 있는 것이다. 각 나라가 국가방위 등을 이유로 해난사고에 관한 정보의 공개・교환에 소극적일 수도 있겠지만, 가능한 범위에서 인터넷 등을 통하여 해난사고에 관한 정보를 공유하고 필요한 경우 민간인에게도 그에 대

한 접근을 허락한다면, 사고의 사전방지는 물론 사후처리에도 크게 도움이
될 것으로 생각된다.

조선전기 對馬 早田氏의 對朝鮮通交

韓文鍾[*]

1. 머리말

조선초기에 있어서 倭寇問題는 조일 양국의 외교관계를 형성하는 중요한 요인의 하나였다. 이에 조선정부는 고려말의 왜구대책을 계승하여 해안의 방어를 충실히 하고 왜구에 대한 회유책을 실시하는 한편 幕府將軍을 비롯한 일본의 지방호족에게 사신을 파견하여 왜구의 禁壓을 요청하는 외교적인 교섭도 병행하였다. 이러한 조선의 왜구대책으로 왜구는 조선에 投化・向化하던가, 通交者로 전환하여 伸送倭人을 파견하거나 또는 본인이 使送倭人・興利倭人이 되어 조선에 도항하였다. 그 결과 1410년(태종 10)을 전후해 왜

---

* 전북대학교 사학과 강사

구의 침입은 급격히 감소한 반면 일본으로부터의 통교자는 급증하였다.

이와 같이 조선초기의 왜구대책에 의하여 왜구가 통교자로 전환한 구체적인 사례 중의 하나가 바로 대마의 早田氏라고 생각한다. 早田氏는 대마의 대표적인 왜구집단으로, 1414년에 早田左衛門大郞이 처음으로 조선과 통교한 이후 使送倭人을 파견하거나 본인이 직접 도항한 早田氏의 일족은 모두 12명에 이르며, 그들 중의 상당수는 수직왜인이었다. 특히 早田氏는 왜구가 통교자로 전환한 이후 어떻게 조선과의 통교관계를 유지하려 하였는가를 단적으로 보여주는 중요한 사례라고 생각한다. 그럼에도 불구하고 早田氏에 대한 연구는 左衛門大郞과 六郞次郞에 집중되어 있을 뿐 早田氏의 일족에 대한 구체적이고 종합적인 연구는 거의 없다.[2]

따라서 본 논문에서는 먼저 『朝鮮王朝實錄』『海東諸國記』 등 조선측의 자료와 『早田文書』 등의 대마측의 자료를 통해서 早田氏의 가계와 활동 근거지, 조전씨와 대마 종씨와의 관계 및 왜구와의 관련성 등을 실증적으로 고찰하려고 한다. 그 다음에는 早田氏의 대조선통교 현황을 종합 정리하고, 이를 토대로 조전씨의 대조선통교를 3시기로 구분하여 각 시기별 통교의 특징 및 변화과정을 살펴보려고 한다.

마지막으로 早田氏의 대조선무역의 특징을 살펴보고 이어서 조선과 일본간의 외교에 있어서 조전씨의 역할에 대해서 정리하려고 한다. 이상의 논의를 통해서 조선초기 대일외교 정책의 변화에 따라서 통교자로 전환한 왜구집단이 어떠한 방법으로 계속해서 조선과 통교관계를 유지하려 하였는가를 규명해 보고자 한다.

---

2) 早田氏의 통교에 대한 연구는 다음의 논문에 간략하게 언급되어 있다.
中村榮孝, 『日鮮關係史の硏究』 上, 吉川弘文館, 1965.
田村洋幸, 「對馬島の對鮮貿易」 『中世日朝貿易の硏究』, 三和書房, 1967.
有光友學, 「中世後期における貿易商人の動向」 『人文論集』 21, 靜岡大學 人文學部, 1970.
졸고, 「朝鮮前期 對日 外交政策 硏究 －對馬島와의 관계를 중심으로－」, 전북대학교 박사학위논문, 1996.

2. 早田氏의 가계와 활동 근거지

1) 早田氏의 家系

『朝鮮王朝實錄』과 『海東諸國紀』 등의 조선측 자료에 의하면 早田氏는 左衛門大郎을 비롯하여 六郎次郎·平茂續·光軌 등 12명이 조선과 통교를 한 것으로 나타나 있다. 그 중 早田光軌를 제외한 나머지 11명은 모두 계보관계를 확인할 수 있는 사람들이다. 먼저 한일관계사상에 나타난 조전씨의 가계를 정리해보면 다음 <표 1>과 같다.

<표 1>을 통해서 보면 早田氏는 左衛門大郎을 비롯해서 皮古三甫羅에 이르기까지 4대에 걸쳐서 조선과 통교를 유지하고 있었으며, 특히 가족 구성원의 대부분이 수직왜인이었음을 알 수 있다. 그런데 <표 1>에 나타난 인물들이 일본측의 자료에는 전혀 기록되어 있지 않다. 특히 대마 早田家의 소장기록인

<표 1> 早田氏의 家系表[2]

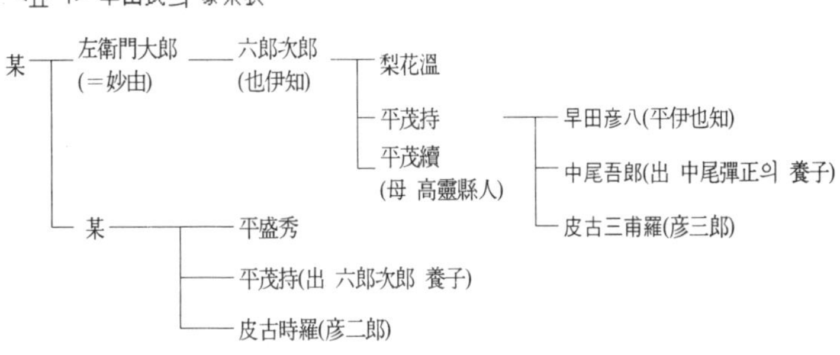

* 고딕체는 受職倭人

『早田文書』[3]에 조전씨의 가계도가 수록되어 있는데, 거기에서도 <표 1>에 나

---

2) 이 가계표는 『조선왕족실록』과 『해동제국기』, 그리고 田村洋幸의 위의 논문(「對馬島の對鮮貿易」)을 차조하여 작성하였다.

3) 『早田文書』에는 1477년부터 1503년까지 조선정부로부터 받은 告身 3장(1477년 미상, 1482년 皮古三甫羅, 1503년 皮古而羅)을 비롯하여 早田氏의 家系圖, 御判物 등이 수록되어 있다. 이 문서는 현재 조전씨의 후손인 早田和文氏(下縣郡

오는 인물을 전혀 확인할 수 없다. 이로서 보면 현재 對馬 오사키(尾崎)에 거주하고 있는 조전씨는 <표 1>의 가계표에 나타난 조전씨와는 서로 다른 계통일 가능성도 있다. 그러나 1482년에 皮古三甫羅가 조선으로부터 받은 告身(副護軍)을 早田氏의 후손인 早田和文씨가 소장하고 있는 점으로 보아 對馬 尾崎의 早田氏가 <표 1>에 나타나는 조전씨의 후손일 가능성이 크다고 생각한다.

2) 早田氏와 對馬 宗氏와의 관계

早田氏는 11대 천황의 아들 屋根의 후손인 彦市友弘을 시조로 하고 있으며, 1185년 平氏가 멸망한 후에 대마도에 들어와 伊奈에 거주한 것으로 기록되어 있다.[4] 이로서 보면 조전씨는 천황가의 일족에서 파생된 것으로 되어 있으나 그 진위는 확인할 수 없다.

다음에는 조전씨와 대마 종씨와 관계에 대해서 살펴보자. 먼저『早田文書』에 기록된 가계도를 보면 始祖인 早田彦市友弘의 6대손 出羽守貞淸이 惟宗氏(對馬 宗氏)의 후손인 宗加賀守盛幸을 養子로 맞아들여 그의 가계를 계승하도록 한 것으로 기록되어 있다.[5] 그러나 對馬宗氏의 系譜나 대마도의 기록에서는 宗加賀守盛幸이 어떠한 인물인지 확인할 수 없다. 이러한 점으로 보아 盛幸은 對馬 宗氏의 직계가 아닌 방계일 가능성이 있다. 한편, 出羽守 早田貞淸은 대마도주와 대립하고 있었던 仁位 中村宗氏의 宗茂秀와 宗貞秀가 出羽守였던

美津島町 尾崎 거주)가 소장하고 있다. 본 논문에서는 동경대 사료편찬소에 소장되어 있는『早田文書』의 사진본을 이용하였다(東京大學 史料編纂所 所藏,『早田文書』6171・93, 58. 1・2).

4)『早田文書』早田系家, 早田氏系別(寫眞本, 東京大學 史料編纂所 所藏). 가계도에 나타난 11대 천황이 누구인지 알 수 없으며, 屋根 또한 천황의 계보에서 확인할 수 없다.

5)『早田文書』早田系家, 早田氏系別(寫眞本, 東京大學 史料編纂所 所藏).
早田彦市友弘 ── (6代孫)早田出羽守貞淸 ── 宗加賀守盛幸 ── 宗河內守盛昌
── 早田加賀守盛久

점을 고려하면 아마도 仁位 中村宗氏와 관계가 있는 인물일 가능도 있다고 생각한다.[6] 그러나 이 또한 자료가 없기 때문에 자세한 것은 확인할 수 없다.

이같이 早田氏는 그의 가계를 천황 또는 對馬 宗氏와 연결시키고 있는데, 이는 그들 가문의 우월성을 나타내기 위한 방편이었다고 생각된다.

한편『早田文書』에는 1445年에 盛昌이 島主 宗貞盛으로부터 河內守의 官途狀을 받은 기록이 있다.[7] 이는 早田氏와 對馬島主와의 관계를 확인할 수 있는 최초의 공식기록으로, 1445년경에는 盛昌이 도주의 관인이었음을 의미하는 것이다. 그런데 盛昌 역시 조선의 기록에는 전혀 보이지 않는다. 다만 <표 1>의 가계표상에서 盛昌을 비정한다면 六郎次郎이 가장 가능성이 있는 인물이지 않을까?[8]

3) 早田氏의 활동 근거지

『早田文書』에 의하면 早田氏가 대마도에 들어와서 처음으로 거주한 곳은

---

6) 仁位 中村宗氏는 對馬 宗氏의 일족으로 地頭代代官인 宗香(法名)대부터 대마도주 宗盛國(3대)과 대립하고 있었던 가문이다. 仁位 中村宗氏 중에서 宗茂秀와 宗貞秀가 出羽守였다.
　　仁位 中村宗氏의 가계표와 통교에 대해서는 졸고, 36~44쪽 참조.

宗香 ── 宗賀茂 ┬── 宗茂秀

　　　　　　　└── 宗茂直 ── 宗貞秀(彦九郎)

7)『早田文書』(寫眞本, 東京大學 史料編纂所 所藏)
　　河內守之事不可有仔細之狀如件
　　文安二(年) 十一月十六日 (宗)貞盛 花押
　　　　　　　　　　　　早田河內守殿

8) 六郎次郎은 1428년부터 1444년까지 조선과 통교하였으며, 또한 1436년과 1438년에 대마도주 宗貞盛의 사자로 조선에 도항하기도 하였다(『세종실록』 권72, 18년 6월 신해. 권82, 20년 9월 임인). 이와 같이 六郎次郎이 盛昌과 거의 동시기의 활동하였고, 또한 대마도주의 관인이었던 점을 고려하면 두 인물은 동일인일 가능성도 있지 않을까, 이와 같은 가능성을 전제로 한다면 조선과의 통교 시에는 六郎次郎을, 대마도에서는 盛昌이라는 이름을 사용하던 것으로도 추측할 수 있다.

伊奈였다. 그후 어느 때인지 알 수 없지만 조전씨는 豆知浦로 이주하였으며, 고려말 조선초기에는 이곳을 중심으로 활동하였던 것 같다. 이는 早田左衛門大郎이 통교초기에 '豆知浦萬戶' '豆知浦都萬戶'라 칭하고 조선과 통교하였던 사실을 통해서 확인할 수 있다.[9] 豆知浦(頭知洞浦[10])는 현재의 長崎縣 下縣郡 美津島町 尾崎로 대마도의 서쪽 해안인 淺茅灣의 남쪽에 위치하고 있다. 이 지역은 해안선이 매우 복잡하여 왜구의 주요한 은신처 겸 기항지로 적합한 곳이며, 1419년 대마도정벌시에는 조선군이 가장 먼저 이곳을 공격하기도 하였다. 또한 이곳은 佐須那와 함께 한반도의 최단거리에 위치한 지역으로 삼포왜란시에 安骨浦를 공격한 선단도 여기에서 출발하였다. 이와 같이 豆知浦가 왜구와 밀접한 관련을 가지고 있는 지역임을 고려할 때 조전씨가 왜구로서 활동하던 시기와 左衛門大郎의 통교초기(1414~1418년)에는 두지포를 중심으로 활동하였음을 알 수 있다.

그러나 1418년 宗貞茂가 죽은 후 左衛門大郎이 島內의 실권을 장악하면서 활동의 근거지를 豆知浦(尾崎)에서 교통의 요지이면서 도주의 소재지(佐賀 : 현재 上縣郡 峰町 佐賀)와 가까운 小船越(訓羅串[11])로 이동했다. 이는 1422년(세종 4)에 '對馬島舟越 左衛門大郎'이 토산물을 바치고 억류인의 송환을 요청한 사실로도 확인할 수 있다.[12] 小船越(현재의 長崎縣 下縣郡 美津島町 小船越)은 대마도 동쪽 해안에 위치한 교통의 요지로, 대마도주가 梅林寺住持인 鐵歡에게 文引에 관한 제 업무를 담당하도록 한 곳이기도 하다.[13] 이곳

---

9) 『태종실록』 권28, 14년 윤9월 임술. 권29, 15년 6월 기축.

10) 豆知浦는 『海東諸國記』에 頭知洞浦로 기록되어 있다(『해동제국기』 일본국기 대마도).

11) 小船越은 『海東諸國記』에 訓羅串으로 기록되어 있다(『해동제국기』 일본국기 대마도).

12) 『세종실록』 권15, 4년 3월 을축. 여기에서 舟越은 船越(小船越)을 의미한다고 생각한다. 따라서 左衛門大郎은 1422년경에 이미 小船越에서 활동하고 있었음을 알 수 있다.

13) 『朝鮮通交大紀』, 『宗氏世系私記』.

에서는 1418년 이후의 左衛門大郎과 六郎次郎·平茂持·平盛秀·皮古時羅·平伊也知(早田彦八) 등이 활동했다.[14] 그러다가 左衛門大郎이 죽은 후에는 平茂續·中尾吾郎등이 다시 豆知浦(頭知洞浦)로 돌아와서 활동했다.[15]

　이상의 사실을 종합해 볼 때 조전씨는 入島 초기에는 伊奈에서, 왜구로서 활동하던 시기부터 1418년까지는 주로 豆知浦(尾崎)에서 활동하였고, 左衛門大郎이 대마도내의 실권을 장악한 후부터는 小船越(訓羅串)에서 활동하였으며, 좌위문대랑이 죽은 후에 후손의 일부는 다시 豆知浦로 돌아와서 활동하였음을 알 수 있다.

4) 早田氏와 왜구와의 관계

　1414년에 左衛門大郎이 처음으로 조선에 사자를 파견해서 통교하기 전까지 早田氏는 倭寇와 밀접한 관련을 가지고 활동했던 것으로 생각된다. 그러나 1414년 이전에 조전씨가 왜구로서 조선을 침략하였다는 기록은 확인할 수 없다. 그렇지만 조선에서는 조전씨를 '賊倭' 또는 '賊首'로서 인식하고 있었다. 이는 조선에서 早田氏를 '對馬島賊中都萬戶', '賊中萬戶早田', '早田島中賊魁', '中樞平茂續 賊首 早田之子' 등으로 기록하고 있는 점[16]과 琉球國王使 夏禮久가 '賊首 六郎次郎'의 商船을 타고 조선에 來朝하였다[17]는 기록을 통해서 확인할 수 있다. 이같이 조선에서 早田氏를 賊首 또는 賊倭로 인식하고 있었던 사실[18]

---

14) 小船越에서는 上護軍 平茂持, 護軍 皮古時羅, 副司果 平伊也知 등이 활약한 것으로 기록되어 있다(『海東諸國紀』日本國紀 對馬島 八十二浦 訓羅串).

15) 『海東諸國紀』日本國紀 對馬島 八十二浦 頭知洞浦. 中樞平茂續 護軍中尾吾郎.

16) 『세종실록』권5, 원년 10월 무자. 권98, 24년 12월 정유·임자.『단종실록』권7, 원년 7월 계미.『海東諸國記』對馬島 頭知洞浦 平茂續.

17) 琉球國王使夏禮久 副使宣普結制及船主等 立于西班三品之列拜訖 (中略) 夏禮久等對曰 自我國祖王 父干相修交好之禮 厥後 倭人阻隔 久廢修好 年前欲修前好 粧船待風 殆將數月 風不順便 卒未來聘 去六月 對馬島賊首六郎次郎商船到國 借騎而來(下略)(『세종실록』권54, 13년 11월 경오).

18) 그 밖에도 조선에서 賊首 또는 賊倭로 인식하고 있었던 통교자는 藤九郎과 豆留保時(鶴法師), 六郎洒文과 都羅馬都, 藤茂家와 皮古仇羅, 彌源司, 多羅而羅,

은 조전씨가 조선과 통교하기 이전에 왜구로서 활동하였음을 나타내는 것이라 할 수 있다. 그러나 早田氏는 조선정부의 다양한 왜구대책과 외교적인 노력 그리고 동아시아 국제정세의 변화와 朝日兩國의 정치적 안정으로 왜구에서 通交者로의 전환을 꾀하지 않을 수 없게 되었다. 그리하여 1414년부터 左衛門大郎이 통교자로 전환하여 조선에 사절을 파견하기 시작하였던 것이다.

早田氏는 통교자로 전환한 이후에도 조선과의 통교가 원활하지 못할 때에는 다시 倭寇로 변신하여 조선과 중국에 침입하기도 하였다. 특히 세종 21년(1439)에 對馬島賊萬戶 六郎次郎은 三未三甫羅(左衛門三郎) 등과 함께 20척의 배로 중국을 침략하였으며,[19] 문종 즉위년(1450)에는 왜인 早田이 중국에서 약탈행위를 하기도 하였다.[20] 또한 중국인 潛巖은 10세때에 賊倭 平茂續에게 붙잡혀 가 對馬島 美女郡(三根)의 三郎左衛門의 노비가 되었다가 후에 조선으로 송환되기도 하였다.[21] 그런데 平茂續의 어머니는 고려말에 왜구에게 붙잡혀 간 피로인으로 高靈縣人이었다.[22]

이러한 사실을 종합해 볼 때 早田氏는 조선과 통교하기 전까지 왜구로 활동하였으며, 통교자로 전환한 이후에도 통교가 원활하지 못할 때에는 다시 왜구로서 활동하는 등 왜구와 밀접한 관련을 가지고 있었음을 알 수 있다.

3. 早田氏의 통교현황 및 특징

1) 통교의 현황

먼저 조선측의 자료를 통해서 早田氏의 통교를 정리해보면 다음 <표 2>와

阿馬豆(又四郎盛數), 藤永繼와 三甫郎大郎, 有羅多羅, 井家文助藤原職家 등이 있다. 이에 대하여는 졸고, 94~96쪽 참조.

19) 『세종실록』 권84, 21년 2월 계축. 권85, 21년 5월 을해.

20) 『문종실록』 권1, 즉위년 3월 정묘.

21) 『성종실록』 권196, 17년 10월 갑신.

22) 『세종실록』 권35, 11년 3월 을묘.

<표 2> 早田氏의 대조선통교 일람표

通交者	通交期間	通交件數	通交時의 職稱	圖書年代	受職年代	歲遣船數	歲賜米豆
左衛門大郎	1414-1428	57	對馬島豆地浦萬戶, 對馬島豆浦都萬戶, 對馬島豆地要里浦萬戶, 對馬島萬戶, 對馬島都萬戶, 對馬島賊中萬戶				
妙由	1430	1	六郎次郎母				
六郎次郎	1428-1444	45	對馬島都萬戶, 倭賊萬戶, 賊萬戶	1429			
梨花溫	1445	1	六郎次郎 子				
早田光軌	1438-1450	4	日本國僧				
平茂持	1451-1463	4	護軍, 上護軍		1452		15석
平茂續	1453-1493	27	護軍, 上護軍, 兼司僕, 僉知中樞院事		1453		
平盛秀	1456-1458	3	護軍		1456		
皮古時羅	1464-1523	5	司直, 護軍	1469	1464		10석
中尾吾郎	1472-1490		護軍		1468		
早田彦八	1451-1494	9	副司果, 護軍, 僉知中樞院事		1470		
皮古三甫羅	1479-1494	5	司猛, 副護軍, 護軍		1479		

* 위 표는 『조선왕조실록』과 『海東諸國紀』에 의거하여 작성하였다.

같다.

<표 2>를 통해서 보면 早田氏가 조선과 통교한 기간은 1414년(태종 14)부터 1523년(중종 18)까지 110여 년간이었다. 그리고 이 기간 동안에 左衛門大郎・六郎次郎을 비롯해서 12명이 조선과 통교하였으며, 그들의 통교는 총 168건이었다. 이 건수는 조선전기 대마지방의 통교(2385건)의 7%에 달하는 것으로,[23] 이는 早田氏가 대조선통교의 일부분을 담당하고 있었음을 나타내 주는 것이라 할 수 있다. 그리고 개인적으로는 좌위문대랑과 육랑차랑의 통교가 각각 57건과 45건으로 다른 사람에 비해서 월등히 많았다.

---

23) 졸고, 37쪽 참조.

2) 통교상의 특징과 변화

早田氏의 대조선통교는 통교의 형태에 따라 다음 3시기로 나누어 볼 수 있다.

제1기(1414~1450)는 조전씨가 평화적인 통교자로 전환하여 使送倭人을 조선에 파견한 시로, 左衛門大郎과 六郎次郎·妙由·梨花溫·早田光軌가 통교하였다. 이 시기는 3시기 중에서 가장 활발하게 조선과 통교하였으며, 교역의 품목과 수량도 매우 많았다.

먼저 좌위문대랑의 통교는 1414년부터 1428년까지 15년 동안에 57회에 달했으며,[24] 특히 그의 통교는 島主인 宗貞茂가 죽은 1418년부터 급격히 증가하기 시작하여 이후 10년 동안은 대마도주의 통교를 훨씬 능가했다.[25] 그 이유는 1418년 대마도주 宗貞茂가 죽은 후 아들인 宗貞盛(都都熊丸)이 연소하였기 좌위문대랑이 도내의 실권을 장악하고 조선과 통교하였다는 점과 대마도정벌시에 좌위문대랑이 조선군에 저항하지 않고 먹을 물을 길어다 주는 등 적극적으로 협력하였기 때문이었다.[26] 이러한 이유 때문에 좌위문대랑은 조선의 우대를 받아 많은 사절을 파견할 수 있었던 것이다. 한편 左衛門大郎은

---

24) 左衛門大郎은 통교초기인 1414년부터 1418년 사이에는 沙斤多羅(沙文多羅)·早田 등으로 통교하였으며, 대마도정벌 직후인 1420년에는 三未多羅(『老松堂日本行錄』에 三味多羅는 早田萬戶로 기록되어 있다. 『老松堂日本行錄』 2월 20일 '萬戶早田三美多羅', 2월 28일 卽事 '三味多羅', 上禮曹文 '三味多羅:卽早田萬戶也')로 통교하였다. 따라서 본 논문에서는 '對馬島豆知浦萬戶 沙斤多羅'(태종 14년 5월 신축) '對馬島豆知要里浦都萬戶 沙文多羅'(태종 18년 5월 경오) '倭人 三味多羅'(세종 2년 5월 무인) '對馬島豆知浦萬戶早田'(태종 14년 윤 9월 임술, 15년 4월 기축) '對馬島豆知浦都萬戶'(태종 15년 6월 기축) 등 6건을 左衛門大郎의 통교에 포함하였다. 그리고 左衛門大郎이란 이름으로 처음으로 통교한 것은 태종 15년 6월 을미(30)부터이다.

25) 졸고, 45~46쪽 참조.

26) 對馬島賊中都萬戶左衛門大郎 通書于禮曹曰 貴國見討本島時 敬畏王命 不敢發一箭 且說宗俊 委護官軍 使之汲水 其時將帥 悉皆知之(下略)(『세종실록』 권5, 원년 10월 무자).
　　『세종실록』 권39, 10년 3월 무자.

乃而浦 등지에서 恒居倭人에게 物品販賣에 대한 세금을 징수하기도 했다.27)

左衛門大郎은 통교시에 대마도내의 권익확보를 위해서 巨濟島 등지에서의 농경을 요청하거나, 蔚山·鹽浦의 추가 개항을 요청하여 부산포·내이포·염포 등 三浦를 개항하는데도 노력하였다.28) 그는 또한 固城浦·仇羅梁에서의 고기잡이와 교역을 요청하기도 하였다.29) 이와 같이 좌위문대랑이 대마도의 권익확보를 위해서 노력하였다는 사실은 그가 대마도내에서 실권을 장악하고 조선과 통교하고 있었음을 나타내는 것이라 할 수 있다.

六郎次郎은 1428년에 처음으로 통교한 이래 1444년까지 총 45회를 통교하였다. 특히 좌위문대랑의 아들 也伊知(六郎次郎?)는 1429년에 圖書를 賜給받고 독자적인 통교권을 확보하기도 하였다.30) 그러나 左衛門大郎이 죽은 1418년 이후부터 六郎次郎의 통교는 점차 감소하기 시작하였으며, 급기야 세종 18년(1436)에는 六郎次郎이 대마도주의 사자로서 도항하였다.31) 이러한 사실은 六郎次郎이 1436년경을 전후로 하여 도내에서의 실권을 상실하고 도주의 관인이 되었음을 의미하는 것이며, 다른 한편으로는 이 때부터 대마도주 宗貞盛이 도내에서의 실권을 장악하고 대조선통교를 주도하였음을 의

---

27) 判府事許稠曰 (中略) 稠啓曰 臣聞 乃而浦等處恒居倭等興販之稅 左衛門大郎悉收之矣(下略)(『세종실록』 권43, 11년 3월 무진).

28) 對馬島左衛門大郎 使三末三甫羅來朝 奉書于禮曹曰 本島無田地 請給巨濟島農田一區 使人耕稼資生 且商泊只許乃而 富山兩處 到泊販賣 請通泊左右道各浦 任意行販 佐郎愼幾答書云 諭給巨濟土地 居民開墾已盡 難以塞請 兼諭商船往來處 謹將轉啓 在前來泊乃而富山兩浦外 蔚山鹽浦 亦許販賣 惟照(『세종실록』 권31, 8년 정월 계축)
    對馬島左衛門大郎 致書禮曹 請於巨濟島外小島 遣人種麥 答書曰 巨濟島外 無可耕之地 肆未啓達(『세종실록』 권40, 10년 5월 기사)

29) 左衛門大郎使人 奉書禮曹曰 (中略) 且興販捉魚 只許乃而浦富山浦兩處 此土人生理爲難 咸望兼許固城仇羅梁 安心賣買 以副民望(下略)(『세종실록』 권35, 9년 3월 을묘).

30) 禮曹啓 今來藤七及左衛門大郎子也伊知 皆求圖書 請並造給 從之(『세종실록』 권45, 11년 9월 경신).

31) 『세종실록』 권72, 18년 6월 신해, 권82, 20년 9월 임인.

미하는 것이라 할 수 있다. 이같이 대마도주가 도내에서 실권을 장악할 수 있었던 배경은 조선의 대왜정책과 밀접한 관련이 있다고 생각한다. 즉 조선에서는 대마도정벌을 계기로 대일정책의 방향을 왜구문제에서 일본으로부터 조선에 도항하는 왜인에 대한 통제로 전환하여 書契·文引制度·癸亥約條 등의 왜인 통제제도를 정비하기 시작하였다. 반면에 대마도주 宗貞盛은 세종 8년(1426)부터 도항증명서인 路引의 사용을 조선에 요청하였으며, 세종 20년(1438)에는 조선과 文引制度를 정약하였다. 특히 조선에서는 대마도주에게 文引의 발행권을 주고 도주로 하여금 일본 각지로부터 조선에 도항하는 왜인들을 통제하도록 하였으며, 반면에 대마도주는 문인제도를 이용하여 각처의 사신들을 통제하고 문인발행에 대한 수수료인 吹噓錢(吹擧錢)을 받음으로써 대마도내에서의 정치 경제적인 지배권을 장악할 수 있었다.32) 이와 같이 조선의 왜인통제에 대한 의도와 대마도주의 도내 지배권 장악이라는 의도가 서로 부합하였기 때문에 조선에서는 대마도주에게 文引發行權과 歲遣船 등의 특권을 주어 도내의 실권을 장악하도록 도와주는 한편 그로 하여금 일본으로부터의 조선에 도항하는 왜인들을 통제하려고 하였던 것이다.

한편 육랑차랑은 조선과의 통교가 여의치 못할 때에는 다시 왜구로 변신하여 중국연안을 침입하기도 하였다.33)

六郎次郎의 어머니인 妙由는 세종 12년(1430)에 1회 통교하였으며, 육랑차랑의 아들인 梨花溫도 세종 27년(1445)에 1회 통교한 기록이 있다. 또한 무田氏의 통교자중에서 유일하게 계보관계를 파악할 수 없는 사람이 光軌이다. 그런데 光軌가 1438년부터 1450년까지 주로 대마도주 宗貞盛의 사자, 또는 日本國僧으로서 來朝하였던 점으로 보아 그는 대마도주와 관련이 있는 대마의 外交僧일 것으로 추정된다.

---

32) 졸고, 73쪽 참조.

33) 『세종실록』 권84, 21년 2월 계축, 권85, 21년 5월 을해.
　　실제로 六郎次郎이 중국연안을 침입하였던 1439년부터 1441년까지 3년 동안 육랑차랑의 통교는 단절되었다.

이 시기 통교의 특징은 ① 본인이 직접 조선에 도항한 것이 아니라 주로 使送倭人을 파견하여 통교하는 경우가 대부분이었으며, ② 통교시의 직칭으로 '萬戶' '都萬戶' 등 고려말 조선초의 武官職을 사용하기도 하였다. ③ 거제도 등지에서 농사를 짓게 해 줄 것과 蔚山 鹽浦의 추가 개항, 그리고 固城浦·仇羅梁에서 고기잡이와 교역을 허용해 주도록 요청하는 등 도내의 권익을 도모하려 하였다. ④ 3시기 중에서 가장 활발하게 조선과 통교하였으며, 교역량과 품목도 매우 많고 다양하였다. ⑤ 기근이나 재해로 인한 부족한 식량이나 祖母의 제수비용까지도 조선에 요청하였다.34)

제2기(1450~1494)는 受職倭人이 되어서 본인이 직접 조선에 도항한 시기이다. 이 시기에 早田氏는 文引制度와 癸亥約條 등 조선의 왜인통제책의 정비로 통교에 제약을 받게되자 그들의 독자적인 통교권을 확보하기 위한 수단으로35) 조선정부에 관직제수를 요청하였던 것이다. 그 결과 조전씨 중에서는 1452년에 平茂持가 처음으로 호군직을 제수받은 이후 平茂續·早田彦八·中尾吾郎·皮古三甫羅·平盛秀·皮古時羅 등 7명이 수직왜인이 되어 직접 내조하기 시작하였다.36)

조전씨의 수직시기는 1452년부터 1479년에 집중되어 있으며, 관직을 제수받은 배경은 早田彦八을 제외한 나머지는 모두 왜구의 우두머리였거나 그의 후손으로 왜구와 밀접한 관련을 가지고 있었기 때문이었다.37) 이들의 初職

---

34) 『세종실록』 권64, 16년 4월 신해. 권69, 17년 7월 임오. 권81, 20년 5월 계축.

35) 일본에 거주하는 수직왜인은 조선정부로부터 기본적으로 告身과 관직에 상응하는 笠靴·品帶 등의 관복을 하사받았으며, 년 1회 入朝·肅拜하여 토산물을 바치고 回賜物을 사급받았다. 수직왜인은 년 1회의 親朝를 통해서 朝貢과 回賜라는 일종의 朝貢貿易을 행하였으며, 또한 이 기회를 이용하여 사무역도 행할 수 있었다. 따라서 수직왜인에게 부여하는 년 1회의 親朝는 독자적인 통교권을 확보할 수 있는 특권이었던 것이다. 이에 대해서는 졸고 103~106쪽 참조.

36) 受職倭人에 대하여는 졸고, 「朝鮮前期の受職倭人」, 『年報朝鮮學』 5, 九州大學 朝鮮學研究會, 1995.

37) 早田彦八은 도주의 요청으로 관직을 제수받았다(『해동제국기』 일본국기 대마

은 護軍(정4품), 司直(정5품), 副司果(종6품, 司猛(정8품) 등의 武官職이었으며, 平茂續과 早田彥八은 정3품 당상관인 僉知中樞院事에까지 오르기도 하였다. 특히 平茂續은 조전씨의 수직왜인중에서 가장 활발하게 통교하였으며, 조선정부로부터 侍衛를 허락받기도 하였다.38) 한편 조전씨 중에는 수직 이외에도 수도서나 세사미두 등의 특권을 중복해서 받은 사람도 있었다. 그 중 皮古時羅는 수직 후에 圖書를 賜給받고 세사미두 10석을 사급받았으며, 平茂持는 수직왜인이면서 세사미두 15石을 사급받았다.

이 시기 통교의 특징은 조전씨가 왜구의 우두머리였거나 또는 그의 후손이라는 배경으로 수직왜인이 되어 독자적인 통교권을 확보하고 통교하였다는 점이다. 이와 같이 조전씨는 倭人統制策이 정비된 이후 조선과의 통교를 유지하는 수단으로 受職制度를 이용하였으며, 반면 조선에서는 이들에게 관직을 제수하여 독자적인 대조선통교를 허용하는 대신 이를 토대로 그들을 조선중심의 외교질서인 羈縻關係의 외교체제속에 편입시키려 하였던 것이다.

제3기(1496~1523)는 早田氏의 통교가 단절되고, 皮古時羅·皮古三甫羅가 薺浦恒居倭人으로서 활동을 한 시기이다. 또한 한일관계사상으로도 이 시기는 三浦倭亂 등 왜인의 무력적 행동으로 인해 외교관계의 단절과 회복이 반복되면서 양국의 외교관계가 붕괴되어 가는 시기이다. 특히 三浦倭亂 이후 맺어진 壬申約條(1512년)에 의해서 對馬島의 受職人·受圖書人의 歲遣船과 歲賜米豆가 폐지됨에 따라 조전씨도 대조선통교권을 상실하고 말았다. 그 결과 조전씨의 통교는 단절되었고 그들에 관한 기록도 조선측의 사료에서 거의 자취를 감추었다.39) 다만 통교가 단절된 이후에 皮古時羅와 皮古三

도 訓羅串 副司果平伊也知). 조전씨 일족의 수직배경에 대하여는 졸고 참조.

38) 『세조실록』 권24, 7년 3월 계축. 권25, 7년 4월 임진.

39) 1523년 이후 早田氏의 통교에 관한 기록은 조선측의 사료에서는 전혀 나타나지 않는다. 다만 『早田文書』에는 1550년 7월에 小貳殿의 副官 平時羅盛恒이 1510년 삼포왜란시에 東平館에서 자살한 平時羅의 아들임을 자칭하고 조선정부에 관직의 제수를 요청하는 書契 2통이 수록되어 있다. 村井章介氏는 이 2통의 서계가 『早田文書』에 수록되어 있는 점과 그 문서에 早田平四郎康重의

甫羅는 恒居倭人으로서 薺浦에 거주한 것으로 기록되어 있다.[40] 특히 皮古時羅는 薺浦 恒居倭人의 두목으로서 제포지방의 항거왜인을 관할했으며,[41] 또한 1523년(중종 18)에는 島主의 사자로 도항하기도 했다.[42] 이러한 사실을 통해서 보면, 早田氏는 대조선통교권을 상실하고 난 이후 도주의 管下가 되어 삼포에 恒居함으로써 조선과의 관계를 유지하려고 하였음을 알 수 있다.

이같이 통교가 단절된 이후에도 早田氏가 薺浦에 항거하면서 그 지방의 恒居倭人을 통괄할 수 있었던 것은 早田左衛門大郎 때부터 제포와 밀접한 관련을 가지고 있었기 때문이라고 생각한다. 즉 세종 11년(1429)에 左衛門大郎이 薺浦(乃而浦) 등지에서 恒居倭人으로부터 物品販賣에 대한 세금을 징수하는 등[43] 삼포와 밀접한 관련을 가지고 있었기 때문에 통교권을 상실한 후에도 그의 후손인 皮古時羅가 제포에 항거하면서 그곳의 항거왜인을 통괄할 수 있었던 것이다.

4. 通交貿易의 성격과 朝日外交에 있어서의 早田氏의 역할

1) 통교무역의 성격

早田氏의 통교무역의 형태는 進上과 回賜라고 하는 使行貿易이 주류를 이

加冠狀・官途狀에 근거하여 平時羅盛恒을 早田平四郎康重으로 추정하였다. (村井章介,「三浦の亂時のソウル倭館」,『國境を超えて - 東アジア海域の世界の中世 -』校倉書房, 1997, 279~297쪽 참조). 이러한 사실을 통해서 보면 早田氏는 1523년 이후에도 독자적인 통교권은 가지지 못하였지만 小貳殿과 같은 九州地方 호족의 使送倭人으로 조선에 도항하였을 가능성도 배제할 수 없다고 생각한다.

40)『연산군일기』권28, 3년 10월 병술.『중종실록』권11, 5년 4월 기해.
　　한편, 皮古時羅는 그 이전인 1491년에 釜山浦에 거주하였던 것으로 기록되어 있다(『성종실록』권 257, 22년 9월 신사).

41)『중종실록』권11, 5년 6월 갑인.

42)『중종실록』권46, 18년 1월 무오.

43) 判府事許稠曰 (中略) 稠啓曰 臣聞 乃而浦等處恒居倭等興販之稅 左衛門大郎悉收之矣(下略)(『세종실록』권 43, 11년 3월 무진).

<表 3> 早田氏의 進上品과 回賜品

進 上 品	回 賜 品
硫黃 銅鐵 鉛 犀角 丹木 朱紅 胡椒 甘草 沈香 木香 白檀香 龍腦 荜發 肉荳蔲 蓬朮 檳榔子 烏梅 木 陣皮 白蠟 礪石 盤 沙盤 沙鉢 沙楪 鞭藤 水晶 纓子 黃柑 柑橘栽	綿布 紬布 正布(麻布) 黑細麻布 白細苧布 白細綿紬 米豆 人蔘 松子 燒酒 虎豹皮 雜彩花席 席子 衣服 笠靴

루고 있었으며, 기록상으로 나타나는 것은 극히 일부지만 私的으로 물건을 가지고 와서 헌상하는 형태의 사무역도 행하였다.44) 먼저 早田氏가 가지고 온 물품과 그에 대한 조선정부의 회사품을 정리해보면 <표 3>과 같다.

먼저 위의 <표 3>을 통해서 보면 조전씨가 가지고 온 물품은 철광물(硫黃·銅鐵·鉛)과 염료(丹木·朱紅) 약재(胡椒·甘草·沈香·木香·龍腦·犀角)등으로 매우 다양하였으며, 특히 硫黃·丹木·銅鐵의 경우 많을 때는 수천근에 이르렀다. 그 대표적인 사례를 보면 1423년(세종 5)에 左衛門大郎이 丹木 1천근과 유황 9천근을 가지고 왔으며, 1428년(세종 10)에는 左衛門大郎·平萬京·宗金의 사인이 동철 28.000근을 가지고 와서 면주 등을 회사 받기도 하였다.45)

---

44) 1428년에 左衛門大郎의 사신이 구주지방의 호족인 平萬京, 宗金의 사신과 동행하여 사사로이 동철 28,000근을 가지고 와 무역하기를 청하였으며(『세종실록』권39, 10년 1월 무신), 1489년에는 平茂續이 동철 1760근, 皮古三甫羅가 동철 4911근을 사사로이 헌상하였다(『성종실록』권 235, 20년 12월 신축, 동월 경자). 또한 1421년에는 左衛門大郎이 慶尙道都按撫使에게 편등 50개를 사사로이 헌상하기도 하였다(『세종실록』권12. 3년 7월 계유). 이와 같이 기록상으로는 3건에 불과하지만, 사사로이 물건을 가자고 와서 헌상하는 경우는 이보다 훨씬 많았을 것으로 추정된다. 한편, 조전씨가 私的으로 가지고 온 물건은 대부분이 동철이었다.

45) 『세종실록』권19, 5년 2월 병진. 『세종실록』권39, 10년 1월 무신.
그 밖에도 丹木·硫黃·銅鐵을 1천근이상 가지고 온 사례를 보면, 左衛門大郎의 사인이 1421년에 유황 1천근·단목 2백근(『세종실록』권13, 3년 10월 정미), 1423년에 유황 2300근·동철 300근(『세종실록』권20, 5년 6월 갑자) 단목 1천근(『세종실록』권21, 5년 7월 을미) 단목 300근·호초110근·유황 1천근(『세종실록』권21, 5년 9월 임인) 단목 1천·유황 6천·호초 1백근(『세종실록』

그런데 그들이 가지고 온 물품은 대마도의 산물이 아닌 일본본토나 동남아시아의 물산이 대부분이었으며, 특히 그 중에는 남방물산인 丹木이나 胡椒 등이 다량으로 포함되어 있었다. 이는 早田氏가 대마도의 海商으로서 九州나 琉球등지와 활발하게 중개무역을 행하고 있었음을 나타내는 것이라 생각된다.46) 먼저 早田氏와 九州地方의 豪族과의 교역관계를 살펴보면, 대마도정벌 후에 三未多羅(左衛門大郎)가 전에 붙잡혀 간 三未三甫羅와 배 1척의 송환을 요청하자 太宗은 三未三甫羅가 對馬島의 倭賊이 아니라 九州人이다는 이유를 들어 송환을 허가하였는데, 그는 귀환 후에 左衛門大郎의 使者로서 조선에 도항하였다.47) 그리고 1428년에 左衛門大郎의 사자가 九州地方의 호족인 平萬京(平滿景 : 筑前州石城管事)·宗金(博多富商)의 사자와 동행하여 私的으로 교역을 요청하기도 하였다. 또한 藤熙久(筑前州伊集院寓鎭隅州太守)가 六郎(次郎) 등을 파견하여 특산물을 헌상하기도 하였다.48) 이러한 사실을 종합해볼 때 조전씨는 구주지방의 호족과 매우 밀접한 관련을 가지면서 조선과 교역하였음을 알 수 있다.

또한 早田氏는 琉球와도 교역관계를 유지하고 있었다. 먼저 六郎次郎은 도주 宗貞盛의 사자로 琉球國에 갔다 왔으며, 琉球國使者 夏禮久 등이 客商

권22, 5년 10월 임신), 1426년에 유황 2천근(『세종실록』 권33, 8년 7월 무술), 1427년에 유황 1천·단목 5백근(『세종실록』 권35, 9년 1월 임인) 석유황 1천근(『세종실록』 권35, 9년 3월 을묘), 1481년에 平茂續이 동철 1760근(『성종실록』 권235, 12년 12월 신축), 皮古三甫羅가 동철 4911근(『성종실록』 권235, 12년 12월 경자)을 가지고 왔다.

46) 세종 10년에 左衛門大郎의 사신이 구주지방의 호족인 平萬京, 宗金의 사신과 동행하여 무역하기를 청하였던 사실을 통해서 早田氏와 구주지방 호족과의 교역관계를 확인할 수 있다(『세종실록』 권39, 10년 1월 무신). 또한 琉球의 사신이 대마도의 客商 六郎次郎의 배에 편승하여 조선에 통교한 사실과 平茂續의 아들 皮古三甫羅가 사신으로 유구에 가서 국왕을 접견하였다는 사실을 통해서 早田氏가 유구와도 교역을 하고 있었음을 알 수 있다(『세종실록』 권54, 13년 11월 경오.『성종실록』 권288, 25년 3월 무신).

47) 『세종실록』 권8, 2년 5월 계미.

48) 『세종실록』 권82, 20년 9월 계미.

인 六郎次郎의 배에 편승하여 조선에 통교하기도 하였다.[49] 또한 平茂續의 아들인 皮古三甫羅는 일본사신으로서 琉球國에 왕래하기도 하였다.[50] 이러한 사실을 종합해 보면 早田氏는 구주지방뿐만이 아니라 유구 등의 남방지역과도 활발하게 교역을 하고 있었음을 알 수 있다.

한편 조선에서 早田氏에게 하사한 물품은 다른 대마도의 통교자와 마찬가지로 米豆 등의 식량과 麻布·苧布·綿布 등의 직물류 그리고 인삼 등의 약재가 주류를 이루고 있었다. 특히 조선에서는 대마도의 자연적인 조건을 고려하여 주로 米豆와 직물류 등의 생활필수품을 사급하였다. 이는 조선에서 平茂持·皮古時羅에게 세사미두 10~15석을 사급한 사실과 六郎次郎(20~50석)·梨花溫(10석)에게 수시로 미두를 賜給한 사실[51] 그리고 대마의 饑饉이나 災害 시에는 식량을 사급해주었던 사실을[52] 통해서도 확인할 수 있다.

2) 朝日外交에 있어서의 早田氏의 役割

조선과 일본간의 외교관계에 있어서 早田氏의 역할에 대해서 살펴보면, 먼저 조전씨는 朝鮮被擄人이나 漂流人을 송환하거나 護送하는 역할을 담당하였다. 세종 5년(1423)에 조선에서는 좌위문대랑에게 被擄人 朴貴山·金同 등의 송환을 요청하였으며,[53] 또한 그 이듬해에는 左衛門大郎이 被擄人 1명을 송환하기도 하였다.[54] 그리고 세종 7년에는 石見州 長濱에 漂流한 水軍 張乙夫를 호송해 오기도 하였다.[55]

---

49)『세종실록』권53, 13년 9월 경진. 권54, 13년 11월 경오.

50)『성종실록』권288, 25년 3월 무신, 권290, 25년 5월 무술.

51)『세종실록』권109, 27년 7월 계미

52) 세종 16년에는 六郎次郎이 실농으로 양식을 요청하자 그에게 미두 20석을 하
    사하였으며, 동왕 20년에도 토산물을 헌상하고 미곡을 요청하자 미두 20석을
    하사하였다(『세종실록』권64, 16년 4월 신해. 권81, 20년 5월 계축).

53)『세종실록』권20, 5년 6월 갑자.

54)『세종실록』권26, 6년 10월 정미.

55)『세종실록』권30, 7년 12월 계사.

둘째는 일본 국내정세 및 왜적의 동향을 보고하였다. 1425년에는 일본국왕사의 도항과 국왕의 죽음을 조선에 보고하였으며,56) 또한 일본국내가 전쟁으로 인하여 통교하기가 어렵다는 사실을 들어 通信使의 파견을 중지하도록 요청하기도 하였다.57) 한편으로 조전씨는 왜적의 동향을 조선에 보고하였다. 左衛門大郞은 一岐島의 倭賊船 2척이 전라도로 향하였다는 사실과58) 일본에서 大內氏와 小二氏의 戰爭으로 小二氏 管下인 宗彦六의 군대가 조선을 침략할 위험성이 있다는 사실을 보고하였다.59) 이러한 보고를 접한 조선에서는 각도의 監司·節度使·處置使 등에게 왜적의 침입에 대비하도록 하는 등의 조치를 취하기도 하였다. 그리고 六郞次郞은 對馬·一岐·上松浦·下松浦 등지의 왜적의 동향을 탐지하여 그들의 침략을 금지시키기도 하였으며,60) 왜인들이 釣魚를 구실로 배를 수리해서 조선에 침략하려 한다고 보고하였다.61) 이와 같이 조전씨는 일본본토 및 대마도내의 정세를 탐지하여 조선에 보고하였으며, 조선에서는 보고에 의하여 왜구에 대한 대비책을 강구하였던 것이다.

셋째는 通信使·回禮使·宣慰使 등의 조선사절을 護送하는 역할을 수행하였다. 먼저 조선에서는 세종 6년(1424) 回禮使朴安信, 동왕 8년 賜物管押使 李藝, 동왕 10년 통신사 朴瑞生의 파견시에 이들의 호송을 조전씨에게 요청하였으며, 세종 15년(1434)에는 육랑차랑 등이 回禮使 李藝의 일행을 호송해 오기도 하였다.62) 또한 성종 7년(1476)에는 平茂續·平國忠등이 宣慰使 金自貞의 사행을 호행하였으며, 특히 성종 18년에는 조선에 내조하였다가 돌아

---

56) 『세종실록』 권27, 7년 3월 신묘. 권28, 7년 5월 계미. 권40, 10년 5월 무오.

57) 『세종실록』 권41, 10년 8월 을유.

58) 『세종실록』 권32, 8년 5월 임술.

59) 『세종실록』 권37, 9년 7월 정해.

60) 『세종실록』 권39, 10년 2월 기사.

61) 『세종실록』 권104, 26년 6월 병신.

62) 『세종실록』 권23, 6년 2월 계축. 권31, 8년 2월 경자. 권42, 10년 12월 갑신. 권59, 15년 정월 경오. 권62, 15년 10월 신미.

가는 平茂續으로 하여금 宣慰使 鄭誠謹의 사행을 護行해 가도록 하였다.[63]

이와 같이 조선에서는 일본에 사신을 파견할 때 早田氏 등에게 사행의 호송을 요청하였으며, 조전씨는 조선의 사행을 호송해서 가기도 하고 오기도 하였다. 그 뿐만이 아니라 일본에 머물고 있는 조선사절에게 過海粮米를 운반해 주기도 하였다.[64]

넷째로, 대마도와 조선과의 통교가 단절되었을 때에는 조선에 修好를 요청하기도 하였다. 對馬島征伐 직후에 도주가 左衛門大郎을 통해서 조선과의 수호를 요청하였으며,[65] 이에 대해서 조선에서는 도주가 지성으로 우리 나라를 섬기면 이전과 같이 후대할 것이라고 답하였다. 또한 薺浦恒居倭人 皮古時羅는 愁戒仇羅과 함께 왜인들이 삼포왜란을 일으킨 배경을 설명하고 조선에 화친을 요청하기도 하였다.[66]

다섯째로, 三浦恒居倭人을 刷還해 가는 역할을 수행하였다. 특히 平茂續은 1469년에 삼포 항거왜인을 찾아서 대마도로 강제 귀국시키기도 하였다.[67]

여섯째로 硫黃·銅鐵·丹木·胡椒 등 조선에 필요한 물품을 조달하는 역할을 담당하였다. 특히 그들이 대량으로 가지고 온 銅鐵은 무기제조와 鑄錢에 필요한 것이었으며, 유황은 약재로 사용되거나 焰硝와 더불어 화약의 원료로 사용되는 국방상 중요한 물품이었다. 또한 丹木·胡椒·朱紅 등의 남

---

63) 『성종실록』 권72, 7년 10월 신사. 권288, 25년 3월 기해.

64) 세종 5년 6월에는 過海粮米 30석을, 동년 9월에는 100석을 左衛門大郎의 사자를 통하여 일본에 있는 조선의 사절에게 전해주도록 하였다(『세종실록』 권20, 5년 6월 갑자. 권21, 5년 9월 임인).

65) 『세종실록』 권13, 3년 10월 경자. 권15, 4년 3월 갑신.
기록상으로는 도주인 都都熊丸이 좌위문대랑을 통해서 통교를 요청한 것으로 되어 있으나, 실은 도내의 실권을 장악하고 있던 左衛門大郎이 도주의 명의를 빌려서 대마도정벌 이후 단절되었던 조선과의 통교를 재개하려는 의도에서 나온 것으로 생각한다.

66) 『중종실록』 권11, 5년 4월 기해.

67) 『성종실록』 권1, 즉위년 12월 기미.

방물산은 주로 왕실에서 염료, 약용, 식용 등으로 사용되는 물품이었다. 한편 조선에서는 호초의 사용이 증가하자 早田彦八에게 胡椒의 種子를 구해오도록 요청하기도 하였다.[68)

5. 맺음말

이상에서 대마도의 대표적인 왜구집단이었던 早田氏의 가계와 활동의 근거지, 조전씨와 왜구와의 관계, 조선과의 통교 및 조일외교에 있어서 早田氏의 역할 등에 대해서 살펴보았다. 이를 정리하면 다음과 같다.

먼저 대마의 조전씨는 左衛門大郎을 비롯하여 그의 일족 12명이 4대에 걸쳐서 110여년간 조선과 통교관계를 유지하고 있었다. 그런데 이들 조전씨는 대마의 기록인『早田文書』에서 전혀 확인할 수 없었다. 그리고 조전씨의 활동 근거지는 入島 초기에는 伊奈에서, 왜구로서 활동하던 시기부터 1418년까지는 주로 豆知浦(尾崎)에서 활동하였고, 좌위문대랑이 대마도내의 실권을 장악한 후부터는 小船越에서 활동하였으며, 좌위문대랑이 죽은 후에 후손의 일부는 다시 豆知浦로 돌아와서 활동하였다.

早田氏의 통교를 통해서 보면, 대마도의 대표적인 왜구집단이었던 早田氏는 倭寇 → 通交者 → 受職人 → 三浦恒居倭人으로 변화하면서 조선과 통교관계를 유지하려고 하였음을 알 수 있다. 즉 早田氏는 조선정부가 왜구의 금제에 주력하던 시기에 왜구에서 평화적인 통교자로 전환하여 조선에 도항하였다. 그후 대마도정벌을 계기로 조선의 대일외교가 왜구에 대한 禁制에서 통교자에 대한 제한으로 변화되어 가자, 早田氏는 受職制度를 통해서 독자적인 대조선통교권을 확보했다. 반면 조선에서는 수직제도를 통해서 그들을 조선중심의 외교질서인 羈縻關係의 외교체제속에 편입시켰던 것이다. 그러나 삼포왜란이후 외교관계의 단절과 회복이 빈복되면서 조선씨는 대조선통교권을 상실하고 도주관하로 흡수되어 삼포의 항거왜인으로 조선과의 관계

---

68)『성종실록』권190, 17년 4월 임오.

를 유지해갔다. 다른 한편으로 조전씨는 조선과의 통교관계가 원활하지 못할 때에는 다시 왜구로 변화하여 조선이나 중국 등지를 침입하기도 하였다.

早田氏는 進上과 下賜라는 使行貿易을 주로 행하였으나, 私的으로 물건을 가지고 와서 헌상하는 사무역도 행하였다. 早田氏가 가지고 온 물품은 硫黃·銅鐵 등의 철광물과 丹木·朱紅 등의 염료, 그리고 胡椒·甘草·沈香 등의 약재로 매우 다양하였으며, 특히 硫黃·丹木·銅鐵은 많은 경우에는 수천근에 이르렀다. 早田氏가 가지고 오는 물품은 대마도산이 아닌 九州나 琉球 등지의 물산이 많았는데, 이는 조전씨가 대마의 海商으로서 구주나 유구 등지와 활발하게 중개무역을 행하였음을 나타내는 것이라 할 수 있다. 반면에 조선에서 조전씨에게 回賜한 물건은 주로 米豆나 직물류 등의 생활필수품이었다.

마지막으로 조선과 일본간의 외교관계에 있어서 早田氏의 역할에 대해서 살펴보면, ① 朝鮮被擄人과 漂流人의 송환 및 護送, ② 일본의 국내정세 및 왜적의 동향 보고, ③ 通信使 등 조선사절의 호송 및 호행, ④ 조선에 修好 요청, ⑤ 三浦恒居倭人의 刷還, ⑥ 硫黃·銅鐵 등 조선에 필요한 물품의 조달 등을 들 수 있다. 이와 같이 早田氏는 조일 양국간의 외교관계에서 여러 가지 역할을 수행하였다. 그러나 이러한 역할은 어디까지나 조선과 통교관계를 유지함으로써 早田氏 자신의 경제적인 이익을 추구하려는 수단에 지나지 않았다고 생각한다.

雨森芳洲의 '誠信外交'論에 관한 一考察

岩方久彦[*]

1. 머리말

　조선과 江戶幕府(1603~1867) 사이에는 260여년 간 교린 관계가 있었다. 양국우호의 상징인 통신사는 1636(인조14년)~1811(순조11년)까지, 새 將軍 慶賀의 목적으로 파견되었다. 이 시대 양국 교린 관계에 헌신한 인물로서 雨森芳洲(1688~1755)를 들 수 있다. 그는 노태우 전대통령이 일본을 방문할 당시 궁중만찬회연설에서 언급된 이후로 일약 각광을 받게 되었던 인물이다.1) 노태우 전대통령의 이 발언은 일본 매스컴에 雨森芳洲는 과연 누구인

---

* 부천대 비서행정학과 전임강사

1) "270年前 조선과의 외교를 담당했던 雨森芳洲는 誠意와 信義의 교제를 신조로
　서 삼았다고 전해지고 있습니다. 그를 상대했던 조선의 玄德潤이란 사람은 東

가 라는 소란을 일으켰고, 그를 다룬 上垣外憲一의 저서가 알려지자, 한국 대통령이 한일관계사에 깊은 지식을 갖고 있다는 인식을 주었다고 한다.[2] 그 이후 통신사와 관계가 깊은 지역에서 '誠信外交'의 정신으로 한국과 교류하자고 하는 민간수준의 운동단체가 발족되었고, 학습지도요령 개정으로 채용된 고등학교 교과서, 淸水書院『신일본사A』에는 「조선통신사와 일본인의 조선관」이라는 칼럼으로 雨森芳洲의 조선관을 편견 없는 현실적인 견해라고 소개되고 있다.[3]

최근의 雨森芳洲의 사상, '誠信外交'論[4)]에 대한 연구를 살펴보면, 한국에서는 1711년의 新井白石과의 논쟁을 주제로 한 閔德基의 「新井白石, 雨森芳洲 對朝鮮外交와 關聯한 天皇觀」(1994)과 新井白石과 雨森芳洲의 朝鮮觀을 비교한 李在元의 「18世紀 日本知識人의 朝鮮認識에 관한 一考察」(1995) 정도이고, 일본에서도 玄德潤과의 교류를 주제로 한 信原修의 「誠信堂記をよむ」(1990)와 성신외교를 왜관의 재판기록으로 분석한 米谷均의 「雨森芳洲の 對朝鮮外交」(1993) 정도밖에 없는 상태이다. 이것은 조선시대 후기의 교린관계를 좋은 교훈으로 살리지 못하고, 인간과 인간의 교류사를 통해서 공감대를 형성할 수 있는 기회를 놓치고 있는 셈이다. 그래서 본 연구에서는 이러한 문제의식을 바탕으로 두 가지의 연구과제를 밝히려고 한다. 첫째 雨森芳洲의 외교활동, 둘째 '誠信外交'論의 구조 구명이다.

2장에서는 雨森芳洲의 외교활동을 구명하려고 한다. 江戸時代 지식인들

萊에 誠信堂을 지어서 日本의 사절을 접대했습니다. 이제부터 우리 양국관계도 이와 같은 상호 존중과 이해의 바탕 위에서 공통의 이상과 가치를 향해 발전해 갈 수 있다고 봅니다."(朝日新聞, 1990년5월25일).

2) 루이스 제임스, 「朝鮮後期 釜山倭館의 記錄으로 본 韓日關係」, 『韓日關係史硏究』 6, 玄音社, 1996, 124쪽.

3) 朝日新聞,1995년11월17일. 『新日本史A』, 淸水書院, 1997, 60쪽.

4) '誠信外交'論은 그의 「交隣提醒」이 유명하다. -誠信으로 교제해야 한다고 사람들은 말하지만 대개는 그 뜻을 분명히 알지 못한다. 誠信이란 실제로 서로 속이거나 다투지 않고 교제하는 것이다(「交隣提醒」, 『芳洲外交關係資料書翰集』, 關西大學出版會,1982, 82쪽).

은 조선유학에 대해 경외하면서도 조선에 대한 멸시관을 벗어나지 못했다. 그들은 열광적으로 通信使一行과의 시문교류를 하면서도 그 이외의 부분에 대해서는 관심조차 없었다.5) 이런 상황 속에서 왜 雨森芳洲는 다른 조선관을 가질 수 있었는가.『海行摠裁』를 중심으로 고찰하려 한다. 3장에서는 '誠信外交'論의 구조 구명을 할 것이다. 그가 '誠信外交'論을 처음으로 주장한 것은 「交隣提醒」, 「誠信堂記」이다. 이 저작들을 조선과 일본의 외교정책과 비교하면서, '誠信外交'論을 고찰하고자 한다.

결론적으로 이름은 널리 알려졌지만, 연구가 충분히 이루어지지 않은 그의 사상을 검토함으로써 보다 가까운 이웃이라는 관계를 구축하는 계기를 마련하고자 한다.

2. 雨森芳洲의 외교활동

1) 新井白石의 외교론과 雨森芳洲의 외교활동

雨森芳洲의 '誠信外交'論의 기본적인 자료는 「交隣提醒」(1728년), 「誠信堂記」(1730년)이다. 지금까지 이 자료를 분석한 논문은 몇 편 있으나, 그 이전의 외교활동과 사상의 형성과정을 분석한 연구논문은 거의 없는 상태이다. 그래서 필자는 芳洲가 담당한 1711년 통신사 접대문제 및 1714년 새 銀貨通用문제와 통신사(1711년.1719년)와의 교류를『海行摠載』를 중심으로 고찰하고자 한다.

雨森芳洲가 木下順庵의 추거로 대마번에 사환하게 된 것은 1689년(22歲) 때 일이었다. 그러나 약3년간은 대마도에 가지 않고 대마번 江戶藩邸에서 일을 했다(각 大名들은 參勤交代制(1635년) 성립이후 江戶에 藩邸를 가지고 있었다). 芳洲는 약1년간의 長崎에서의 중국어학습을 마친 후 1693년 대마도에 부임했고. 1698년 陶山訥庵(1657~1732)과 함께 朝鮮御用支配役 家老 杉村

---

5) 矢澤康祐,「江戶時代における日本人の朝鮮觀について」,『朝鮮史研究會論文集』 6, 綠陰書房, 1969, 18쪽.

うねめ,平田直右衛門의 보좌역에 임명되었다. 藩政의 최고책임자인 家老는 4~5명으로 구성되어 있고, 통상 한 사람이 2~3개의 役을 갖고 있었다. 芳洲가 맡은 보좌역은 지배역의 자문에 대답하고 의견을 제출하는 일이었다.[6]

조선이 일본과 외교관계를 유지하는데 사용한 외교문서에는 크게 국서와 서계로 나뉜다. 국서는 양국의 최고 통치자간의 왕래문서이고, 서계는 禮曹(參判, 參議, 佐郎)와 對馬藩主간의 왕래문서이다. 조선은 일본측 통교자의 지위에 따라 서계를 받는 관료를 정하였다. 즉 "禮曹參判은 막부의 老中, 禮曹 參議는 對馬藩主와 대등한 관계였다."[7] 그러나 대마도의 국서개작이 발각된 柳川事件 이후에는 막부가 대마번의 以酊庵에 조선과의 외교문서를 직접 취급하는 승려를 둔 '以酊庵輪番制度' 실시, 그 이후는 대조선 문서는 막부가 직접 관리하에 두었다.

한편 新井白石(1657~1725)은 雨森과 함께 木下順庵門下에서 배웠던 同門이다. 雨森보다 11歲 年上의 白石은 스승의 推擧로 甲府 德川綱豊을 섬기게 되었다.1709년 綱豊가 장군직을 계승(6代將軍 家宣)하자, 장군을 보좌하며 정치에 참여하게 되었다. 白石은 물가안정, 재정재건 등을 목적으로 여러 개혁을 시도했다.[8](正德의 治)

---

6) 泉澄一, 「朝鮮留學前後の雨森芳洲とその周邊」, 『東西學術研究所紀要』27, 關西大學東西學術研究所, 1994, 25쪽.

7) 張舜順, 「朝鮮後期 日本의 違式實態와 朝鮮의 對應」, 『韓日關係史研究』創刊號, 玄音社, 1993, 91쪽.

8) 白石의 조선인식의 특징을 李在元은 첫째 『日本書紀』를 아무 비판 없이 그대로 받아들렸다는 점. 즉 '神功皇后의 三韓征伐'에 입각한 朝貢國으로서의 조선관. 그래서 필담창화는 임진왜란의 한을 문사로 설욕하려고 하는 것이라고 생각했다는 것. 둘째 임진왜란이 끝나고 조선은 明나라의 횡포로 괴로워하여 내심 和平을 희망하였는데 德川家康의 和平제의가 왔으므로 그 恩義에 조선은 감사해야 한다는 것. 셋째 조선을 信義없는 나라라고 생각했다는 점이다. 그 예로서 그는 명이 청의 공격을 받고 있을 때 조선이 한 사람의 원병도 보내지 않았다고 비난했다(李在元, 「18世紀 日本知識人의 朝鮮 認識에 관한 一考察 - 雨森芳洲와 新井白石의 朝鮮認識을 中心으로 - 」, 慶星大 碩士學位論文, 1995, 44~47쪽).

白石은 조선통신사 접대 간소화에 대해, 다음과 같은 개혁안을 작성했다.

① '來朝'를 '來聘'으로 개정.
② 일본장군의 칭호 개정. 즉 지금까지의 '日本國大君殿下', '日本國源某'를
　 일본국왕호로 변경한다(복호문제).
③ 장군세자에 대한 빙례정지, 예조로부터 老中에의 서계와 폐백금지.
④ 路宴의 간소화.
⑤ 사신이 객관에 들어갔을 때의 의례법 개정.
⑥ 國書封呈改定.
⑦ 통신사의 拜位問題.

이 가운데 가장 문제가 되었던 것은 일본장군의 칭호개정, 소위 복호문제
이다. 白石이 국왕호부활을 의도한 이유는 일본에서 대군호는 천황에 존호
이고 조선에서는 왕자의 적자에 쓰기 때문에 二重에 부당하다는 것이었다.
　그러나 白石의 의도는 조선과의 대등한 관계를 목적으로 하는 것이 아니
었다. 일본천황과 청조의 천자를 대등한 관계에 두고, 德川將軍을 일본국왕
으로서 조선국왕과 대등한 관계에 두기 때문에, 결과적으로 조선은 일본보
다 아래가 된다는 것이었다.[9] 그런데 이 논리의 가장 문제점은 장군이 일본
국왕이냐 아니냐 라는 것이었다. 장군은 원래 천황이 직접 정권을 담당하고
있었던 고대에 蝦夷地(北海道)를 토벌할 때 임명하는 임시관직이었다. 그러
나 역대 무사정권의 長인 鎌倉幕府의 源氏, 室町幕府의 足利氏 등은 이 장군
직을 가지고 국내지배를 행하였다. 그 결과 일본의 상징적인 통치자인 천황
과 실질적인 권력자인 장군의 이중지배체제가 확립되었다. 그러나 천황이
주관하는 관위제가 폐지되지 않은 한 장군은 어디까지나 종일위에서 삼위의
관위를 가진 천황의 신하직에 불과하다 라는 것이다.[10] 그래서 무사정권은

---

9) 矢澤康祐, 前揭書, 21~22쪽.
10) 閔德基, 「新井白石,雨森芳州 對朝鮮外交와 關聯한 天皇觀」, 『史學研究』 48,

외교문서에 이 국왕호사용을 회피해왔다. 다만 室町幕府의 足利氏가 일본국왕을 자칭하여 明의 책봉을 받은 예가 있으나, 이것은 고대를 제외하고는 중국과의 직접적인 교류(책봉체제편입)를 추구하지 않았던 일본으로서는 예외적인 일이었다.

복호문제 이전에는 芳洲와 白石의 관계는 우호적인 관계이었다. 조선에 관한 풍부한 지식을 가지고 있는 芳洲에게 白石은 질문도 하고 같은 문하의 동문이라는 친근감을 가지고 있었다고 한다.1704년경 芳洲가 白石에 보낸 편지를 보면11) 芳洲가 대마번의 생활에 대한 불평, 불만 등을 솔직하게 토로하면서 白石의 힘을 빌려서 幕府의 유관이 되고 싶다라는 내용이 쓰여 있다. 그래서 白石의 정책을 비판한다는 것은 우호관계 청산과 幕府儒官의 꿈을 포기하는 것을 의미하였다.芳洲가 국왕호를 비판한 「論國王事與其人書」는 對馬藩이 白石의 지시에 따라 조선에 국왕호 사용을 요청하기 전 3월에 쓰여진 것이다. 그 내용을 요약한다면12) 한마디로 장군이 국왕이 아니다라는 것이다. 芳洲는 역대무사정권이 병권을 장악하여 천황의 대신이면서도 실제로는 국가의 주인처럼 전횡을 일삼았고, 마침내는 천황의 존재까지도 망각시키기에 이르렀지만, 적어도 외교상으로는 천황에 대한 공순의 입장을 지켜 왕만은 자칭하지 않았다. 또한 역대 장군이 조선에 보낸 국서양식서명을 '日本國王 源某' 라고 한 것은 장군이 실제로는 일본의 군주라 해도 관위는 천황의 대신이었음을 자각한 일이고, 외국이 지금까지 장군을 일본국왕이라 칭해 온 것도 마치 상인을 사대부라 칭하고 여자를 남자라 불러온 것과 같다. 어찌 왕이 아닌 자를 왕이라 칭하는가 라고 신랄하게 비판했다. 같은 木下門下의 동문이면서도 芳洲와 白石의 입장차이는 분명하다. 白石은 통신사

1994, 128쪽.

11) 人情風俗無一適意, 觸景感懷如坐針氈 日夕愁嘆不勝椎胸……. 万万之一も貴樣之御力ニて預　御提拔候事も可有之哉と不得已心腹之趣委細ニ書付(「雨森芳州書翰集」,『芳州外交關係資料書翰集』, 關西大學出版會, 1982, 319쪽).

12)「論國王事與其人書」,『雨森芳洲全集』, 關西大學出版會, 1980, 40〜44쪽.

를 장군의 권위를 높이는 절호의 기회라고 생각하고 양국의 가장 민감한 부분을 개정함으로써 국내외에 德川政權의 무위를 알리려고 했다는 것이다. 한편 芳洲는 무사정권의 출현을 역사적인 필연이라고 보는 역사관에 반대하고 오히려 부당성을 비판했다. 이 논쟁에서는 芳洲의 조선인식은 확실하지 않으나, 白石과의 논쟁에 그의 조선관도 관계가 있을 것이다.

　지금까지의 연구에 의하면 그의 조선인식이 바뀐 계기는 1702년 '告襲參判使'(對馬島主의 襲位를 알림)都船主로 간 왜관에서의 경험이었다고 한다. 芳洲는 귀국 후 對馬藩 組頭(인사담당)에게 사표를 제출했다. 그 이유는 "지금까지는 조선의 실태를 잘 알지도 못한 채 보좌역을 맡고 있었는데, 이번에 조선에 가보고 자신이 알고 있었던 것보다 10배나 다른 조선의 실정을 알게 되었다. 연배가 든 사람에게 물어봐도 조선의 분위기가 10년, 20년 이전과는 전혀 다르다고 하니, 이런 상태로는 조선외교는 어려워질 뿐이며, 그렇다고 해서 명안도 떠오르지 않는다. 이런 상태에서는 보좌역에 충실할 수도 없으므로 이번 기회에 면해 주었으면 한다"[13)라는 내용이었다.

　芳洲가 구체적으로 어떤 경험을 했는지는 알 수가 없으나, 「交隣提醒」에는, 22세때 대마번 江戸藩邸에서 들었던 '조선인은 둔하다'라는 소문과는 전혀 다른 현실이었다고 쓰고 있다. 그 내용은 목탄을 배달하는 조선인이 배달을 잊어버릴 때 손에 印判을 찍고 내일 반드시 가지고 오라고 하면 꼭 가지고 와서 지워달라고 애원한다는 것이었다. 그러나 36세 때 조선어연수로 왜관에 머물고 있었던 어떤 날, 町代官 가운데 배달을 잊어버린 조선인을 옛날처럼 야단치고 上衣의 소매를 줄로 묶어야 한다고 주장했다. 그러자 그 사람은 너무 화를 내고, 옆에 있었던 訓導廳 서기도 격노하고 '왜 우리 나라 사람에게 창피를 주느냐'고 강력하게 항의하자 말을 했던 町代官은 두려워서 그만두고 말았다고 한다. 이것은 임진왜란 후 조선이 왜란재발을 두려워해서 대마번 사람들의 예의 없는 행동도 감수했지만 일본이 재침의향이 없는 것이 확실하게 되자

---

13) 泉澄一, 「對馬藩의 勤役中의 雨森芳洲에 대하여」, 『國史館論叢』 57, 1992, 國史編纂委員會, 236~237쪽.

두려워할 필요가 없었다는 것을 뜻한다.14) 결국 芳洲의 사임의지는 받아들여지지 않아서, 芳洲는 심사숙고 끝에 1703년 조선어연수를 위하여 東萊로 출발했다. 왜관 체재중 芳洲는 『倭語類解』, 『交隣須知』작성에 협력했다. 『倭語類解』는 조·일사전이다. 『通文館志』에는 편집자인 洪舜明은 어려운 단어를 雨森芳洲에 질문하여 만들었다는 기록이 있다.15) 또 『交隣須知』는 조선어교과서로서 明治時代까기 계속 사용된 책이다. 그 이후도 1709년 왜관에서 되의 조사를 하는 등 조선과의 교섭을 거듭하면서 변해 가는 조선의 모습을 절실하게 느끼고 있었다. 그래서 현실을 무시하고 '무위의 정책'을 강행하려고 하는 막부의 意向은 도저히 받아들일 수 가 없었다는 것이다. 이와 같이 국왕호 비판에는 그의 조선인식에 대한 영향을 무시할 수가 없을 것이다. 그러나 雨森의 의도와는 달리 白石은 개혁을 단행, 국서를 다시 고쳐 쓰는 것을 승낙한 정사 등은 처벌을 받게 되었다. 그 결과 막부는 1682년도 통신사의 접대비용 約100萬兩 보다 적은 약60萬兩으로 접대할 수가 있었다.

또 조일무역에서는 은유통량 제한정책을 실시하려고 했다. 막부는 이미 1686년, 연간 銀1080貫(그 당시 사무역의 규모만이라도 은2500관~3000관 정도였다)으로 제한했지만, 은화改鑄으로 인한 純銀 함유양 저하를 이유로 1700년, 연간 은1800관으로 증액되었다.16) 그러나 이번 계혁에서는 연간1000관, 앞으로는 600관 정도로 한다는 내용이었다.17) 이러한 막부의 意向에 대해 대마번은 雨森을 보내고 교섭을 시작하였다.

이 내용이 1714년 雨森이 쓴 「隣交始末物語」이다. 이 가운데 芳洲가 강조한 것은 조선과의 和平이 德川家康의 뜻이었다는 점과 대마번의 군사적 중요성의 두 가지였다. 江戶時代의 德川家康은 江戶幕府의 창시자로 추앙받아 신격화된 존재였고, 그의 행위는 '祖宗之法'으로서 절대성을 가지고 있었다.

---

14) 「交隣提醒」, 80~81쪽.

15) 『通文館志』 券7 人物 「洪舜明」.

16) 田代和生, 『近世日朝通交貿易史の研究』 1981, 創文社, 257~258쪽.

17) 田代和生, 同上, 335~336쪽.

그것은 白石이 복호문제를 주장할 때 德川家康이 국왕호를 쓰고 1606년 조선에 보낸 국서를 찾았다는 것이 하나의 좋은 예일 것이다.[18] 그러나 그가 강조한 두 가지 점은 결국 찾지 못해 몹시 아쉬워했다는 기록이 있다.

芳洲는 家康의 和平의 목적을 세 가지에 나누어서 설명하고 있다.[19] 첫째는 『春秋左氏傳』의 "인국과 사이좋게 지냄은 국가적으로 귀중한 것이다"를 인용하면서 인호관계의 중요성 때문이 라고 지적하였다. 둘째는 임진왜란의 문제이다. 조선이 명과 연합하여 복수전쟁을 일으킬지 모른다는 위기감 때문일 것이고, 셋째는 元寇의 기억 때문이 라는 것이다.

芳洲는 국왕호 문제 때는 무사정권의 부당성을 날카롭게 비판했지만, 이번 무역제한 정책에 대해서는 오히려 막부의 정책을 긍정적으로 평가하고 있다. 이것은 막부수뇌를 설득하기 위해 家康을 최대한 이용하려고 했다고 볼 수 있고, 무사정권에 대한 평가가 단순히 무력을 경시하는 게 아니라는 것을 알 수 있다. 그의 「論武」에서는 武는 문(조정)을 보필하는 데에 있어서 그 의미가 있고, 강호막부가 시작되면서 그 균형이 갖춰어질 가능성이 있다고 논하고 있다.[20]

또한 芳洲는 「隣交始末物語」를 통해서 대마번이 얼마나 군사적 요지로 중요했는지를 호소하고 있다. 특히 조선무역의 이익을 통해서 인접국 경계의 책임을 수행해왔다고 하면서 조선무역액 감소를 초래하는 은수출 제한정책에 반대했다. 즉 조선무역 쇠퇴는 대마번의 외교업무의 지장을 일으키고, 나아가서 군사적인 위협으로까지 이어질지도 모른다는 것이다. 그래서 이러한 은수출 제한정책을 한다면 은화교역 대신 토지를 받고 싶다고 결론지었다.[21] 결국 막부는 1715년 대조선교역을 從來대로 하기로 결정했다. 芳洲의 주장은 막부수뇌들에게 다시 한번 대마번을 인식시키는 결과가 되었다는 것

---

18) 閔德基, 前揭書, 131～132쪽.

19) 「隣交始末物語」, 『芳洲外交關係資料書翰集』, 關西大學出版會, 1982, 272쪽.

20) 「論武」, 『雨森芳洲全集』, 關西大學出版會, 1980, 18～21쪽.

21) 「隣交始末物語」, 276～277쪽.

102

이다. 그리고 현실적으로도 대마번에서 파견된 사람들끼리 하는 무역을 단속하는 유효한 방법이 없었다는 측면도 있었다. 대마번은 이 교섭을 통해서 은화문제를 한꺼번에 해결할 수 있었다.[22)

2) 『海行摠裁』에 기록된 雨森芳洲

(1) 1711년 통신사행과의 교류

芳洲는 1711년과 1719년 眞文役(서기)으로 통신사행을 접대하였다. 대마번의 외교업무중 가장 중요한 업무는 통신사일행을 맞이하고 호행하는 일이었다. 통신사의 파견은 양국의 문화교류 또는 문화전달의 절호의 기회이었다. 芳洲에게는 어학실력과 시문의 실력을 유감없이 발휘할 수 있는 기회이기도 했다. 통신사행이 남긴 기록 가운데 芳洲를 언급해 놓은 것은 다음과 같다. 『海行摠裁』에는 a) 「東槎日記」(1711) 任守幹, b) 「海遊錄」(1719) 申維翰, c) 「奉使日本時聞見錄」(1748) 曹命采 , d) 「海槎日記」(1763) 趙曮이 있고, 그 이외에도 「扶桑紀行」(1719) 鄭後僑, 일본측 자료인 『縞紵唱雅集』에는 1711년 통신사 서기 嚴漢重, 제술관 李礥과의 시문교류가 있다. 여기서는 「東槎日記」, 『縞紵唱雅集』을 통해서 芳洲와 통신사의 교류를 살피려고 한다.

1711년 趙泰億을 정사로 하는 通信使一行 500명이 對馬府中에 7월26일 도착했다. 번주의 饗宴을 받은 뒤 8월9일 對馬藩主 宗義方, 以酊庵 慈照院綠長老, 建仁寺 永源庵集長老, 芳洲 등이 동행하여 府中을 출항했다. 江戶에 도착한 통신사일행은 6대장군 家宣에게 국서를 봉정하고, 11월 11일 답서를 받았다. 그러나 답서를 받고 '辭見儀式'을 마치고 퇴석한 사신이 그 속에서 中宗의 휘였던 '懌'字를 발견했다. 국왕명의 범휘는 통신사로서는 생사가 걸린 중대사였기 때문에 정사 趙泰億는 강경하게 항의했다. 이에 대하여 13일에는 對馬藩奉行 및 芳洲가 白石의 의견으로 조선측의 국서에서도 3대장군 家光의 '光'字를 범휘하고 있으며 변경할 의사가 없다고 전하였다. 그러나 芳洲는

---

22) 田代和生, 前揭書, 338쪽.

이러한 白石의 완고한 태도에 대해 비판적이었다. 11월18일 신사들에게 국서 고치기를 청하는 것은 당연한 일이다 라고 하면서 '光'자 고치기를 청한 것은 만의 칭호를 면치 못한다고 했다. 결국 통신사행의 국서개작요구는 대마도에 돌아와서야 이루어졌고, 2월12일 對馬藩主 자택에서 국서교환이 실시되었다.23)

국가를 대표하여 개혁을 추진한 白石이지만, 사적인 자리에서는 다른 태도를 보였다. 「東槎日記」坤(江關筆談)은 11월5일 白石과 정사 趙泰億이 역관을 통하지 않고 직접 필담으로 문답한 기록이다. 범휘논쟁이 일어나기 전이라는 점을 감안해도 시종 우호적인 분위기이었다. 삼사는 芳洲의 능력을 인정하여, 그 능력을 충분히 발휘하지 못하고 있는 것을 아쉬워하며, 한번 막부의 유관으로 활동할 수 있는 기회를 주는 것을 권유하였다. 이것은 과거제도가 없어 세습으로 관위를 계승하는 제도에 대한 비판이기도 하고, 항상 양국의 체면을 새우려고 분주한 芳洲에 대한 고마움의 표시라고도 볼 수 있을 것이다. 한편 白石은 사신들에게 芳洲를 忘年畏友라고 말하면서 통신사들이 지나친 염려를 한다고 그런 의지가 있는 것을 시사했다.24) 통신사들과의 교류는 白石에게 깊은 감명을 주었던 것 같다. 白石은 芳洲에게 다음과 같은 편지를 보냈다.

세 사신이 문 앞을 지나갈 때 다만 이별의 뜻만을 부치니, 이 늙은이의 서글픈 눈물이 샘솟듯 하였다. 그러나 하늘이 주신 좋은 인연들이니 어찌 다시 만날 기회가 없겠는가? 그분들의 남김 말씀은 우리 국민으로서 누구나 다 기뻐할 話頭이었다. 저 세 사신은 다 만리 밖에서 태어난 분들인데 의외로 한집안에서 자리를 같이했으니, 지금도 얼굴이 눈에 삼삼하고 말소리가 귀에 쟁쟁하여 그 情이 다하지 않는다.25)

---

23) 任守幹, 「국서 고치기를 要請한 始末」, 『海行摠裁』 IX, 220~222쪽, 228쪽.
24) 任守幹, 「東槎日記」 坤江關筆談, 255~256쪽.
25) 江關筆談, 257쪽.

104

한편 『縞紵唱雅集』에는 통신사 서기 嚴漢重이 1712년 대마를 떠날 때 芳洲에게 보낸 율시 7수를 보면 芳洲를 인격이 고결한 인물이라고 칭찬하고, 세상에서 만나기 어려운 친구와 만났는데 이별이 다가오고 있어 눈물을 금할 길이 없다고 했다.26) 또 제술관 李礥은 芳洲에게 평생 잊지 못하는 사람으로 받아들였다. 李礥은 芳洲와 松浦와의 만남을 "참된 知己는 同國人이라도 만나기 어려운데 나라가 다른 두 사람과의 우정은 백년이 지나도 변함이 없을 것이다."27) 라고 했다. 芳洲는 1719년 통신사가 일본에 왔을 때도 제술관 신유한에게 신묘년의 사신으로 왔던 여러분들과는 교분이 매우 깊었었다고 하면서 李礥의 안부를 물었다. 유한이 양자한 아들이 있는데 글을 읽었어도 과거에 급제하지 못했다고 하자 芳洲는 슬퍼하기를 마지아니하였다고 했다.28) 芳洲는 70세 때, 이전에 李礥에게 받았던 시문을 보면서 글을 썼다. "木箱을 열리고 보내준 시를 보면 필적이 아직 선명하므로 마치 그때의 당신의 모습을 보는 것 같다. 대마도부터 江戸를 왕복하는 동안 시를 朝夕唱和하고 水와 乳가 녹아서 하나로 섞이는 것처럼 지내지고 국교를 넘은 친구가 되었는데 지금은 저 세상에 가서 오랜 세월이 흘렀다."29)

통신사를 통한 교류는 인간과 인간의 교류라는 관점에서 본다면 지식인들에게 긍정적인 대외인식을 형성할 수 있는 좋은 기회이었다고 생각한다. 白石은 조선이라는 나라에 대해서는 멸시관을 벗어나지 못했지만 사신들 개인개인에 대해서는 가까이 지냈다. 芳洲에게는 이번 통신사는 직접 조선인과

---

26) 芳洲奇士自淸眞 一見殊方意卽親 天下難逢知己友 日東還有賞音人 維舟甑月山樓夜 對榻觀 梅水驛春 彊域相分歸思促 不堪臨別各沾巾(「縞紵唱雅集」, 『雨森芳洲全集』關西大學出版會, 1979, 255쪽).

27) 於戲 芳洲霞沼 其知我心也哉 足下兩人 以地則異國之人也 以心則南北之異也 而一見托交 百年不改 此眞所謂知己之交也 知己難生同一國者 猶難得其人 況吾各生數千里之外國也哉 是以吾知 吾三人之生並一世也難矣 各生異國 而心肝相照之爲尤難也(「縞紵唱雅集」, 265쪽).

28) 「海遊錄」, 『海行摠裁』Ⅰ, 405쪽.

29) 上垣外憲一, 『雨森芳洲』, 中公新書, 1989, 186쪽.

교류할 수 있는 기회를 제공했고, 그것으로 해서 그의 이름이 通信使一行의 기억에 남게 되었다.

(2) 申維翰과의 교류

1719년 조선으로부터 8대장군 吉宗(1716~1735)의 즉위를 축하하는 통신사가 파견되었다. 吉宗은 6대장군 家宣,7대장군 家繼를 계속 보필했던 白石을 罷免하고, 그의 개혁노선을 전면적으로 부정했다. 즉 개혁이전 1682년 통신사의 구예로 돌아간다는 것이다. 국왕호는 폐지되고 대신 대군호를 다시 사용하게 되었다. 白石의 失脚은 芳洲까지 영향을 주었다. 白石은 芳洲를 막부 유자로 추천할 의지는 있었지만 현실적으로는 어려운 상황이었다.「奉使日本時聞見錄」(1748)曹命采에는 “白石이 패하게 되자,芳洲가 고향에 돌아와서 불우한 처지에 빠졌다. 芳洲는 드디어 집을 옮겼다. 그러나 항상 답답해하며 즐거운 의사가 없어 무릇 시를 읊을 때에 개탄하는 말이 많이 있었다. 그리고 섬 안에서 用事하는데, 위인이 흠험하니 섬 안의 사람이 매우 미워하였다.”30)라는 기록이 나온다.

한편 대마번은 은수출 억제정책의 영향으로 재정상태가 악화되고 통신사 내빙비용을 막부에 요청할 수밖에 없었다. 이미 1711년도 금5만량,1717년도에도 인삼조달자금으로 5천량을 빌린 상태이고, 그 변제가 아직 끝나지 않은 채 다시 5만량을 빌렸다는 것이다. 그러나 통신사의 규모는 변함이 없었기 때문에 번재정에 더욱더 부담을 주었다.31)

「海遊錄」(1719)신유한은 통신사가 남긴 기록 중 가장 芳洲에 관한 기술이 많다. 그 뿐만 아니라 유한과 일본문사의 시문교류는 시문집만으로도 15種 30餘卷,그가 쓴 詩는 6千首에 달했다고 한다. 이 책들이 연내 또는 다음해 간행되어 많은 사람들이 읽었다고 한다.32) 두 사람은 京都 大佛殿前招宴을

---

30) 曹命采,「奉使日本時聞見錄」,『海行摠裁』(속) x , 256쪽.

31) 森山恒夫,「對馬藩」,『長崎縣史－藩政編』, 1973, 吉川弘文館, 1020쪽.

32) 崔博光,「靑泉申維翰과 日本」,建國大論文集⑥, 1982, 90쪽. 또 金允香은「海遊錄」의 특징으로 조선지식인으로서의 문화적 자긍심을 들고 있다. 즉 회유와

둘러싸고 대립하게 되었다. 조선은 이 大佛殿이 豊臣秀吉 원당이라고 하여 일본측 제의를 거절하였고, 일본은 『年代記』라는 책을 가지고 정사를 설득한 결과 정사와 부사는 大佛殿參詣를 승낙했지만, 申維翰이 계속 거절하자 다시 논쟁이 일어났다. 그러나 京都 大佛殿前招宴은 1719년부터 집행된 일이 아니다. 이미 1617년 回答兼刷還使부터 집행된 일이었고, 1643년의 경우 사절단부터 前例에 따라 요청한 예도 있었다. 그래서 招宴이 幕府에 인한 일방적인 강요라고 보기 어려울 것이다. 그래서 사절단의 이러한 태도는 1711년도 통신사 때 白石의 개혁으로 삼사가 삭탈관작, 문외출송이라는 처벌을 받았던 사건에 대한 영향을 무시할 수가 없을 것이다.33)

1719년 통신사 때는 막부의 입장을 고려해서 강력하게 招宴을 주장했지만, 「交隣提醒」에서는 막부정책을 날카롭게 비판하고 있다.34) 芳洲는 幕府의 목적으로서 일본에 진귀한 대불이 있다는 것을 알리는 것과 耳塚을 보여주고 일본의 무위를 과시하는 것을 들고 있다. 그러나 이것은 너무 어리석은 짓이라고 하면서, 華美나 불의 크기는 조선인들에게 감명을 주지 않고, 오히려 財를 낭비해서 만들었다고 비웃음을 산다. 또 耳塚은 豊臣秀吉의 '名分없는 침략'의 희생을 다시 환기시키는 결과가 되고 日本人의 불학무식만 나타나게 된다고 했다. 그래서 필요 없는 분쟁이 일어날지도 모르기 때문에 大佛殿前招宴 중지를 제의했다. 「交隣提醒」은 번주에게 제출되었고, 다음 통신사영접교섭(1748)의 영향을 주었을 것이다. 결국 이 문제는 조선측과 대마번측 역관간의 교섭단계에서 조선측에서 중지요청이 있었고, 對馬藩도 재발을 우려하여 그 내용을 막부에 上申, 막부가 추인하는 형태로 폐지되었다.

芳洲의 豊臣秀吉 및 임진왜란관은 「聞見雜錄」 가운데도 볼 수 있다. 申維

교화의 대상으로 일본을 보고 있다는 것이다. 관례가 되어있는 도주에 대한 절을 신유한은 "나를 하여금 도주에게 절하게 하고 도주는 앉은 채 소매만 들었다 말게 하려는 것인가? 라고 하여, 芳洲와의 논쟁이 일어났다(金允香, 「18世紀申維翰의 日本認識에 관한 考察」, 梨花女子大碩士學位論文, 1987, 24쪽).

33) 仲尾宏, 『朝鮮通信使と江戸時代の三都』, 明石書店, 1994, 56~62쪽.

34) 「交隣提醒」, 66쪽.

翰이 "수길이 이미 귀국의 옛적 임금이 되었으니 군도 또한 그의 이름자를 휘하고 그의 악한 것을 숨기는 뜻이 있습니까?"라고 묻자, 芳洲는 秀吉이 조선에게 원수인 뿐만 아니라 일본인에게도 원수이라고 하면서 말을 시작했다. 임진왜란으로 조선인을 살육한 秀吉은 국내 통일과정에서도 살육행위를 했고, 芳洲도 멸족을 당했다는 것이다. 그래서 秀吉을 생각할 때마다 이가 거리는 痛憤함이 있다고 했다. 이 말을 들었던 維翰이 어떻게 생각했는지는 알 수가 없으나, 상당히 놀았던 것 같다. 그래서 '秀吉이 일본에 무슨 공덕이 있습니까?'라고 물었던 것이다. 芳洲는 '공덕이 조금도 없다'라고 하며, 다만 전쟁상태이었던 나라를 평정하여 통일했다는 점은 유일한 공덕이라고 했다.35) 芳洲의 秀吉觀은 그의 역사인식 및 조선관에도 반영되고 있다. 무사정권의 일본지배를 부당하다고 비판했던, 白石과의 논쟁은 가장 좋은 예일 것이다. 그 이외에도 "만약 귀국에서 일본의 관품을 자세히 안다면 반드시 어려운 점이 있을 것이므로 감히 말을 다할 수 없습니다……."36)라고 하며, 천황과 무사정권의 이중지배체제가 양국에 외교문제가 될 가능성을 시사하고 있다.

약 6개월의 교류는 芳洲에게도 維翰에게도 깊은 인상을 남겼다. 慣例인 藩主에 대한 절, 大佛殿前招宴을 둘러싼 분쟁을 통해서 두 사람은 여러 문제를 스스럼없이 대화하는 관계가 되었다. 芳洲는 所懷를 유한에게 피력하였는데, "일본은 조선국왕을 반드시 극히 높이는데, 귀국 사람이 저술한 문집에는 일본을 반드시 왜적, 만추라 하고 있다. 文昭王(6대장근)도 그 내용을 보시고 평생 恨을 품었는데, 과연 이 뜻을 아시오.?"라고 묻기도 했다.37)

지금까지 약20년간의 외교활동을 고찰했다. 이 시기는 그의 조선관의 형성기라고도 볼 수 있을 것이다. 쇄국하에서 조선과의 직접적인 교류가 없었던 다른 유학자와는 달리, 그의 관심은 주자학적 권위나 도자기 등 보다 조

---

35) 「聞見雜錄」, 『海行摠裁』Ⅱ, 99～100쪽.
36) 同上, 52쪽.
37) 同上, 97～98쪽.

선사회, 문화에 기울어갔다. 또한 실제 교섭이 역관을 통해서 행해졌기 때문에 한문만으로서는 한계가 있는 것을 깨달았고 조선어학습의 필요성을 느꼈다고 한다. 그의 끊임없는 조선연구가 결실을 맺었던 때는 통신사 진문역으로 통신사행을 맞이했을 때였다. 그들과 깊이 교류할 수 있었던 것도 그의 조선어실력 덕분이었다. 게다가 白石과의 논쟁을 통해서 그의 사상이 정리가 되어 「交隣提醒」에서 보이는 '誠信外交'論으로 이어졌다고 생각한다. 결론적으로 芳洲의 외교활동은 조선과 江戶幕府의 외교문제와 조선과 대마번의 외교문제를 조정하였고, 동시에 어려워지는 재정 재건을 목표로 하면서 막부에 대마번의 외교적, 군사적 중요성을 인식시키고 조선과의 우호관계를 유지하려고 했다. 芳洲의 이런 활동은 조선과 막부의 대외정책과 일치하여 통신사외교를 중심으로 한 교린 관계를 뒷받침하였다.

3. 雨森芳洲의 저작과 '誠信外交'論의 구조

1) 「交隣提醒」에 나타난 '誠實'論

芳洲의 '성신외교'론을 검토하기 전에 일본과 조선의 외교정책을 먼저 정리하고 싶다. 일본의 대조선외교정책은 첫째, 室町時代는 明에 대한 책봉체제를 前提로 한 국내지배였지만 豊臣政權은 그것이 붕괴된 과정에서 '무위(무력의 威嚴)의 정권'으로 성장하였다. '무위'야말로 지배를 정당화하는 일이고, 반면 전쟁의 敗北을 인정하는 것은 지배의 정당성을 흔들리게 하는 일이었다. 그래서 秀吉도, 諸大名들도 임진왜란의 참패를 시인하지 않았다. 둘째, 豊臣秀吉 자신이 천하에 君臨者라는 위치를 확립하기 위해서는 明을 중심으로 하지 않은 새로운 대외관계가 필요했고, 그러기 위해서 주변국가를 일본에 복속시켜야 했다. 德川幕府도 통신사의 방문을 국내적으로는 御禮 또는 入貢이라고 위치시켜서 조선이 德川政權의 무위에 복속되고 있는 것처럼 위장하고, 유구에 대해서는 慶賀使 파견을 강요했던 것도 德川政權이 일본의 통치권과 외교권의 실권자라는 것을 과시하기 위해서였다.

또 하나의 특징은 대마번 宗氏의 조선과의 통교무역권이 家役(軍役)으로 재편성된 점이다. 1587년 宗氏는 秀吉로부터 영지인정을 받고, 동시에 조선에 대한 외교교섭 명령을 받았다. 종씨는 조선에 대한 통교기술, 지식을 총동원하여 군사행동 및 외교절충 임무를 맡게 되었다. 宗氏는 德川政權에서도 업무를 맡았고, 장군이 바뀔 때마다 새 장군에 대한 변함이 없는 忠節을 誓約하고 家役으로서의 조선외교업무의 위임을 받아야만 했다.38)

한편 조선과 江戸幕府의 교린 관계를 ① ‘交隣關係回復交涉段階’(1603~1635), ② ‘통신사와 差倭(參判使), 문위행의 二元交流段階’(1636~1811), ③ ‘差倭(參判使),문위행의 一元交流段階’(1812~1867)로 나눌 수가 있다. ①은 임진왜란에 인한 국교단절이라는 최악의 상황부터 1636년 조선에서 통신사가 파견되어 양국의 交인관계가 정식으로 회복되기까지다. 이 논고에서 다루고자 하는 18세기는 ②의 시기이다. 조선은 강호막부와의 통신사교류, 대마번과는 차왜(참판사)와 문위행을 통해서 교류를 하고 있었다. 차왜(참판사)는 대마번이 약조로 정해진 ‘年例送使’ 이외에 조선에 보내온 임시 사행이고, 문위행은 조선이 대마도주를 문위하는 목적으로 보내는 사행이다. 이 교류는 1811년 통신사교류가 단절 된 이후도 막부 소멸까지 계속되었다.

조선은 막부에 대해서는 교린 정책을, 대마도에 대해서는 기미정책을 했다. ‘羈縻不絶而己’란 말속에 함축되어 있다. 즉 기미란 국가간의 관계를 소나 말을 고삐로 견제하듯이 하는 것이며, 불절이란 국가간의 관계를 사자의 왕래를 통해 끊지 않으며, 而己란 그 이상의 적극적인 조치(정복, 관리파견 등)를 취하지 않는다는 것이다. 이와 같은 중국의 정책을 소중화를 자칭했던 조선도 계승하였다는 셈이다. 또 막부와의 교린 외교도 仁·義·信이라는 교린의 예로 힘의 불균형을 유화시키려고 하는 상호 공존적 외교규범이라고 볼 수 있다.39)

---

38) 荒野泰典,『鎖國』, 有斐閣, 1981, 44~51쪽.
　　藤野保,『對外關係と鎖國』⑧, 雄山閣, 1995, 212~217쪽.
39) 孫承喆,『朝鮮時代 韓日關係史研究』,지성의 샘,1994,35~36쪽.또 閔德基도 조

芳洲는 1728년 裁判役(조선과의 각종 교섭담당)에 임명을 받은 후 조선방 사람들을 대상으로 「交隣提醒」을 썼다. 그의 ‘誠信外交’論은 교린 관계의 중심에 誠을 두려고 하는 것이었다. 성은 유가의 철학과 윤리학의 중요개념으로 誠實, 精誠과 같은 의미를 가진다. 栗谷은 『大學』을 敬, 『論語』를 仁, 『孟子』를 性, 『中庸』은 誠을 주로 한 書라고 하였다. 敬, 仁, 性은 誠과 깊은 관계가 있다. 仁과 性은 誠의 본원적 의미와 상통하고 敬은 誠의 실현을 위한, 誠之의 의미를 가진다. 성사상은 조선의 성리학에 크게 영향을 미쳐서 의리지학을 특징 지울 수 있게 하였다. 또 『中庸』이전의 ‘誠’字의 用例는 다음과 같다.

① 誠을 다만 ‘진실로’ 라는 조사적 의미로 쓰고 있다.
② 『書經』에서 ‘鬼神無常享 享于克誠’라고 하여 神에 대한 精誠을 다한다는 의미로 썼다.
③ 『書經』의 ‘濬哲文明, 溫恭允塞’에서 允塞는 ‘誠’자는 아니지만 성의 덕성적 의미를 갖고 쓰이는 用例이다.
④ 『周易』에서는 사를 막아야 성을 보존한다, 말씀을 닦아 誠을 세운다는 덕성적 의미의 用例가 있다.

그리고 『中庸』에서의 誠의 개념을 정리한다면, 첫째 성은 하늘의 道이고 誠하려고 하는 것은 사람의 道이다. 誠之는 誠을 실현하는 것이요, 善性과 道心을 회복하는 일이다. 그래서 誠이 生而知之한 聖人의 道라면 誠之는 學而知之하는 君子之道라고 할 수 있다. 둘째 誠은 天德이다. 천덕은 천도본체로 운용 및 작용면에서 정의한 것이다.[40]

선의 교린외교를 ‘신의’, ‘도리’, ‘의리’, ‘예의’라는 유교적 가치기준을 가지고 예에 합당한 사절 왕래를 희망했으며, 재화나 무역 이윤을 추구하는 외교는 배척했다고 지적하고 있다. 「조선시대 교린의 이념과 국체사회의 교린」, 『민족문화』 제21호, 民族文化推進會, 1988, 33쪽.
40) 金泰泳, 『中庸』에서의 誠思想, 『湖西文化研究』 第9號, 1990, 74~80쪽.

한편 '誠信'자는 『禮記』에서 나온다.

① 賢者가 祭를 할 때는 誠信과 忠敬을 다하고 충분한 공물을 준비하고 禮
에 따라 제사를 진행, 음악으로 신령을 안정시키고 시기를 놓치지 않고
바쳐야 한다.

② 天子諸侯가 田을 耕作하고 王后, 부인이 누에를 치는 이유는 사람이 없
어서가 아니라 스스로가 誠信을 다해야 되기 때문이다. 誠信이 있는 것
을 진력 하다고 하여, 誠信을 다하는 것을 敬이라고 한다. 敬을 다하고
나서야 神明을 모실 수 있다.[41]

여기에서는 「交隣提醒」에서 '誠信外交'論을 직접 언급하고있는 세 부분을
분석하려고 한다. 첫째는 "성신으로 교제해야 한다고 사람들은 말하지만 대
개는 그 뜻을 분명히 알지 못한다. 誠信이란 서로 속이거나 다투지 않고 交際
하는 것이다"라는 부분이다. 대마번은 조선과의 교섭에 있어서 誠信의 교제
라고 말을 하면서 위압과 협박 등을 많이 사용했다고 한다. 하나의 예로서
1711년 범휘논쟁 때 對馬藩江戸家老 平田直右衛門은 국서 고치기를 고집하
는 삼사에게 '이 상태를 계속하면 誠信은 끊기고 양국관계에 불행한 일이 일
어날 것이다.'라고 하면서 국교단절이 開戰에 이어질지도 모른다고 협박을 했
다. 삼사는 분쟁이 있을 때마다 전쟁이야기를 꺼내는 對馬藩에게 항 의하면서
도 타협안을 준비했다.[42] 그가 말했던 誠信과 芳洲가 말하는 것과 상당히 거

---

41) 『禮記』
　　① 是故賢之祭也 致其誠信與其忠敬 奉之以物 道之以禮 安之以樂 參之以時明
　　薦之而己矣
　　② 天子諸侯非莫耕也 王后夫人非莫蠶也 身致其誠信 誠信之謂盡盡之謂敬 敬盡
　　然後可以事神明
42) 山本博文, 『對馬藩江戸家老』,講談社,1995,42～43쪽.또 對馬藩은 왜관에서 허가
　　없이 왜관 밖으로 나가는 '亂出'이라는 협박적인 행위를 사용했다. 이 것은 조
　　선과의 교섭과정에서 사용하는 하나의 전술이었다 .草梁倭館이 세워진 1678
　　년 이전에는 규칙은 있었지만 조선은 무리하게 異義를 제기하지 않았다. 그러

리가 있다. 對馬藩입장에서 본다면 어떤 방법을 쓰더라도 막부의 요구에 따라 갈 수밖에 없었다고 볼 수도 있지만 芳洲는 대마번식 문제 해결 방식의 의문을 제의하고 위압과 협박 대신 誠實과 信義에 교류를 호소했다는 것이다.

그러나 芳洲도 신유한과의 논쟁 때는 "두 나라 사이에 틈이 생겨 화가 일어날 것이다." 또는 "우리를 낮추어 보는 것이며 우리를 약하게 보는 것이니 죽기로써 결단하겠소."[43]라는 말까지 한 적이 있다. 芳洲의 이런 행동과 사상의 모순을 이해하기 위해서는 성신의 교제를 강조한 바로 뒤 부분을 주목할 필요가 있을 것이다. 즉 "조선과 진실한 성신관계를 맺으려고 하면 송사도 사퇴하고 조선에게 조금도 폐를 기치지 않게 해야하지만, 현실적으로는 어렵기 때문에 지금까지의 관계를 유지할 노력이 필요하다."[44]라는 부분이다. 필자는 芳洲는 조선과의 관계에 있어서 진정한 성신의 교제를 목표로 삼았지만, 그것보다 어려워지는 현상을 유지하려고 하는 의지가 강했다고 생각한다. 그것은 「交隣提醒」의 구성에 잘 나타나고 있다. 54항목으로 된 내용 가운데 대부분이 대마번 사람들이 조선사정을 몰라서 일어나는 분쟁을 다루고 있다. 이것은 쇄국하에서는 일반민중들은 通信使行列 이외는 조선인을 볼 수도 없었고, 지식인들도 시문교류 이외에는 접촉할 기회가 없었으나 대마도사람들은 예외였기 때문이다. 조선과의 정기적인 교류가 있었고, 왜관에서는 각종교섭을 담당하는 사람이 있었다. 왜관에 갈 수 있는 사람은 대마도의 領民이며 藩에서 허가를 받은 남자에 한했고, 많을 때는 600~700명에 달했다. 대마도의 인구가 약 3만명이라서 약 3~4%에 해당하는 사람이 거주되고 있었다는 셈이다.[45] 그렇다면 왜관에서 직접 교류하는 기회가 많은 대마

나 '亂出' 문제에 대한 약조가 성립 이후는 만일 일본인이 그 약조를 어기면 동래부사가 그 사람의 처벌을 요구 할 수 있게 되었다(루이스 제임스, 前揭書, 147~149쪽).

43) 「海遊錄」 409쪽, 554쪽.

44) 「交隣提醒」, 82쪽.

45) 河宇鳳, 「壬辰倭亂以後의 釜山과 日本關係」, 『港都釜山』 第9號, 1991, 37~38쪽.

도인들은 조선사정에 정통해야 하는데 그렇지 못한다는 것이다.

둘째는 芳洲가 양국의 성신관계를 손상하고 있다고 지적한 公作米制度와 倭人接待量문제다.[46] 公作米는 초기에는 마을에서 왜관까지 산지직송이었지만 부산에 있는 창고에 보관된 후 반입된 방법으로 바뀌자, 쌀에 모래나 물 을 섞는 행위가 속출했다. 이것은 마을로부터 왜관 반입까지의 관리를 담당하는 관리들이 사적인 이익을 챙기려고 하는 불법행위에서 나온 것이다. 芳洲는 이익을 탐하려고 하는 것은 화도 이도 마찬가지라고 조선관리들을 비판하고 있다. 倭人接待量문제는 조선이 여러 목적으로 도항해온 대마도인에게 접대를 하는 것이지만, 조·일관계가 안정된 이 시대 조선에게는 대마번에 대한 경제원조가 오히려 부담으로 인식되고 있고 가급적으로 줄이려고 하는 반면, 대마번은 조선과의 교역관계가 생명선이었기 때문에 조금이라도 많은 이익을 얻으려고 하는 자세부터 나온 것이다. 芳洲는 "일본은 무역을 목적으로 온 중국인에게 접대를 하지 않지만, 조선은 먼 곳에서 온 사람을 위로했다 라는 고사에 따라 대마번을 접대하고 있다."[47]고 조선의 접대 목적을 밝히고 있다.

그러나 더 중요한 것은 芳洲가 표면적으로 나타난 일의 배후에 대마도인의 조선인식의 문제점을 지적하고 있는 부분이다. 즉 문화의 차이에서 온 편견, 멸시관은 조선에 대한 방약무인한 행동으로 이어지고, 양국관계에 나쁜 영향을 미치고 있다는 것이다. 芳洲가 편견의 예로서 들고 있는 것은 조선인은 '어리석다', '둔하다', '거짓말쟁이다'라는 세 부분이다. '어리석다'고 하는 이유가 함부로 말을 하지 않기 때문이라는 소문에 대해, 芳洲는 지려가 깊어서 그렇다고 보았고, 게다가 고금의 서책에도 통했기 때문에 아랫사람까지 일본인이 쉽게 따라가지 못하는 정도라고 했다. '둔하다'는 말은 긴소매를 흔히 입고 있기 때문이라는 소문에 대해, 통신사가 출발하는 예를 들어 조선인

田代和生,「對馬藩과 倭館貿易」,『朝鮮通信使』, 東湖書館, 1982, 99~100쪽.
46)「交隣提醒」, 公作米制度, 54~55쪽. 倭人接待量문제, 55쪽, 72~73쪽.
47)「交隣提醒」, 55쪽.

114

은 한 명도 지각하는 사람이 없었는데, 일본인은 오히려 지각을 했다고 하며 외견과는 달리 기민하다고 지적했다. '거짓말쟁이'라는 지적에 대해서는 역관이 양국에 중간에 서서 거짓말을 할 때도 있다고 하면서도, 만일 조선인 모두가 거짓말만 한다면 나라가 존립하지 못한다고 하였다.[48] 결국 芳洲는 근거가 별로 없는 소문을 가지고 조선인을 대하는 일본이의 문제점을 하나씩 풀었던 것은 일본인 사이에 만연되고 있었던 편견, 멸시관이 대마번사람의 경우 직접 외교문제화 될 가능성이 있기 때문일 것이다.

셋째는 "일본인은 성질이 사나와서 의로 굴복시키기가 힘들다"라고 『海東諸國紀』를 직접 인용하고있는 부분이다.[49] 그 이유는 상대사정을 이해하는 것을 강조하고 있기 때문이다. 다시 말해서 '誠信外交'를 하기 위해서는 일방적으로 대마번 사정을 강요하는 게 아니라 조선의 역사 대마번과의 교섭내용 등을 먼저 알아야 된다는 것이다. 芳洲는 여기서 朝鮮幹事(조선과의 외교를 담당하는 사람)에게 『經國大典』, 『攷事撮要』 등의 조선 서적도, 일본 측에 기록인 『善隣通交』, 『朝鮮通交大紀』, 『分類記事紀事大綱』과 함께 읽는 것을 권하고 있다. 당시 왜관에서는 업무상 『海東諸國記』3권, 『經國大典』3권, 『攷事撮要』1권 등이 비치되고 있었다.[50] 告襲參判使, 조선어학습 등으로 초량왜관에 자주 체재한 芳洲는 이런 서적에 관한 연구를 당연히 했을 것이고, 朝鮮方 보좌역 임명 전에 단기간이었지만 '문고관리자'를 맡아서 藩의 문고를 자유롭게 접할 수 있었던 것도 큰 도움이 되었을 것이다.[51] 이 당시 申維

---

48) 同上. 59쪽. 또 對馬島人의 조선관의 문제점을 나타나는 좋은 예로서 天野信景 『塩尻』를 들 수 있다. 天野는 18세기초 조선에 교섭을 갔다 온 對馬藩士의 견문를 소개하고 있다. 그 내용은 조선의 풍속은 음란하고 나약하다. 군비가 없어 對馬一國이라도 격파할 수 있다는 것이었다. 그는 그 내용을 아무 비판 없이 받아들이고, 조선주자학에 대해서도 실체로는 아무 도움이 되지 않는다고 노골적으로 멸시관을 나타나고 있다(衣笠安喜, 『近世日本の儒教と文化』, 思文閣史學叢書, 1990년, 116쪽).

49) 「交隣提醒」, 82~83쪽.

50) 李俊杰, 『朝鮮時代 日本과 書籍交流研究』, 弘益齋, 1986, 98쪽.

51) 泉澄一, 前揭書, 231~232쪽.

翰이 기록했던 것처럼 金誠一의 『海槎錄』, 柳成龍의 『懲毖錄』 등이 출판되고 있었다. 維翰은 "책은 두 나라에서 비밀을 기록한 것이 많은 글인데 지금 모두 大阪에서 출판되었으니, 이것은 賊을 정탐한 것을 賊에게 고한 것과 무엇이 다르냐, 국가의 기강이 엄하지 못하여 역관들의 밀무역이 이와 같았으니 한심한 일이다."[52] 또 중국서적에 대해서도 "일본내의 서적은 우리 조선으로부터 간 것이 百으로 셀 수 있고 南京의 상인들을 통하여 온 것이 천으로 셀 정도이므로 고금이 기이한 글,百家의 문집이 민간에서 간행된 것이 우리 나라와 비교하면 십 배뿐이 아니다."[53]라는 기록을 남기고 있다. 그러나 많은 서적의 유입에도 불구하고, 부언신설은 아직 널리 퍼져 있고 대마번의 방식은 전혀 다른 바가 없다고 芳洲가 판단했기 때문이었다.

결론적으로 「交隣提醒」은 양국관계에 있어서 거짓말 없는 誠實함을 강조한 '誠實'론이라고 볼 수 있다. 이것은 조선이 교린 관계 유지를 위해 仁·義·信이라는 교린의 예를 중심으로 삼았던 것처럼, 芳洲는 성신을 교린 관계에서 무엇보다 중시했고, 여기에서는 특히 성실함을 주목했다고 생각한다. 또 芳洲가 일본서적과 함께 조선서적을 읽는 것을 권하는 것도, 실제 교섭이 誠信라고 보기에는 너무나 거리가 멀었다는 현실에서 나온 것이다. 다시 말해서 대마도인의 조선인식이 편견과 오해가 많아서 조선을 제대로 보지 못하고 있다는 인식이다. 그래서 芳洲는 誠實한 교류를 하기 위해서는 소문에 좌우되지 말고 상대방의 문헌을 파악하고 대마번과의 교섭내용을 조사해서 조선과 외교를 해야함을 강조했다.

2) 「誠信堂記」의 보이는 '精誠'論

芳洲는 1729년 裁判役(公作米 등의 교섭)으로 東萊府倭館에 건너갔다. 그 교섭개요는 ① 公作米年限更進, ② 公作米의 왜관지송, ③ 구청인삼 등의 품

---

52) 申維翰, 「海遊錄」, 560쪽.
53) 申維翰, 「聞見雜錄」, 68~69쪽.

질개선 요구, ④ 2년간 왜관에 체류하고 있는 破船使 귀국, ⑤ 堂供送使 실현 등이었다. 약 1년 반의 교섭기간 중 조선측의 상대자로 나온 사람이 玄德潤이었다. 그는 왜관에 밀접한 草梁村에 역관관사를 개수하여 誠信堂이라고 명명했고, 芳洲는 이것을 축하하는 「誠信堂記」를 지었다.54)

「誠信堂記」의 구성은 玄德潤이 관사를 개수한 동기, 誠信堂라고 지은 이유, 玄德潤의 사람됨의 세 부분이다.55) 첫째 동기는 관사란 원래 官을 존경하는 곳으로 사람들이 우러러 볼 수 있는 것인데, 무너지는 우려가 있는 정도 오래 되어서 그 사명을 다하지 못하고 있다. 그래서 사재를 바치고 材를 모아서 수복공사를 했다는 것이다. 완성된 관사는 지나가는 사람들이 모두가 훌륭하다고 기뻐했다.

둘째는 왜 시문능력이 뛰어난 그가 당명을 부산의 경승에서 안 지었던 이유이다. 그것은 '대개 교린의 방도는 성신을 우선으로 한 다음에야 차질이 없도록 유지할 수 있다'는 원칙을 누구보다 잘 알고 있었기 때문이었다. 즉 誠信이야말로 교린 관계에서 가장 중요한 것이라고 인식하고 있었다는 것이다. 여기서 芳洲는 誠信을 짐승까지 느껴지는 信과 어린아이를 움직이는 誠이라고 규정했다. 계속해서 誠信堂에서 교린의 책무를 맡은 사람들이 만일 사심으로 이익을 챙기려고 하면 작은 일로서는 隣人에게 원한을 살 것이고, 큰 일로서는 다른 나라와의 분쟁을 일으킨다고 경고하면서 '비량의 뽕나무와 양정의 참외'를 들고 있다. 비량의 뽕나무는 춘추시대 오의 변경 마을 비량과 초의 마을 총의 아이들이 뽕 따는 일에서 싸움이 일어나 결국 양국간에 전쟁이 일어났다는 소사가 대사로 이어진다는 고사이다. 한편 양정의 참외

---

54) 米谷均, 「雨森芳洲の對朝鮮外交」, 『朝鮮學報』148, 1993, 3~6쪽. 『通文館志』券 7 人物에는 玄德潤을 字道而川寧人 己酉爲釜山訓導 大修廨宇 鬭供米數百石 甲寅再任 又鬭送使米歲百石 仍爲定例事聞加秩 及歸民立碑以 紀之公姿顔魁偉 識慮周詳 前後在任倭人敬憚不敢肆 居家孝友 事繼母至誠 每出使還 輒分橐裝 於諸兄弟 以及知舊之貧者 人多之 又能詩善草隷 詩載 昭代風 謠居母喪以毀歿 官至嘉善.

55) 「誠信堂記」, 『雨森芳洲全集』, 36~37쪽.

는 전국시대 초의 변노인이 참외밭을 망치는데 양의 현령 송취는 오히려 초의 참외에 물을 뿌리고 恩情을 보여졌다. 이윽고 초왕이 양왕에게 교린을 청했다는 고사를 인용했다.56)

셋째는 玄德潤의 사람됨이다. 마음을 가라앉게 하는 고요함, 공사에 봉사하는 근면함은, 스스로 자신을 경계하고, 또 후인에게 권하려는 까닭이라 할 수 있다. 또 마음을 바르게 하고, 깊이 편안하게 공무에 일하는 것은 겸손함이다. 스스로를 경계하고, 후세의 사람에게 가르치려는 그의 마음은 진실로 절실한 것이다 라고 芳洲는 마지막 부분에서 칭찬했다.

그런데 芳洲가 문제시한 조선의 '誠信外交'는 어떤 것일까, 필자는 국사편찬위원회소장 對馬島宗家文書를 주목하고 싶다. 그 문서중 서계는 1614년부터 1872년까지의 258년 동안에 걸쳐 조선이 대마도로 보낸 공식 외교문서로서, 주로 예조(參判,參議佐郞)가 對馬守 및 각종통교자 앞으로 보낸 서계(정본)에 해당하며 東萊副使,釜山僉使가 對馬島大守 앞으로 보낸 부본도 상당수 포함되어 있다. 이들 서계는 거의 조선이 보내는 답서로서, 대마도가 조선의 파견한 연례송사에 대한 답서와 부사로 파견해 오는 大, 小差倭에 대한 답서로 되어 있다. 그러나 이 서계에는 통신사 파견시 양국의 국왕간의 교환된 국서는 포함되어 있지 않으므로, 표류민송환 등 조선과 대마도간에 이루어진 일상적 교류가 주류이다.57) 그러나 이 문서는 자료에 중요도에 비해 그

---

56) 그러면 왜 芳洲는 역관들의 행동이 전쟁까지 이어진다고 했을까, 라는 의문이 생긴다. 米谷均은 芳洲가 조선의 성의 없는 대응에 분개하며 '亂出'까지 계획했던 사건의 영향을 지적하고 있다. 이 사건은 芳洲가 재판으로서 가장 중요한 封進宴席을 마치고 나머지 宴席을 기다리고 있었는데, 갑자기 朝鮮側에서 날짜 변경을 통고해왔다. 조선의 이러한 의도가 재판을 하루 빨리 귀국시키려고 하는 것이라고 생각했던 芳洲는 실력행사로 항의하려고 했다는 것이다(米谷均, 前揭書, 18~20쪽).

57) 李薫, 「朝鮮後期 대마도의 漂流民送還과 對日關係」, 『國史館論叢』 26호, 1991, 220~228쪽.
池內敏, 「近世朝鮮人の漂着と朝鮮語通詞」, 『靑丘學術論集』 11, 韓國文化硏究振興財團, 1997, 139쪽.

다지 연구가 이루어지지 않고 있다. 필자는 그 문서의 특성을 살려서 조선의 교린 정책, 특히 성신 용례를 정리함으로서 조선의 '성신외교'를 밝히고 싶다. 종가문서의 성신에 관한 내용을 대별하면 표류민송환, 신국왕사위축하, 신대수의 승습의 세 가지이다. 먼저 표류민송환이다. 일본에 표류한 조선인은 조선전기 이래 대마도에 의해 송환되어 왔다. 송환방법은 표착지가 대마도의 경우 직접 조선에 보내고, 다른 지역의 경우 일단 長崎에 호송되고 송환되었다. 조선은 표류민 송환자에 대해 도해곡만 지급하고 별도의 접대는 하지 않았고, 대마도의 使送船에 대한 무역 요구도 거절했다. 그러나 조선의 이러한 태도는 1640년 이후 변화하기 시작하였다. 즉 1641년 차예를, 1647년 이후에는 향접관에 의한 접대를 허가했다. 그 결과 표류민송환은 대마번의 하나의 외교업무가 되었다. 종가문서의 기록은 아래와 같다.

(1) 표류민송환

① 1716년 5월, 숙종 42, 正德 6)書契目錄集2. no3108.

貴境에 표착한 邊民을 구제하여 호송해 온 것은 양국의 상호의 도이로 誠信의 돈독함에 감사하며…….

② (1716년 5월, 숙종 42, 正德 6)書契目錄集2. no3112.

貴境에 표착한 변민 9명을 구제하여 송환해온 것은 대수의 誠信의 뜻으로 조정에서 기뻐하는 바이며, 별폭(예물)에 대하여 토의로써 답례함.

두 번째는 신국왕사위축하는 조선에서는 陳賀差倭라고 부르고 있었다.

(2) 신국왕사위축하에 대한 답례

① (1650년 6월, 효종 1, 慶安 3)書契目錄集 1. no756.

서계와 예물을 받았으며, 藤差가 新王의 嗣位를 축하함에 있어 그 성의가 진지하니 이는 선조때부터의 상호 관계가 지금에 이르러 돈독해진 것으로, 대수가 변함이 없이 誠信을 다한 것을 기쁘게 생각하며 토의로써 답례함.

② (1675년 6月, 숙종 1, 延寶 3)書契目錄集 1. no1470.

　신왕의 사위에 있어 진하사를 보내와 치하하니, 이는 구호를 돈독히 함
이며, 양국의 경사로서 인목을 중시함에서 비롯된 것이다. 성상과 조 정
은 誠信을 가상히 여기는 바이며 이는 대수가 전대수의 뜻을 이어 변함
없이 힘써 온 때문이라고 생각한다.

　세 번째 도주승습고경차왜에 대해『交隣志』는 "효종9년 무술에 도주 平義
眞이 승습하였을 때 비로소 사자를 보내왔으므로 접대를 허락하였다. 숙종
20년 갑술의 도주 재임 때와 신사년의 攝任 때의 差倭는 다 關白의 命을 받
았다고 일컫고 예조판사에게 올리는 서계를 갖고 왔으므로 모두 허접하였
다."라고 기록되고 있다.

(3) 新大守의 承襲

① (1693년 1月, 숙종 19년, 元祿 6)書契目錄集 1. no2092.

　대수가 은퇴하고 그의 아들이 가독을 상속함의 있어서, 誠信의 두터움
으로 미루어 볼 때 반드시 인호에 의한 친교가 있을 것이며…….

② (1720년 12月, 숙종 46, 享保 5) 書契目錄集 2. no3358.

　大守(宗義誠)의 세습을 축하하며 대수가 선지를 계승하여 誠信을 두터
이 함은 인호에서 비롯된 것으로 기쁘지 않을 수 없으니…….

　이 자료를 통해서 조선의 '誠信外交'를 정리한다면, 첫째 통신사외교 이외
의 대마도와의 일상교류까지 폭 넓게 성신외교로 인식하고 있는 점. 芳洲도
표민에 대해 "일본인이 조선에 표착한 경우에는 식량 부족이 없었으나, 대마
도는 표민에 지급하는 白米의 양을 감소시키는 등 인호 성신의 길에 어긋난
일이 있었다"고 지적하고 있다58) 둘째 신국왕의 승습에 진하사를 보내온 것
에 대해 대수가 변함이 없이 誠信을 다한 것을 기쁘게 생각한다거나, 새 대

---

58)『交隣志』, 82쪽.

수에게 誠信의 길을 말하면서 先志를 계승하는 것을 바란다는 내용을 미루어볼 때 對馬藩을 훈계하는 성격을 가지고 있다고 볼 수 있다. 조선은 1609년(광해군 원년, 慶長14년)의 국서에서 "隣好는 단지 誠信에 있고, 성신이 유지되면 양국관계에 불행한 일이 없다."[59] 에서 양국의 인호 관계에 誠信을 명기한 이후 기회가 있을 때마다 對馬藩에게 誠信을 강조해왔다. 그러나 조선이 誠信을 말할 때는 반드시 진정한 뜻으로만 쓰는 것은 아니었다. 실제교섭에 있어서는 대마번의 무리한 요구를 견제한다거나 거절하는 하나의 방법으로 쓰고 있다고 볼 수 있다. 그 결과 대마번에 대해 부성실한 대접을 할 때도 많았다는 것이다. 물론 대마번의 요구가 반드시 약조에 의거할 수 없다고 하는 점은 물론이다.

「誠信堂記」는 玄德潤의 노고를 위로하는 목적이 물론 주목적이었지만 조선관리의 대한 비판도 포함되고 있다고 봐도 될 것이다. 그것이 성신을 짐승까지 느껴지는 '신'과 어린아이를 움직이는 '성'이라고 규정하면서, 교린을 담당하는 사람들에게 당부하고 있는 부분에 잘 나타나고 있다.[60] 특히 조선관료들의 부정행위나 밀무역은 성신으로 시작한 조일 관계의 근본을 잊고 자기 이익만을 챙기려고 하는 행동이고, 도저히 용납할 수가 없었다는 것이다. 그래서 다시 성신의 정신에 돌아가서 정성을 다하는 모습을 당부한 '精誠'論이라고 볼 수 있다. 또 마지막 부분에서 玄德潤의 사람됨을 칭찬했던 것도 그의 고결한 인격에 감명을 받았다는 것 이외에 '誠信外交'論을 실천하는 실천자로서 참된 외교 담당자의 모습을 제의하려는 의도가 있었다고 생각한다.

4. 맺음말

필자는 서론에서 두 가지의 연구과제를 제시했다. 첫째 과제는 雨森芳洲의 외교활동이다. 芳洲의 외교활동은 다른 유학자들과는 대조적이다. 芳洲의

---

59) 『對馬島宗家文書古文書記錄集』 I, 國史編纂委員會, 1995, no8760.
60) 田中健夫編, 『善隣國寶記』, 集英社, 1995, 428~429쪽.

조선에 대한 관심은 조선유학에 대한 존경심이나 친근감에 그치지 않고 그들의 문화, 언어연구의 필요성까지 도달했다는 것이다. 그 성과가 『倭語類解』, 『交隣須知』이다.

둘째 과제 구명에는 「交隣提醒」과 「誠信堂記」를 사용했다. 芳洲의 '誠信外交'論은 교린 관계의 중심에 '武威' 대신 '誠'을 두었다. 「交隣提醒」에서는 양국관계에 있어서 거짓말 없는 '誠實'을 강조하고 있다. 한편 「誠信堂記」에서는 '精誠'을 강조하고 있다.

지금까지 밝힌 내용을 근거로 하여 왜 芳洲는 조선을 편견 없이 볼 수 있었던가를 생각하고 싶다. 이것은 이 연구의 주목적인 '誠信外交'論의 구명과 함께 일본인의 조선인식을 생각하기 위해서도 중요한 것이다. 다시 말해서 白石의 개혁이 표면적으로는 조선과의 대등한 관계를 추구했지만 내부에는 조선 멸시관의 양상이 현저했다. 그러나 芳洲에게는 그것을 찾아볼 수가 없었고, 소위 일본을 상국 라고 보는 시각조차 없었다. 그 이유로서 필자는 芳洲의 합리적인 사고방식을 들고 싶다. 왜냐하면 대마번내에서 芳洲와 같은 사상을 가지는 사람은 없었고, 오히려 그는 끝까지 대마번식의 방법을 거부했다. 사상적으로 보더라도 지식인 가운데 그와 같은 조선관을 가지는 사람이 거의 없었다. 「交隣提醒」을 보면, 소문을 들어도 그대로 믿지 않고 깊이 검토하는 그의 모습을 잘 알 수 있다. 게다가 문제점을 하나씩 들면서 어느 부분이 잘 못되었는지를 확실하게 밝히기까지 했다. 그 계기가 된 것은 조선이 중국과 다른 문화와 언어를 가지고 있다는 사실인식과 통신사행을 비롯한 인격적으로도 학문적으로도 우수한 誠信思想을 실천하는 조선인사와의 교류이었다는 것이다. 그가 보는 시각은 같은 인간으로서 相互尊重, 相互共存의 사상이라고 할 수 있다. 그 것은 조선에 대해 우월감을 가지려고 했던 막부정책에는 볼 수 없는 새로운 조선인식이었다.

芳洲의 사상은 오늘날 우리에게 시사하는 점이 많다. 상대를 볼 때 선입감이나 편견의 눈으로 보는 것이 아니라 사실을 중심으로 그들의 문화, 역사를 보려고 한 그의 사상이야말로 한일관계에 가장 필요한 것이 아닐까 싶다. 芳

洲는 白石처럼 중앙에서 활동을 못했기 때문에 그의 사상은 일본전체에 영향을 미치지 못했다는 것은 사실이다. 그러나 그의 '誠信外交'론은 조선과의 우정의 기록이 라는 형태로 많이 남게 되었다. 특히 玄德潤과의 기록은 경계와 회의속에서 이루어진 국가간의 교류와는 다른 양상을 보여주고 있다. 이 것은 앞으로 한일관계연구가 정치, 경제사뿐만 아니라 인간과 인간의 교류라는 차원에서도 재고할 필요가 있는 것을 알려 주고 있다. 그리고 그들이 남긴 기록들은 보다 가까운 이웃이라는 공감대를 마련할 수 있다고 믿는다.

1861년 對馬州의 移封요구운동[*]

玄 明 喆[**]

목 차

1. 머리말

　1861년, 러시아 군함 포사드닉호가 선체(船體) 수리를 명목으로 쓰시마(對馬島)에 정박하여 머무르면서, 실은 개항장을 요구한 일이 있었다. 이때, 對馬州 영주(藩主, 大名-다이묘, 이하 영주로 통일함) 宗義和는 대마도에 개항장이 생길 것을 예상하고, 대마도 영지를 막부가 다 수용하여 개항장으로 하고 자신들에게는 九州의 땅을 대신 달라는 청원 운동을 막부에 전개하였다. 영주의 봉토를 바꾸어 달라는 청원 운동을 '이봉운동'이라 부른다. 본고는 이

---

　* 이 글은『日本歷史』536号(吉川弘文館, 1993年 1月)에 발표된 필자의 일본어 논문을 한글로 번역하여 재구성한 것이다.
** 경기대 사학과 강사.

124

대마 영주에 의해 전개된 이봉운동에 대해 기존의 오해를 풀고 아울러 이러한 移封 요구가 幕末史에 어떠한 의미를 갖는지 검토하는 것을 목표로 한다.

대마 영주가 어떠한 상황에서 어떠한 논리와 방법으로 이봉을 요구하였는가 하는 것을 검토하는 것은 다음과 같은 점에서 매우 중요한 문제라 생각한다. 첫째, 막번체제 붕괴기의 막부권력과 영주권력의 이해 대립과 그 해결 과정을 검토할 수 있는 좋은 재료이다. 둘째, 한일 양국의 변경으로 한일간 외교관계를 장악해 온 對馬 영주가 대마도를 떠나겠다는 것은 한일관계사에 있어서도 중요한 쟁점이며, 또한 그 후 전개되는 대마도 처리문제를 추구하는 데에 필수적인 작업이다. 셋째로 러시아 함대의 정박에 대한 막부와 攘夷派 제 영주들의 대응, 그리고 서양 열강의 입장과 관련한 일본의 식민지(혹은 반식민지) 위기 논쟁을 재검토하는 데에 중요한 열쇠가 된다는 점이다.

그러므로, 막부말기 대마주의 이봉운동에 대해 언급한 연구는 적지 않다.[1] 그러나 기존의 연구는 對馬州의 입장과 선택을 고려하지 않고 연구자의 거시적 논리 전개를 위해 이봉 운동을 평가해 온 경향이 있기 때문에, 기존 연구가 당시의 이봉운동의 실상을 밝혀주고 있다고는 말하기 어렵다. 오히려 많은 오해를 초래하고 있다고 필자는 생각한다.

이해를 위해 과감하게 대마주의 이봉 운동에 대한 기존의 연구 경향을 크게 두 가지로 정리하여 소개하도록 하겠다.

첫째, 이봉운동을 지배층(특히 막부관리와 對馬 영주)의 '비겁함'을 표현하는 전형이라고 하는 설명이다. 즉, 서양의 침략에 입각하여 소위 지배층이라

---

1) 참고로 주목할 만한 연구를 소개하면 다음과 같다.

高田利吉, 「幕末露艦の對馬占據」, 『歷史地理』 43-1, 1926.

稻津正志, 「文久元年露艦の對馬占據に就いて」, 『法と經濟』 2-2,3,4, 1934.

大塚武松, 「幕末の外交」, 『岩波講座日本歷史』, 戰前版, 1934.

井上淸, 「ふたつの愛國主義と國際主義 – 幕末明治外交の基本問題 –」, 『歷史學研究』 137, 1949.

日野精三郎, 『幕末における對馬と英露』, 東京大學出版會, 1968.

『長崎縣史』, 吉川弘文館, 1973.

는 사람들이 투쟁을 통해 외적을 무찌르지 않고 오히려 땅을 버리고 도망치려고 하였으며, 大船製 사건을 예로 들어 오로지 인민만이 투쟁의 선봉에 서서 침략을 무찔렀다는, 반제국주의 민중투쟁 사관에 입각한 연구이다. 이 설명은 이노우에키요시(井上淸)가 주장한[2] 이래 芝原拓自에 의해 계승되고[3] 일본 역사 교육 현장에서 강조되어 왔다.[4] 그리하여 일본뿐만이 아니고 한국·중국의 일본사 연구자들에게도 거의 통설처럼 알려진 견해이다. 이 견해는 포사드닉호가 대마도에 정박하여 정박지를 요구한 사건(이하 ‘대마사건’이라 통칭함)을 서양 열강의 침략 즉, 반식민지 위기의 전형적 사건으로 자리매김하고, 강경하게 대응하지 않은 對馬 영주 및 막부 관리들을 비판하는 한편, 오로지 대마도의 인민만이 조국의 방어를 위해 용감히 싸웠다는 역사상을 만들어 내었다.

　둘째로는 대마주 내부에 양이파와 보수파가 있었다고 설정하고 보수파가 이봉운동을 추진하였다는 설명이다.[5] 이 견해는 나름대로 사료적 근거를 가지고는 있으나 그 사료의 대부분이 明治유신의 승리자인 長州의 사료이며, 제2차 사료임에 유의할 필요가 있다. 對馬州의 1차 사료를 통하여 이를 비판적으로 재검토하면 무척 재미있는 결과가 나온다. 移封운동은 藩主의 명령 하에 對馬州 전체가 총력을 기울여 이루어진 것이며, 일부 보수파의 정책이 아니었음을 일차 사료를 통해 밝힐 수 있다. 또 뒷날 소위 ‘양이파의 지사’로 활약하는 사람들이 실은 移封 운동에서도 활약하였음도 밝힐 수 있다. 이 실증을 통하여 훗날 長州의 桂小五郎(뒷날의 木戸孝允)의 보고를[6] 비롯, 반막

---

2) 井上淸, 전게 주1의 논문.

3) 芝原拓自,「明治維新とアジアの變革」,『中央公論』1962년4월호) 및『日本近代化の世界史的位置』, 岩波書店, 1981.

4) 예를 들어, 石井郁男,「對馬にロシア軍艦がきた」,『新版歷史敎育入門』, あゆみ出版, 1982, 143~156쪽 참고.

5) 대표적인 것으로는,『長崎縣史』가 있다.

6)『木戸孝允文書』卷1, 216~223쪽 참고.
　이 보고에서 木戸는 移封운동을 佐須党의 논리로 몰아 대마주 江戸家老인 佐

126

부 양이파측의 사료가 사실을 기록하였다기 보다는 그 시대에서 어떤 정치적 의도를 가진 것이라고 추정하고 그 정치적 의도가 무엇인지를 추적하는 단서로 삼을 수 있다. 그러면, 대마도에 양이정권이 성립하는 과정에 관한 연구를 진행할 수 있게 된다.[7]

그렇다면, 기존의 연구를 비판적으로 재검토하기 위해 對馬州의 이봉 운동은 어떠한 상황 속에서 어떤 논리와 방법으로 진행되었는가를 먼저 검토해 보도록 하자. 이를 이해하기 위해서는 1861년 당시의 국제정세와 막부의 개항정책, 그리고 개항을 반대하는 여러 영주(藩主, 다이묘)들의 존재를 염두에 두고, 對馬州의 정세 판단과 계산을 분석하는 배려가 무엇보다 필요하다. 그리고, 移封 조건을 둘러싼 막부 관료와 對馬州와의 대립을 통해 그 과정을 살펴볼 필요가 있다. 이를 통하여 막부의 논리와 藩의 논리의 차이점을 이해하고, 幕藩體制 붕괴기의 막부와 번의 이해대립을 살펴볼 수 있음은 물론, 러시아 함대의 정박사건에 대해 객관적인 판단을 내림으로 일본 반식민지화 위기 논쟁[8]을 재검토 할 수 있는 단서를 얻을 수 있을 것이다.

2. 移封論의 대두

1) 이봉 운동의 배경

이봉 운동의 배경이 되는 당시 對馬州의 경제상황과 일본의 정치 정세를 이하 개략적으로 언급해 두고자 한다.

우선, 對馬州의 자립할 수 없는 경제 구조에 대해서 개략적으로 살펴보자.

막부 말기 對馬州의 경제 상황은 많은 부채를 짊어지고 있어 파산 직전의 상태였다. 이는 막번체제 하에서 10만석의 영주로 칭하고 그에 어울리는 가신

須伊織과 막부의 老中 安藤信正이 합작한 奸計라고 하였다.

7) 졸고, 「對馬藩『攘夷政權』の成立について」, 『北大史學』 제32호, 1992년 8월.

8) 여기에 대해서는 「유신사연구와 외압논쟁」(민두기 교수 퇴임 기념 논총)에서 상세히 소개할 예정이다.

단을 유지하며 타 영주들과의 관계를 맺으면서도 실지로 토지 생산량은 5000石도 안되는 대마도의 근본적인 문제 때문에 발생하는 것이었다. 對馬州는 일본과 조선에 양속됨으로써 이 문제를 해결해 왔다. 對馬州의 존립 기반은 조선과 일본과의 외교를 담당하는 역(役)에서 파생하는 무역의 利潤이며, 대조선 무역 이윤은 對馬州의 知行으로 파악되었다. 對馬州는 조선과의 외교라는 役을 최대한으로 활용하여 10萬石의 영주(다이묘)로서의 지위를 막부로부터 획득하였고, 수입이 이 가상의 영지 10萬石에 미치지 못할 때에는 知行의 감소로 파악하여 幕府로부터 원조를 얻곤 하였다. 이는 대마 영주가 막부로부터 10만석의 家格을 인정받았기 때문이며, 막번체제에서 이러한 요구는 통하였다. 그리하여 사무역 금지가 이루어 진 후에는 매년 12000냥의 수당을 받게 되었으며, 그 후에도 조선과의 외교를 담당하는 중요한 임무를 앞세워 田代에 13400석, 肥筑에 15877석, 그리고 에도 藩邸 관리의 下野의 영지 4202석을 획득하는 데에 성공하고 있다(주 : 이렇게 對馬州가 소유한 대마도 이외의 영토를 飛地라고 한다). 즉, 對馬州는 조선과의 외교관계의 중요성을 이용하여 막부로부터 여러 가지 명목으로 원조를 얻고 있으며, 또 이렇게 원조를 얻어내는 데에 성공한 가신들을 큰 업적을 올린 공신으로 대접하곤 하였다.

그러나 일본의 개국 이후, 막부의 개국 정책에 의하여 하코다테, 가나가와, 나가사키의 세곳에 개항장이 설치되고, 외국 공사들이 부임하여 왔다. 서양 열강들과의 외교 관계의 수립에 따라서 조선과의 외교의 중요성은 상대화되었고, 막부에서는 外國奉行이 대두되어 이들이 외교사무를 관장하게 되자, 여태까지 일본의 외교사무를 독점해온 對馬 영주의 위상은 크게 저하할 수 밖에 없었다. 더욱이 스스로도 재정 위기에 허덕이는 막부로서는 '조선과의 외교 임무'를 내세운 대마주의 반복되는 원조 요구를 언제까지나 수용할 수는 없는 일이었다. 결국 안정된 知行으로서의 토지를 갖고 있지 않았던 對馬州(飛地를 포함한 토지 생산량은 명목고 10만석의 30%에 물과하였나)는 일본의 개국과 개항장의 발달이라는 상황에서 자기 존립의 근거를 상실해 가고 있었다. 이러한 상황에서도 10만석의 영주의 권위를 지탱하기 위한 가신단을 유지하다보니, 對馬州의 부채는 꾸준히 증가하기만 하였다. 조선과의 무역을 통한 독점적 이익도 개항장의 발달로 급격히 줄어들었다. 그리하여 對馬州는 막부로부터 받은 借金을 비롯하여 오오사카의 상인들에게도 큰 빚을 얻게 되었다. 이러한 상황을 타파하기 위해서 대마주(對馬州)에서는 뭔가의 조치가 필요하다는 인식을 갖게 되었으나, 특별한 해결 방법이 없는 상황에서 대마주의 곤궁은 심각하여갔다. 바로 이런 상황하에서 러시아 함대가 대마도에 정박해 정박지를 요청하는 '포사드닉호 사건'이 일어났던 것이다.

다음으로 일본의 정치 정세에 대해 살펴보도록 하자.

러시아 함대가 대마도에 정박한 1861년은, 일본에서 막부의 지위가 흔들리는 시기였다. 즉, 1858년 안정5조약을 체결하여 서양 5개국과 통상조약을 맺은 막부에 대하여 일본 조정은 동년 8월8일, 이를 힐문하는 조칙을 水戶藩 영주에게 내려, 조약에 반대한다는 입장을 명확히 하였다. 이를 기회로 막부의 개항 정책을 반대하는 攘夷의 물결이 활발히 일어났다. 이를 억누르기 위해 막부는 개항을 반대하는 사람들에 대한 대대적인 탄압에 나섰다(安政の大獄). 이러한 막부의 탄압에 대항하여 1860년 3월, 강력하게 개항정책을 단행하고 양이파를 탄압하여 온 막부의 大老9) 이이나오스케(井伊直弼)가 살해되는 사건이 일어난다(櫻田門外の変). 무위를 바탕으로 제 영주들을 다스려온 막부의 권력자가 백주대낮에 살해된 이 사건은 막부의 권위를 실추시켰고, 이 사건 이후 막부는 다른 영주들의 지지를 얻지 않고서 독단적으로 정책을 수행하기는 어렵게 되었다. 당시 막부의 관리들(幕閣)은 이미 시행된 개항 정책은 바꿀 수 없다고 인식하고 있었으므로, 조정이나 여러 영주들을 설득하여 개항 정책을 계속 추진하려고 노력하여, 여러 영주들의 불만을 들어주는 유화정책을 시행하지 않을 수 없었다. 이를 공무합체 운동이라고 한다. 이에 따라 막부의 독점적 개항정책에 반대하는 서남 웅번들의 발언권이 점차 강화되고 있었다. 서남 웅번들은 천보개혁 이해 개혁의 성공으로 막부

---

9) 大老란 막부의 老中가운데 비상시에 전권을 행사하는 임시 직책을 말한다. 大老가 임명된 것은 德川시대에 이번이 처음이었다.

를 능가하는 경제력을 가지게 되어 이를 배경으로 막부 정책을 비판하기에 이르렀다. 이러한 시기에 대마도에 러시아 함대가 정박한 것이다.

이상, 대마사건 이전의 對馬州의 경제 구조의 대략과 일본의 정치 정세에 대해 살펴보았다. 이러한 상황에서 대마주(對馬州)가 러시아 함대의 정박에 대하여 어떻게 대처해 나가는가를 검토하여 보자.

2) 러시아 함대 포사드닉호의 정박과 이봉론의 대두

1861(文久2)년 2월 3일 배가 파손되었기에 어쩔 수 없다는 구실로 대마도 尾崎浦[10]에 정박하였던 러시아 군함 포사드닉호의 함장 비릴레프는 3월 13일, 당시 問情使(주 : 외국인의 동태를 살피기 위해 파견된 관리)인 미츠야마 도시조(滿山俊藏)에게 자신에게 주어진 사명을 털어 놓았다. 이를 들은 滿山은 급히 府中(주 : 대마주의 중심도시, 지금의 이즈하라)로 올라가 번청에 다음과 같이 보고하였다. 그 내용은 다음과 같다.

> 一, 영국이 막부에 대하여 대마도를 租借하려고 요구하였으나, 그 뜻이 받아들여지지 않자 2년 후에 군함을 다수 파견하여 대마주를 공격하여 兵威로 약탈하려고 하므로, 러시아 황제는 이 뜻을 국서에 담아 (비릴레프로 하여금) 대마도 영주를 알현하고 바치도록 명하였으므로 부디 알현을 허락해 주도록 원한다고 합니다. …… 하략 …….[11]

이를 들은 대마 藩廳은 크게 놀라, 바로 家老 니이마고이치로(仁位孫一郎)를 府中으로 불러들여 지금까지 大目付급의 問情使에 대신하여 藩主의 대리로 그로 하여금 러시아 함대를 접대하도록 하였다. 또한 藩廳은 동월 17일에는 무사들을 모두 집합하도록 하여 다음과 같이 布告하였다.

---

10) 부록의 지도를 참고.

11) 『對州藩文書』 3월 13일 조.

일찍이 영국인들이 대마도를 租借하고자 하여 막부에 원하였다는 소문이 있었던 중, 이번에 러시아 함장으로부터 비밀리에 들은 바에 의하면 2년 후에 영국이 대마도를 공격할 예정이라고 한다. 아마도 대마도 租借요구가 막부에 의해 거절당하였기 때문에 무력을 동원하여 협박할 계획인 듯하다. 그리하여 러시아의 함장은 러시아 국왕의 국서를 가지고 와서 영주에게 올려 이 사실을 알리고자 한다고 한다. 러시아측의 진위는 아직 정확히는 알 수 없으나, 국서가 도착하게 되면 등한하게 취급할 수 없는 일이며, 매우 큰 사건이다. 잘 조사하고 살펴본 후에 대처 방안을 막부에 요구하도록 하겠다. 이 일은 대마주의 존망에 관한 한없이 중요한 큰일이므로, 의견이 분열되어서는 막부로부터 좋은 대답을 얻기 어려우니, 극히 비밀을 명심하라. <u>어쨌든 우리의 운명이 열리도록 기원할 따름이다.</u> 이 뜻을 모든 가신들에게 알리고자 각각 (지침서를) 나누어 준다. 이상 3월 17일 年寄中(주 : 家老들로 구성된 번의 최고 의결기관).[12]

요컨대, 이번의 사건을 계기로 대마주의 '운명이 열리도록(開運)' 지시하고 있는 것이다. 이 밑줄 부분의 대마 藩廳의 자세에는 주목할 필요가 있다. 사료에는 나타나지 않지만 벌써 이 단계에서 비밀리에 대마도를 移封할 계획이 이루어진 것일까.

아무튼, 러시아 함대를 응접하러 떠난 家老 仁位는 20일, 21일, 23일 연이어 러시아 함장 비릴레프와 회담하고, 24일 다음과 같이 회담의 내용을 藩廳에 보고하였다.

…… 전략 ……, 국서는 리카쵸프(주 : 러시아 영사, 당시 하코다테에 재류하고 있었다)가 가지고 있다고 하는 등, 믿을만 하지 못하고, 그의 속뜻은 영주를 알현하여 영주와 담판을 하기 위한 방편에 불과합니다. 비릴레프는 대마도의 토지를 租借하고자 하며, 이러한 러시아의 뜻을 막부에 올릴 터이니, 저(仁位)에게도 에도(江戶 : 지금의 동경)로 나아가 러시아의 교섭에 협력해 달라고 요청하는 등, 淺茅灣(대마도의 윗섬과 아랫섬 사이의

---

12) 『對州藩文書』 3월 17일 조.

만)을 개항시키려는 의도는 강하고, 러시아의 國命을 받아 어떻게든 완수
하려는 깊은 뜻이 엿보입니다. 러시아 함대가 물러갈 의도는 전혀 없어
보입니다.[13)

이 보고를 받은 대마 藩廳은, 영국과 러시아의 대마도 개항에 대한 요구를
심각히 받아들였다. 이들의 요구와 막부의 개항 정책이 맞물려 淺茅灣 근처
16개 촌이 막부에 의해 수용되고 이 지역이 개항될 우려가 있다고 판단하였
다. 개항이 된다면 바로 막부가 토지를 수용하는 것은 하코다테의 경우를 봐
서도 당연한 흐름이었다.[14) 그러나, 淺茅灣 근처 16개 촌만이 막부에 의해
수용되어 개항장이 되는 것은 대마주로서는 도저히 용인할 성질이 아니었
다. 왜냐하면 그와 같은 개항이 이루어지는 것은 대마주의 軍役의 증가를 의
미하며, 대마주의 비밀이 새어나가기 쉽고, 조선과의 무역에도 악영향을 미
칠 터였다. 따라서 평시에도 병량이 부족한 상태인 대마주로서는 개항이 될
바에는 대마도 천체를 막부가 수용해야 하며, 그렇지 못할 경우에는 모두 장
렬하게 싸워 죽을 각오임을 막부에 보여야 한다고 결정하게 된다. 이를 살펴
보자.

3) 移封論의 내용

仁位의 보고를 받은 다음날인 25일, 藩廳은 그를 江戶에 파견할 것을 결정
하고, 출발에 임박한 28일, 다음과 같은 지시서를 仁位에게 주었다. 이 지시
서는 移封에 관한 대마주의 생각이 잘 나타나 있고, 논점이 되므로 긴 문서

---

13) 『對州藩文書』 3월 24일 조.

14) 막부는 개항장은 직할지로 한정했다. 이는 외교를 독점하려는 전통적인 정책
이었고, 띠리서 하코다테를 개항하였을 때에 막부는 하코다테를 직할령으로
삼고 그 대가를 松前藩에 지불했던 전례가 있다. 한편 箱館 개항을 막부의 외
교 관계나 제 영주들과의 관계 속에서 검토한 논문으로는 羽賀祥二의 「和親
條約期の幕府外交について」(『歷史學硏究』482호, 1980년 7월)가 주목할 만하
다.

이기는 하지만 전문을 실어 분석하도록 하자.

—3월 28일, 位孫一郞—

위 사람은 에도(江戶)로 파견 명령을 받아 오늘 승선하므로 다음과 같은
뜻의 지침서를 준다. 그 과정의 상세는 일기에 기록한다.

一, 일찍이 영국인이 대마도를 租借하고자 하는 뜻을 막부에 알리어 이
미 막부 老中들 사이에서는 그들의 뜻에 따르고자 하는 마음도 있다
는 소문이 있었는 데, 이번에 러시아 함장으로부터 비밀리에 들은 바
에 의하면, 영국군이 군함을 다수 보내어 우리나라(주 : 대마주)를 뺏
을 계획이라고 한다. 그렇다면, 그들의 뜻이 막부에 의하여 거절당하
였기 때문에 병력으로 뺏으려고 하는 것이라고 생각된다. 그러나 마
침내 그들이(군함을 거느리고) 오게 되면, 아마도(개항정책을 추구하
고 있는 막부로서는) 그들의 바램대로 淺茅灣을 빌려 주겠다는 대답
을 하게 될 것이다. 그렇다면, 淺茅灣의 16개 마을을 막부가 수용하
고 九州등지에서 보상으로 땅을 우리에게 주게 될 것이다. 이리되면
대마도에는 외국인이 들어와 여러 가지 사건이 발생하게 되고, 우리
로서는 결코 감당할 수 없다. 그러므로 대마도 淺茅灣이 개항되는 경
우에는 대마도 전체를 막부가 직할로 수용하도록 하고, 보상으로는
九州에 막부 영지가 20만석이나 있으니까 그중 10만석의 땅에 옮겨
달라고 할 수밖에 없다. 위 보상의 크기는 과다하게 보일지 몰라도,
최근(하코다테를 개항하기 위해) <u>마츠마에(松前) 영주가 북해도의 9</u>
<u>천석의 땅을 막부에 수용당하는 대신에 奧羽의 땅 3만석 외에 18000</u>
<u>량을 더 받은 것을 보면, 우리들에게 십만석을 준다고 해서 결코 과</u>
<u>다하다고는 할 수 없다.</u> 그렇다면, 豊前小倉中津 중에서 받을 것인가.
아니면 다른 영주들이 이동하지 않도록 豊後日田을 받을 것인가. 어
쨌든 위처럼 10만석의 영지를 받게 되면, 田代・怡土・松浦의 땅 약
3만석, 金藏을 명목으로 막부로 부터 받는 금액 4만석 정도, 또 조선
과의 관계도(대마도주가 대마도를 떠난다고 해도) 다른 영주들이 담
당할 수는 없으므로 여기서 나오는 액수로 삼만석, 그외 野州의 영토
등 전부 합하면 20만석 내외의 신분이 되니, 오히려 행복이라고 말해

야 할 것이 아닌가. 그렇게 된다면, 대마도는 나가사키, 하코다테, 가나가와 등의 예처럼 九州 여러 영주들이 공동으로 경비하게 하도록 막부에 상신하자. 그러면 우리도(10만석 이상의 영주로서) 그 경비에 가담하게 될 터이고 또 선조들의 무덤도 있으므로, 대마 8鄕 중 1鄕은 우리에게 남게 될 것이다. 그리고 府內(대마도의 중심도시, 府中, 지금의 嚴原 : 이즈하라)는 여러 대에 걸쳐서 경영해 온 곳이므로 우리의 소유가 되도록 노력할 방법이 있을 것이다. 또 조선과의 통신의 임무를(계속하여) 갖게 되면, 양 關所도 우리에게 내려올 지도 모른다. 이야말로 수백년 동안의 소망이 이루어질 기회라고 말할 수 있지 않은가.

만일 그렇게 되지 못하고, 개항 요구가 거절당하였을 때에는 열강의 침략이 개시되고, 그때에는 대마도의 모든 무사들이 목숨을 걸고 싸우겠지만 大海 중의 孤島이고, 병량도 모자라는 상태라 오래 지탱하지 못할 것이어서 그들에게 빼앗길 것은 물론이다. 우리 가문은 깨끗이 전사할 것이지만 촌지라도 빼앗겨서는 황국의 치욕이므로 결코 (대마도의 경비를) 우리 가문에만 맡겨서는 안된다. 부디 이러한 뜻을 잘 상신하여 어떻게든 대마도의 토지를 막부가 수용하도록 하고, 九州내의 땅으로 移封해 주도록 하며, 대마도는(九州 영주들의) 공동 경비장으로 하도록 상신하는 외에는 방법이 없다. 여기에 이르러서는 상신을 하는 책임자들의 역할이 매우 중요한 것이니, 對馬州 일치의 정신으로 막부를 관통시켜, 우리가 이리 저리 바랍니다 하고 말하지 않아도 자연스럽게 계획대로 이루어지도록 조치하여 그 지반을 단단히 굳히도록 하기 바란다.[15]

위 사료를 곰곰히 읽어 보면 1861년 대마도가 행하였던 移封 운동이 갖는 내용, 즉 대마도의 현실 인식, 개항에 대한 대응, 계산 등이 이해된다. 이를 간단히 정리해 보자.

첫째, 막부가 서양과 대결을 피하고 개항정책을 추구하는 현실에서 대마도의 개항은 피할 수 없으리라는 판단을 대마 영주와 지배층이 하게 됨에

---

15)『對州藩文書』3월 28일 조.

134

따라 대마도의 이봉 운동이 검토되었다. 둘째, 대마도의 일부만이 막부에 수용되고 개항되면 경비는 종씨가 고스란히 떠맡게 되며, 수용의 대가도 미미하기 때문에 일부 수용은 결코 받아들여서는 안 된다. 셋째 따라서 대마도 개항의 경우에는 대마도 전부를 막부가 수용하도록 요구하며, 그 대가로 九州의 10만석의 땅을 요구한다(이는 대마도 종씨가 10만석의 영주로 통용되어 온 것과 관련이 있으며, 하코다테 개항시 松前藩에게 지불한 내용을 검토한 것이다). 넷째, 대마도의 방비책으로 九州 영주들이 공동 경비를 한다(이는 당시 개항장이었던 하코다테나 가나가와, 나가사키등에서 시행되고 있었던 일반적인 방법이었다). 다섯째 그들의 계산대로 이루어진다면 대마도의 개항과 이봉은 종씨에게는 오랫동안 소망해 온 안정된 지행(토지)을 확보하는 '행운'이라는 점 등이 부각될 수 있다.

　한편, 이 지시서와 함께 대마 영주 宗義和는 막부에 다음과 같은 原書를 제출하고 있다. 이 원서의 내용을 보게 되면 막부로 하여금 어쩔 수 없이 대마도를 전부 수용하도록 하려는 종씨의 능란한 외교 솜씨가 나타난다. 이를 살펴보자.

저의 영토인 대마도 淺茅灣에 정박해 있는 러시아 함대는 파손 수리를 명목으로 수개월 동안 체류하고 있습니다. 그러나 그들의 속뜻은(대마도를) 개항시키고자 하는 데에 있음이 틀림이 없습니다. 그리하여 무엇보다 그들이 오랫동안 정박하고 있기에 병비를 위한 인원이 많이 필요하고 이에 따른 곤궁함이 심합니다. 농민들이 농사를 버리고 밤낮으로 분주히 돌아다녀야 하니, 원래 불모와 같은 지역인데 생활에 지장이 많아 계속 구조를 하고 있지만 뜻대로 되지 않고 있습니다. 이 이상으로 오래 러시아인들이 체류를 하게 되면 백성들을 통치하기도 어려워 질듯하여 유감 천만입니다. 게다가 가문 내에서는 異人들이 이처럼 제멋대로 정박하는 것을 깊이 분하게 여기어 나라에 대하여는 부끄러운 일이요, 이웃 영주에 대해서는 치욕이라고 믿어버려서 즉시 토벌하자고 주장하고 있으니, 내부가 소란스럽습니다. 여기에 만일 러시아인들이 법을 어겨서 참기 어려운 상황이 벌어지게 되면, 전쟁 외에는 길이 없습니다. 심히 근심스러운 일입니다. 그러나 통상을 허락 받은(특별한 지위에 있는) 對馬州로서 또 이전부터(막부로부터 받아 온) 지시도 있기 때문에 우리가 먼저 전쟁을 벌일 수는 없습니다. 그러나 그들 때문에 우리가 기아에 빠지고 백성들의 분노가 하늘을 찌르니, 어떠한 변고가 갑자기 발생할 지, 나라의 큰 일이 되지 않을까 심히 두려워 침식을 잊고 통곡하는 바입니다. 그리하여 家老를 올려 보내어 자세한 사정을 아뢰도록 하였사오니 국위를 더럽히지 않고 대마주가 행할 길을 지도하여 주시기 바랍니다.[16]

이 원서에는 땅을 바꾸어 달라는 말은 전혀 없다. 말은 부드럽지만 이 내용은 '러시아 군함이 물러가지 않는 것은 막부의 개항 정책과 러시아의 대마도 개항 의욕이 맞물려 있는 것이기 때문이다. 그 때문에 자기들만 애꿎은 피해를 보고 있으며, 이를 분하게 여기는 종씨 가문 내에서는 전쟁을 주장하는 사람들도 많기 때문에 어떠한 일이 발생할 지 책임질 수 없다. 빨리 해결 방법을 내달라.'는 자세임을 알 수 있다. 이 원서에서 가문내의 분노를 강조하고 있는 배경에는 러시아와의 전쟁이 일어나는 것을 막부가 가장 경계하고 있다고 판단하였기 때문임은 말할 나위도 없다. 이러한 위기를 이용하여 移封을 촉진시키려고 하려는 의도를 알 수 있다.

그런데, 이 가상의 위기는 4월 12일에 들어서서 현실화된다. 바로 大船越[17]에서의 발포사건, 바로 민중 투쟁으로 유명한 소위 '安五郞 순국 사건'이 그 것이다. 이 사건의 전말이 어떻든, 러시아인이 발포하여 인명사고가 일어나게 되었다는 것은 종씨로서는 좋은 구실이 된다. 즉, 영주권이 침해를 받았기 때문에 종씨는 막부의 명령 없이도 戰端을 열 명분을 가지게 되었다는 것이며, 막부의 지시에 따라 이를 억제하고 있는 만큼 막부도 응분의 보상을 해야 한다는 논리로 강하게 밀어붙이는 모습을 보게 된다. 이를 장을 바꾸어 살펴보자.

---

16) 『對州藩文書』3월 28일 조.
17) 부록의 지도 참고.

3. 大船越 사건과 이봉 운동의 전개

1) 大船越 사건

1861년 4월 12일, 영국 군함 레벤호가 대마의 중심도시인 府內[18]에 投錨하였다. 對馬州에서는 러시아 함장 비릴레프가 준 정보도 있고 해서 매우 민감하게 반응하였다. 家老 히라타다메노죠(平田爲之允), 스기무라다이조(杉村大藏), 니이마고이치로우(仁位孫一郎)를 비롯 최고위직의 사람들 모두가 모여서 問情使로 발탁된 大目付 中原狩野介 일행의 문정 결과를 기다렸다. 다른 무사들도 모두 무장을 하고 비상 대기상태[19]여서 마치 레벤호가 침략의 선봉인 듯한 혼잡이었다. 그러나 문제는 淺茅灣에 정박하고 있었던 러시아 함대에서 발생하였다. 바로 그 유명한 大船越 사건이다.

여기서 大船越 사건이 무엇이었는지 검토해 보자. 이 사건은 통설을 보면, 일면에서는 러시아의 명확한 침략 의도를 드러낸 사건, 그리고 또 한면에서는 외국의 침략에 대한 지배층의 비겁함과 대마 민중의 민족적 저항, 이 두 가지를 나타내는 것으로 이해되고 있다. 과연 그렇게 볼 수 있을까. 이 사건에 대해 당시 問情使 하라다모사에몬(平田茂左衛門) 일행의 보고를 보면,

러시아인 18인이 단선으로 大船越에 이르러(밧줄로 된) 간막이가 있는 곳을 통과하고자 하여 이 간막이를 제거하려고 하였습니다. 그리하여, 그곳 경비원과 마을 백성들은 이를 막고자 하여, 서로 돌과 땔감 등을 던지게 되었습니다. 종국에는 서로 총을 쏘게 되었고, 백성 安五郎이 가슴에 총을 맞아 죽었습니다. …… 중략……. 우리도 총을 쏘면서 달려들자 그들이 배를 돌려 도망하였습니다. 또 앞서 돌과 땔감을 던지며 싸웠기에 그들(러시아 수병) 가운데에도 부상당한 사람이 있다고 합니다. …… 하략 ……[20]

---

18) 부록의 지도 참고.

19)『對州藩文書』4월 12일 조,『在國每日記』동일 조.

20)『對州藩文書』4월 12일 조,『在國每日記』동월 동일 조.

또 뒷날 러시아 함장 비릴레프가 나가사키 奉行이나 막부의 외국봉행에게 해명한 바는

> 對馬人들이 먼저 돌을 던지고 총을 쏘고 활을 쏘았기에 할 수 없이 겁을 주기 위해서 우리측도 하늘을 향해 총을 발사하였다.[21]

라고 사료에 기술되어 있다. 이 두 가지 주장을 종합해 보면 다음과 같이 이해될 것이다.

즉, 러시아의 18인승 단선이 對馬 영주의 허락 없이 大船越을 지나고자 하였다. 이를 경비하던 경비원들이 통과하지 못하도록 제지하였으나 말이 통하지 않으므로 돌과 땔감을 던졌다. 그러나 러시아 수병들이 물러서지 않고 노를 가지고 저항하여 다툼이 발생하였다. 지리적으로 불리한 러시아 측에 부상자가 발생하여 러시아 측은 총을 쏘면서 도망하였고 이때 일본인 한명이 사망하였다. 일본측도 총을 쏘면서 쫓아갔으나 맞지 않았다.

이 정도의 사건으로 이해된다. 일본측의 주장에는 서로 돌과 땔감을 던졌다고 하나, 단선(보우트)에 돌과 땔감이 있었다고는 생각할 수 없다. 또 러시아 측의 주장에는 일본인이 먼저 돌과 총과 화살을 쏘았다고 하지만, 일본측 사료에 화살을 쏘았다는 기록이 없고, 당시 상황에서 일본인이 먼저 총을 쏠 이유도 없었다고 본다. 그들은 자신들이 지키고 있는 지역을 러시아인들이 못 지나가게만 하면 되었기 때문에, 그들을 쏘아서 문제를 일으킬 이유가 없었다고 판단된다. 따라서 먼저 총을 쏜 것은 불리하였던 러시아 측일 것이다.

어쨌든 이 사건은 계획적 침략 행위라고는 생각할 수 없고 돌발사고라고 보인다. 이는 훗날 막부 외국봉행 小栗忠順이 도착하여 대마 家老에게 질의하기를,

> 여기 오기 전에 나가사키 奉行과 만나 이야기 듣기를, 먼저 대마측에서

---

21) 「小栗忠順・ビリレフ對話書」, 『維新史料稿本』 5월 10일 조 및 『續通信全覽』 29, 船艦門, 45쪽.

총을 쏘았다고 하는데 이 사정을 철저히 조사하였습니까.22)

하니 대마측은,

러시아인들이 大船越 경계에서 간막이가 있는 것을 무리하게 지나가려고
하였기에 우리는 간막이를 지키고자 이를 막았습니다. 그러자 러시아인
들이 노를 가지고 휘두르며 덤벼들기에 우리도 어쩔 수 없이 땔나무를 가
지고 맞서…… 중략 …….23)

라고 대답한 것에서도 확인된다. 사소한 트러블 끝에 발생한 돌발사고라
보는 것이 타당할 것이다. 만약에 기존 연구에서처럼 러시아 측에게 계획적
침략의 의도가 있었다고 한다면, 당연히 자기들의 피해를 과장하여 보복하
겠다고 협박하면서 뭔가의 양보를 요구하는 것이 자연스러운 흐름일 것이
다. 그러나, 그들은 그 사건을 전혀 중대시하지 않았고 일본인 사망자가 생긴
것에 대해서는 철저히 부정하고 믿지 않았다. 자신들의 부상자가 발생한 것
에 대해서도 대단치 않은 부상이라고 사건을 축소하려고 노력한 흔적이 인
정된다. 사건을 과장해 선전한 것은 대마 측이었던 것은 주목할 필요가 있다.
  지금까지의 연구는 대마 측이 보낸 상신서에서 "이를 핑계로 사건을 시작
하여 종국은 대마를 침략하고 이를 발판으로 일본 전체를 공격할 계획" 운운
한 주장을 객관적 사실로 받아들였던 것이리라. 당시 막부가 이 사건을 전혀
문제시 삼지 않았던 것이나, 2~3 마을을 수용하고 개항장을 허용하려고 하
였던 것(여기에 대해서는 후술한다)을 아울러 생각할 필요가 있다. 비릴레프
에게 주어진 명령과 권한이 무엇이었는지 규명되기까지는 결론을 유보하지
않으면 안되겠지만, 당시의 동북아 정세에서 일본과 조약을 맺고, 하코다테,
가나가와, 나가사키의 항구를 자유롭게 이용하고 있었던 러시아가, 대마 개
항을 위해 일본과의 전쟁을 도발하여 다른 열강으로부터 비난을 받고 또 일

---

22) 「對馬藩答申」, 『續通信全覽』 전게서, 8항.
23) 「對馬藩答申」 전게사료.

본을 경쟁국인 영국 측에 넘겨주는 결과를 초래할 행동을 감행할 아무 이유가 없었다고 생각하여 틀리지 않을 것이다. 이 사건은 많은 풍문을 남겨두었으나, 막부에 의한 책임 추궁 없이 끝났던 것이다.

이 사건에 대하여 일본의 역사학자 井上淸과 芝原拓自는 일본 반식민지화의 위기의 전형적인 사건으로 보고 이를 격퇴한 것을 인민의 투쟁으로 이해하고 있음은 앞에서 언급하였다. 그리고 이 때 전사한 安五郎을 인민의 대표적 인물로 높이 추앙하고 있다.24) 과연 그러한 이해가 적절한 것일까. 여기에 대해 검토해 보자.

사건 조사에 나선 막부 외국봉행 小栗忠順은 대마주 측에 대하여,

러시아인의 총에 맞아 죽었다고 하는 사람이 백성 安五郎이라고 하는데 나가사키 봉행에게는 鄕士(무사)라고 한 이유는 무엇인가.25)

라고 질문한 것에 대해서 대마측은,

원래 安五郎이라는 자는 백성입니다만, 大船越 경비소의 경비원이 백성들이 돌아가면서 경비를 서기 때문에 그자는 당시 경비를 담당하는 무사라고 보고하였습니다.26)

라고 답하고 있다. 즉, 백성 安五郎은 경비원이었던 것이다. 일반 민중이 조직적으로 항거한 것이 아님을 확인할 수 있다. 따라서 그를 인민의 대표적 인물로 묘사하는 것은 객관적 사실과는 거리가 있음을 알 수 있다.

그렇다면, 대마의 인민이 러시아 함대에 보여준 태도는 어떠하였는가. 사료를 보면 일부의 인민이 장사 속으로 혹은 호기심에서 러시아 함대에 접근하려고 하였음을 확인할 수 있다. 그들은 藩廳의 눈을 피하여 야채, 소, 닭,

---

24) 井上淸, 전게논문, 1~3쪽
25) 「對馬藩答申」 전게사료, 9쪽.
26) 「對馬藩答申」 전게사료.

계란 등을 러시아 함대에 팔기도 하고, 구경하기도 하였으며, 심지어 일부 여자들은 몸을 제공하려 하기도 한 듯하다. 이는 대마 藩廳이 거듭 일반 인민들의 러시아 함대에의 접근을 금지하는 명령을 내리고 있는 명령서의 내용에서 확인되며, 실제로 처벌하고 있는 사실에서 확인할 수 있다. 즉, 예를 들어 4월 5일자 명령문에는,

> 一, 소(牛)에 대한 문제인데…… 중략……, 만일 몰래 팔아 넘기는 일이 있다면, 절대로 그냥 둘 수 없으므로 즉시 엄히 처벌할 것이다.
> 一, 異人들이 마을 가까이를 배회하는데, 있어서는 안 되는 일이지만 만일 부인들이 그들과 친근하게 지내는 일이 있을 경우에는 나라의 치욕이므로, 異人들이 배회하는 장소에는 가지 않도록 명심하고, 만일 어기는 사람이 있을 경우에는 용서없이 엄히 처벌할 것이다.[27]

라고 되어 있다. 조직되지 않은 일반 민중의 자연스러운 모습과 이를 엄금하려고 하는 정치권력의 모습이 잘 나타나고 있다고 할 수 있다.

이상, 大船越 사건에 대해 검토해 보고, 기존의 통설 즉, 이 사건이 러시아의 명확한 침략의도를 드러낸 사건이라거나, 외세의 침략에 대한 지배층의 비겁함과 일반 민중의 민족적 저항이라는 설명에 대해서 반론을 제시하여 보았다. 그러면, 다음에는 논지로 돌아와서 이 사건을 계기로 대마주 측이 어떠한 대응을 하고 있는 지를 검토해 보자.

2) 移封 운동의 전개

大船越 사건에 대한 보고는 酉時(저녁 6시 전후쯤) 藩廳에 도달하였다. 그 때까지 레벤호에만 신경을 쓰고 있었던 藩廳은, 이제는 러시아에 대한 대책을 수립하지 않으면 안되었다. 그날 밤은 퇴청하지 않고 무사들이 모두 모여서 대책을 논의하였다.[28]

---

27)『在國每日記』4월 5일 조.
28)『在國每日記』4월 12일 조.

다음날, 대마 영주인 종씨는 直達(영주의 직접 명령서)을 내려 전쟁의 각오를 촉구하였다. 즉,

> 직달
> 이번 정박하고 있었던 오랑캐들이 종종 우리를 경멸하는 행동을 취하였기에, 매우 심하게 분노를 느끼고 있었으나, 우리가 먼저 전쟁을 도발하면 사태가 너무 심각하게 될 것이므로 지금까지 참아왔다. 그러나, 大船越에서 경비병이 살해된 이 사건은 그들이 먼저 도발한 것이기 때문에 토벌하지 않을 수 없다. 즉, 전투를 결심하였다. 그러나 일단은 막부에 알리지 않으면 국가 전체에 깊이 관련된 사항이기에 급보로 그 사실을 아뢰고자 한다. 그렇다면 종씨의 존망이 여기에 달려 있으므로, 비록 병량이 부족하지만 州中 일치의 정신으로 신명을 바쳐라. 家名을 더럽히지 않도록 충성을 다하라.29)

그러면서도 한편으로, 藩廳은 오오우라사쿠헤(大浦作兵衛), 가와모토구사에몬(川本九左衛門)을 에도(江戶)로 파견하여 移封을 하루속히 이루도록 에도 거주의 家老들에게 전하도록 명령하고 있다. 이 내용을 살펴보자.

> …… 전략 ……. 오랑캐들의 하는 행위를 보아서는 오늘 내일이라도 異變이 일어날 지도 모른다. 그러나 지금은 막부가 외국인 접대에 대해서 상당히 신경을 쓰고 있는 중인데, 우리가 먼저 戰端을 열게 된다는 것은 국가의 불행임은 말할 나위가 없다. 그러나 어쩔 수 없는 상황이다. 그런데, 만일 위와 같이 우리가 그들을 토벌하게 되면 그들은 더 많은 군함을 파견하여 올 것임은 필연이고, 실은 이것이 그들이 노리는 바로 이로 말미암아 일을 시작하여 대마를 빼앗아, 나라를 공격할 근거지를 만들려는 깊은 음모이다. 그렇다면, 대마도 경비는 우리만이 담당할 수 없고, 대마가 전쟁터가 된다면 원래 불모와 같은 토지에서 백성들이 생활을 영위할 수도 없으므로, 대마는 막부가 수용하도록 하고, 가까운 九州 영주들의 공동경비로 삼도록 해야 한다. 우리 宗氏는 九州의 땅 중에서 상응하는 대

---

29) 『在國每日記』 4월 13일 조.

지를 보상받을 수밖에 없다. …… 중략……. 또, 위처럼 九州의 땅으로
移封되는 경우, 조선과의 役은 어떻게 될 것인지. 비록 우리가 대마를 떠
난다고 해도, 이 업무는 다른 가문이 맡을 수 없는 것이니, 그 면에 있어
서도 막부에 대해 우리에게 유리하게 잘 말해 주기를 염원하는 바, 이 뜻
을 에도(江戶)에 있는 우리와 같은 계급(家老) 將監에게 잘 말하여 두라.
4월 13일 年寄中.[30]

대마도가 일본을 공격하는 근거지가 될 수 있는지 당시의 상황에서는 의
심의 여지가 있지만, 아뭏튼 이러한 인식과 논리로 移封을 주장하는 것은 그
로 부터 2년후 원조요구 운동의 때의 논리와도 일치하기 때문에 흥미깊다.[31]
동시에 종씨는 이 지시서와는 전혀 내용이 다른 상신서를 막부에 올리고 있
다. 이를 소개 검토해 보자.

…… 전략……. 지금까지는 막부의 통신(주 : 외교)을 담당하는 영주로써,
치욕을 참으면서 전쟁이 일어나지 않도록 자제해 왔습니다. 그러나 이제 그
들이 먼저 도발해 왔으니, …… 중략…… 승산은 비록 없으나, 눈앞에 있는
오랑캐를 그대로 둘 수는 없게 되었습니다. 뒷날을 살피지 않고 토벌에 나
서겠사오니, 나라의 오점이 되지 않도록 威光이 있는 지휘를 바랍니다.[32]

이는 전쟁을 기정사실로 하겠다는 것이며, 뒷 책임은 막부에 있다는 인식
이다. 대마측은 같은 내용의 서한을 나가사키 奉行所에, 그리고 以酊庵에도
알려 전쟁의 위기를 고조시켰다.

위의 대마 영주의 직달과 지시서, 그리고 상신서를 함께 살펴보면, 전쟁의
위기와 移封 운동이 결부되어 있음을 알 수 있다. 즉, 겉으로는 막부에게 전
쟁의 허가와 지휘를 바란다고 압박을 가하여, 속으로는 이를 막부가 두려워

---

30) 『對州藩文書』 4월 13일 조.

31) 여기에 대해서는 졸고 「일본 막부 말기의 대마도와 소위 ‘정한론’에 대하여」
　　 전게논문, 19~23쪽.

32) 「對州藩上申書」, 『續通信全覽』 전게사료, 24쪽.

할 것이라 판단하고 막부가 어쩔 수 없이 대마측의 요구를 들어주어 대마도 전토를 수용하게 하는 移封이 성공하도록 운동하려는 의도가 읽혀진다.

결국 대마측은 전쟁의 위기를 전면에 내세워 막부의 입장을 이해한다는 미끼를 내세워 移封을 유리하게 전개하고자 하였던 것에 다름 아니었다. 大船越사건 이전보다 훨씬 강경한 태도로 막부에 요구하고 있음을 알 수 있다. 전쟁의 위기를 이용하여 무사들에게는 충성과 전사의 각오를 촉구하고, 다른 영주들에게도 이 사실을 알려 막부로 하여금 대마를 개항(移封을 단행)할 것인가, 전쟁을 허락할 것인가 양자 택일하라고 압력을 가하였던 것이다. 이는 당시 개항정책을 추진하고 있었던 막부에 대하여 攘夷의 전쟁인가 개항인가를 선택하도록 강요하는 의미가 있었던 것이며, 적절한 보상(移封 운동의 수용)이 있다면 막부의 개항 정책을 지지할 수도 있으나, 그렇지 않다면 반막부 양이운동에 뛰어들겠다는 협박이었던 것이다. 명예도 실리도 있는 移封을 관철하고자 하였던 종씨의 의도가 잘 나타나 있다.

위 지시서에서 또 하나 주목할 점은, 에도에서 移封 운동을 주도할 책임자로 古川將監을 지목하고 있는 것이다. 왜냐하면, 이봉운동을 보수파의 논리로 파악하는 지금까지의 통설이 佐須伊織을 移封운동의 주동자로 지목하고 있고, 또 그를 당시 對馬州 에도 家老 全權으로 파악하고 있기 때문이다. 그리하여 1862년 佐須가 암살당함을 계기로 이봉운동을 주도한 보수파의 몰락과 양이파의 득세로 삼고 있으나, 이는 잘못된 파악임이 틀림없다. 왜냐하면 당시 江戶와 대마와의 왕복 서한 중 同列中(家老들) 사이의 왕복 서한을 보면, 그 순서가 古川將監, 佐須伊織, 古川治右衛門의 순으로 이름이 기록되어 있고, 예외는 한 번도 없으므로, "동열중"이라는 표현은 사용하였지만 家老들 사이에는 명확한 서열이 있다고 보는 것이 옳다. 그렇다면, 당시에도 가로 수석은 古川將監이었다. 위 지시서에서 古川將監에게 연락을 하도록 명령한 것은 그가 최고 책임자였기 때문이다. 古川將監은 大阪 家老였으나, 포사드닉호 사건이 발생하자 에도로 올라가 수석 가로로 활약하였던 것이다. 佐須가 수석 가로가 아니었다는 것은 중요한 논점이 된다. 이 부분은 별고에서 상술하도록 하고, 논지로 돌아가자.

4. 江戶와 對馬에서의 이봉 운동의 전개와 그 결말

명분도 실리도 있는 移封을 도모하였던 대마측의 의도는 당시에도 藩邸의 활동과 막부 관리가 대마에 도착하였을 때 행하였던 공작을 아울러 살펴보면 더욱 뚜렷해진다. 먼저 에도 藩邸의 활동을 살펴보도록 하자.

1) 江戶에서의 대막부 활동

앞에서 살펴본 지시서와 상신서는 5월 8일에 에도에 도착하였고, 5월 11일 留守居33) 山崎東介는 전쟁의 허가를 구하는 위의 상신서를 막부에 제출함과 동시에 에도에 있는 여러 영주들의 藩邸에도 상황을 설명하여 마치 당장이라도 전쟁이 일어날 것 같은 분위기를 조성하였다.34)

이러한 대마측의 활동에 대하여 막부도 처음에는 상당히 곤혹스러워 하였던 모습이 『鈴木大日記』에 나온다. 즉,

> 一, 長州·薩州등은, 對馬州와 연결되어 막부에 불만을 토로하고 있으며, 이 때문인지 막부의 말을 듣지 않고, 계속 자신들의 주장을 내세우고 있음
> 一, 대마측은 친족 동석(주 : 10만석 급의 영주를 말함) 등 모두 18개 영주들에게 이 사실을 통보하여 알렸다고 함.35)

이는 앞서 언급한 것처럼 전쟁의 분위기를 조성하고 자연스럽게 양이파로

---

33) 留守居는 大目付급으로 가로 밑의 실무 책임자였다고 판단된다. 藩主가 에도에 없을 때 실무를 담당하는 직책이다. 부록의 도표를 참고바란다.

34) 『對馬府中藩江戶每日記』(이하 『江戶每日記』로 약칭함) 5월 11일조, 「留守居日記」동일조(『維新史料稿本』5월 15일조).

35) 『鈴木大日記』(內閣文庫所藏史籍叢刊, 제11권, 1981년) 5월 18일조, 348~349쪽

하여금 막부를 압박하게 하여, 막부가 대마 측에 대마도의 개항을 요청하도
록 유도하는 대마주의 전략대로 일이 진행되고 있는 것이다. 그런데 막부의
판단과 결정은 대마 측이 생각한 것보다 훨씬 느리게 움직였다. 막부는 大船
越 사건이 발생하자 급히 막부의 外國奉行[36] 오구리타다요시(小栗忠順)을
대마도에 내려보내어 이 문제를 해결하도록 하였다. 小栗는 당시 매우 유능
하고 신망이 있는 막부 관리였고, 실력자였다. 그래서 막부는 대마 측의 운동
에 대하여 小栗가 대마에 내려가 있으니까 그의 보고를 듣고 나서 대책회의
를 소집한다는 방침이었다. 따라서 초조해진 쪽은 대마 측이었다. 여기에서
대마측 留守居 山崎東介는 숨겨둔 카드를 꺼내놓고 노골적으로 移封을 요청
하였던 것 같다. 여기에 대하여 5월 28일자 『鈴木大日記』에는,

> 一, 토지만이라도 준다면 어찌되어도 좋다고 말하고 있으며, 이미 江戶
> 留守居 등은 오로지 그러한 논리에 의하고 있다.[37)

라고 기록하고 있다. 이를 보게 되면, 대마 측의 본 뜻이 大船越 사건에
대한 보복이나, 전쟁에 있는 것이 아니라, 移封에 있었음을 명확히 알 수 있
는 것이며, 막부도 이를 파악하고 있었음을 알 수 있다.

이상에서 우리는 대마측이 보낸 지시서와 상신서가 江戶에 도착한 뒤에
그곳의 분위기를 검토하여 보았다. 그 결과, 그들이 추구한 것이 전쟁의 위기
를 앞세워 대마도 전체의 영지를 바꾸어 달라는 移封 운동에 있었음을 확인
할 수 있었다고 생각한다.

여기서 또하나, 江戶에서 이봉운동의 중심 인물이 留守居였음을 주의해야
하겠다. 막부에 대하여 어떠한 일을 요청할 때, 에도 수석 가로가 책임을 지
고 留守居가 실무를 담당하여 활동하는 것은 상식적이고 일반적인 관례였

---

36) 개항 후 생겨난 막부의 직책, 외국과의 접촉을 담당하는 관리, 여기에 대해서
　　는 羽賀祥二의 「和親條約期の幕府外交について」(『歷史學研究』482호, 1980년
　　7월) 참고.
37) 『鈴木大日記』 전게사료, 5월 28일 조.

146

다. 특히, 寬政개혁 초기에 松平定信가 대마측에 부여되어 있었던 특별대우
를 삭감하고 또 이러한 특별대우가 생기게 된 일이 대마 고위 家老들의 정치
공작에 있다고 판단하여 이를 금지시킨 일이 있었음은 선학이 연구한 바가
있다.38) 따라서 1861년의 移封 운동도 首席 家老 古川將監과 留守居 야마자
키를 중심으로 행하여져야 하였고, 家老 佐須가 독단적으로 행하였다는 이
해는 잘못된 것임을 알 수 있다.

한편, 같은 내용의 운동이 대마도에서도 행하여졌다. 이는 막부에서 파견
되었던 외국봉행 小栗忠順과 대마측 사이의 신경전이었다. 왜 小栗은 러시
아함대의 퇴거를 이루지 못하고 서둘러 에도로 돌아왔을까. 여기에 대해 아
직 일본 역사학계는 충분히 설명하지 못하고 있다.39) 그의 돌연한 에도 귀환
과 대마도의 이봉운동은 어떠한 관계가 있었을까. 여기에 대하여 살펴보자.

2) 대마도에서의 移封 운동과 小栗의 귀환 이유

여기에서는 지금까지 살펴본 바를 토대로 막부 외국봉행 오구리가 돌연히
귀환한 이유를 고찰하여 보는 것을 과제로 한다. 종래, 막부 외국봉행 오구리
가 러시아 함대의 퇴거라는 목적을 이루지 못하고 돌연히 귀환한 이유에 대
하여 여러 가지 추측이 있었다. 과연, 막부 외국봉행 小栗의 돌연한 귀환은
왜 일어났을까. 그의 돌연한 귀환과 이봉 운동은 어떠한 관계가 있을까. 거기
에 대하여 검토해보자.

4월 13일 大船越 사건 이후, 대마측이 막부에 대하여 전쟁의 지휘를 탄원
하는 형태로 실은 막부에 대해 땅을 바꾸어달라는 이봉을 관철하고자 하는
책략을 꾀하였음은 앞에서 살펴본 대로이다.

---

38) 鶴田啓, 「寬政改革期の幕府 – 對馬藩關係」, 『日本前近代國家と對外關係』(田中
　　健夫編), 吉川弘文館, 1987년.
39) 여기에 대해서는 龜掛川博正, 「外交官としての小栗忠順 – 一八六一年露艦ポ
　　サドニック号對馬碇泊事件をめぐって–」(『政治經濟史學』 277, 政治經濟史學
　　會編輯, 1989년 5월)을 참고.

막부는 급히 막부의 브레인인 小栗을 대마도에 내려보냈고, 小栗은 대마도에 도착후 얼마되지 않아 다음과 같은 보고를 막부에 올렸다. 이를 『鈴木大日記』에서 인용해보자.

대마번의 실상이 복잡하지만, 이전에 가로를 지냈던 杉村但馬라는 80여세의 노인이 은거중에 있었는데, 대마측은 이 사람을 불러내어 謀主로 삼아, 나베지마·사쓰마 등에 大船越 사건을 알리고 전쟁의 각오를 기록한 통달을 전하였는 바, 양가(나베시마, 사쓰마)에서는 "일본의 큰 일이므로, 병사들은 막부의 허가가 없이는 내어 줄 수 없지만, 돈과 쌀은 바로라도 내어 줄 것이다. 만일 전투가 시작된다면 막부의 허가가 없이도 병사도 내어 줄 것이다" 라고 답해와 대마측이 크게 힘을 얻었다. 그 후 小栗과 溝口 등이 대마도에 도착하자 杉村가 바로 찾아와 하루속히 그들을 격퇴시킬 결단을 내려달라고 요청해왔다. 溝口가 말하기를 "전투의 결단은 쉽게 결정할 사항이 아니니, 어쨌든 막부의 지시를 기다려야 할 것이요"라고 말하자 杉村이 "그것은 당연한 일이지만 우리들의 입장에 서서 생각해 주시오, 예를 들어 여러분들이 지키고 있는 關所를 파괴하는 자가 있을 때, 막부의 지시가 있을 때까지 그자를 토벌하지 않고 있을 수 있겠소. 우리들은 대마주의 무사로서 대마의 영토가 이처럼 유린당하는 것을 그대로 두어서는 무엇보다 타 영주들에 대해 武道에서 더 이상의 치욕이 없다고 생각하오. 그러니 결단이 없어서는 지장이 많을 것이요"라고 말하였다. 溝口등이 말하기를 이는 대마 일개 영주의 영토 문제가 아니라 일본 전체의 일이므로 어쨌든 막부의 지시가 있을 때까지는 기다려야 할 것이라고 했다. 그런데 대마측도 이 말을 거스려 막부의 지시가 없이 전쟁을 감행할 기력은 없다고 한다.40)

이를 곰곰이 읽어보면 대마측의 이봉 운동의 방법을 알 수 있다. 막부가 러시아와의 전쟁을 허가하지 않을 것임을 파악하고 있었기 때문에 大船越 사건을 이용하고 있는 것이다.

---

40) 『鈴木大日記』전게서, 5월28일 조, 358~359쪽.

이 사료에서 우리는 杉村但馬라는 인물에 주목해두자. 왜냐하면『新對馬島誌』에 '家老 村岡近江이 杉村但馬를 방문하여 러시아함대 문제에 대하여 자문을 구하였으나 杉村는 노쇠를 이유로 거절하였다고 한다'[41]라고 기록되어 있기 때문이다. 이는 杉村가 佐須伊織의 아버지이기 때문에 그러한 말이 전해졌다고 보인다.

또 하나, 여기서 주의할 점은 러시아 함대의 정박에 대한 다른 영주들의 태도이다. 그들은 전쟁이 시작된다면 막부의 허가가 없이도 병사들을 파견하겠노라고 명언하고 있다. 이러한 대답은 전통적인 막번체제하의 방위체제와는 다르다. 막부 불신에서 생겨난 諸藩 연합의 가능성을 보여준다. 막번체제는 붕괴하고 있으며, 웅번할거와 제번연합의 가능성이 생겨나고 있는 것이다. 바로 이러한 시대적 배경이 있기에 대마번이 막부에 대하여 강경한 태도로 전쟁을 허락할 것이냐 아니면 땅을 바꿔줄 것인가 하고 압박을 가하고 있는 것임은 막번체제 붕괴기의 모습을 이해하는데 좋은 시사점을 제공한다고 생각된다.

어쨌든, 小栗등은 5월10일부터 14일에 걸쳐서 러시아함장 비릴레프와 회견하고[42] 또 대마주 가로들과 회담하여 급히 귀환할 것을 결정하였다. 이에 대하여 24일 대마주가 佑筆 加勢雄太郎을 江戶에 급히 파견할 때, 舎書에

> 小栗님과 대마 가신단과의 회담중에 …… 중략 …… 자연히 대마도 수용에 따른 보상지에 대한 이야기가 나와 …… 중략 ……. "대마도를 개항할 것이라면 타 영주들에 뒤지지 않는 보상이 이루어지든지 그렇지 않고 그대로 대마도에 머무르게 한다면 어떤 외적이 침입하드라도 막아 싸울 수 있는 원조가 있어야 한다. 그렇지 않고서는 지시를 받아들일 수 없다"고 하여 회담이 결렬되고, …… 중략 ……. 급히 귀환하게 되었다.[43]

---

41)『新對馬島誌』, 新對馬島誌編纂委員會, 1964, 453쪽.

42)『對州藩文書』전게서, 5월 11일부터 14일 조, 또 이 내용은 「小栗忠順ビリレフ對話書」(『續通信全覽』전게서, 53~58쪽과 76~80쪽에도 기록되어 있다.

43)『在國每日記』5월 24일 조, 또『對州藩文書』동일조.

라고 기록되어 小栗이 왜 급히 귀환하게 되었는지를 보여주고 있다.

즉, 대마측이 요구한 것은 이번의 러시아 함대에 대한 일시적 해결에는 만족할 수 없고, 근본적인 해결 '개항할 경우에는 자기들의 명목에 맞는 10만석 이상의 토지를 주는 전토 이봉을, 그렇지 않을 경우에는 서양 제국과 전쟁할 만큼의 군비원조를 행해 주지 않으면 안된다'는 것이었다. 결국 이러한 대마측의 무리한 요구에 부딪혀서 小栗은 제후의 영지에서 외교교섭을 행하는 어려움을 절감하고 귀환하게 되었다고 보인다. 小栗이 老中 水野忠德에 보낸 서한에서도

소자가 보기에는 제후의 영지에 출장가서 일을 처리하기에는 여러 가지로 어려운 점만 생겨나, …… 중략 …… 또 대마측도 지금까지 자기들의 잘못을 만회하고자 여러 가지로 무리한 요구를 해옵니다. 안팎으로 잘 생각해 우리 일행은 즉시 귀환하기로 결정하였습니다. …… 후략 …….44)

라고 자신들의 급거 귀환의 이유를 설명하고 있다. 밑줄 친 '여러 가지로 무리한 요구'가 '타영주에게 뒤지지않는 토지 보상을 해주든가 아니면 서양 열강과 전쟁이 가능할 만큼의 군비원조'라는 것은 충분히 알 수 있겠다.

14일, 막부 외국봉행 小栗이 대마 家老들에게 귀환하겠다고 말하자 대마측은 당황했다. 막부가 이 상태를 방치하지나 않을까 하는 위기감도 있었을 것이다. 그리하여 대마측은 15일, 회의를 열어 가로 杉村大藏을 강호로 파견하여 막부의 러시아함대 정박에 대한 대책을 살피고, 또 자신들의 移封 운동에 불리함이 없도록 조치하게 했다. 그에게 주어진 지시서는 다음과 같다.

示談書
一, 이번에 러시아 함대가 정박한 사건을 처리하기 위하여 막부의 외국 봉행이 대마에 내려와서(중략), 완벽한 지침이 있으리라 생각하고 크게 기뻐하고 있었다.(중략) 갑자기 귀환하겠다고 하여 이 무슨 뜻인

---

44)「小栗忠順の水野忠德宛の書翰」,『維新史料稿本』6월 28일조.

> 지 몹시 걱정이 된다. (중략) 江戶에 도착하게 되면 불리한 일이 없도
> 록 조치하여 주기 바란다.
> 一, …… 중략 ……. 지금의 모습으로는 러시아 함대가 정박한 芋崎 지방
> 은 그들의 영지처럼 되었고 …… 중략 ……, 이런 상태라면 그 지역만
> 수용되고 보상 토지가 주어지든가 혹은 그곳의 수확에 해당하는 만
> 큼을 수당으로 매년 지급받든가 아니면 한 번에 다 받든가 하는 명령
> 이 내려질 지도 모른다. …… 중략 ……. 만일 그러한 지시가 내려진
> 다면, 어디까지나 강인하게 상신하여 결코 영원한 손해가 생기지 않
> 도록 주선해주기 바란다.[45]

이 지시를 곰곰히 살펴보면, 小栗 등의 급거 귀환에 대해 대마주가 품었던 불안이 잘 나타나있다. 즉, 芋崎 지방만이 막부에 수용될 가능성에 대해 결사 반대의 의사를 표현하고 있는 것이다. 결국 대마측은 小栗의 급거 귀환을 일부만의 토지 수용을 위한 행동으로 받아들이고 있다는 것은 주목할만 하다.

그런데, 이 사료를 들고 井上淸은 그의 논문「ふたつの愛國主義と國際主義」에서 다음과 같이 언급하고 있다.

> 그들(대마의 영주)은 芋崎 지방에 대신하는 영지 혹은 지대를 어떻게 받
> 을까 하는 것만 생각하고 있었다. 그 후 러시아 함대의 토지 조차 요구가
> 점차 강경하게 됨에 따라서 대마번 당국은 점차 당황하게 되어 드디어는
> 芋崎 지방뿐만이 아니고 대마도 전체를 버리고 도망치려고 하였다.[46]

그러나, 위 사료는 어디까지나 일부만의 토지 수용에는 반대하여 대마 영주인 宗家에 불리하지 않도록 전체 토지 수용을 지시한 내용이므로, '심지어는 芋崎 지방 뿐만이 아니고' 라는 표현은 대마측의 移封운동을 오해하고 있는 것이라고 말할 수 있다. 또한 앞서의 사료가 小栗에게 보낸 것으로 井上 씨는 이해하고 있으나, 그렇지 않고 家老 杉村大藏에게 준 시담서임이 원사

---

45)『在國每日記』5월 15일조,『對州藩文書』동일조.
46) 井上淸, 전게논문, 2쪽.

료에서 확인된다.

어쨌든, 대마측의 간청에 의해 小栗은 출발을 연기했다. 이후, 小栗의 행동을 보면 상당히 적극적인 모습을 보인다. 이는 그가 귀환하겠다는 의도를 비침으로 대마측의 양보를 끌어낸 것으로 이해된다. 즉, 그는 막부의 권위를 회복하고 담판의 재량권을 획득하였음을 의미한다. 小栗이 러시아함장 비릴레프와 대마 영주와의 회담을 약속해준 것도 이러한 배경이 있기 때문이다.

그러나, 대마주의 飛地(대마도 밖에 있는 영지)인 田代에서 전쟁의 소문을 듣고 달려온 무사들에 의하여 상황은 다시 역전된다. 그들은 국분사에 모여 오구리의 숙사를 방문하며 집단으로 시위 항의를 하였다.47) 이러한 상황에서 小栗은 대마 영주와 러시아함장과의 면회를 약속한 사실도 발표하지 못하고 결국 계획대로 급거 귀환을 서두르게 되었다. 小栗은 러시아 함대의 목적이 대마도 淺海의 개항에 있다는 것, 러시아가 무력을 사용하여 대마도를 점령하지 못하리라는 것, 그리고 대마측도 막부의 명령 없이는 전쟁을 도발할 의도가 없으며 다만 이를 이용하여 대마도 전체의 수용을 막부에 강요하고 있다는 것을 잘 알고 있었다. 따라서 자신이 대마도에 오래 체제하는 것은 문제의 해결에 아무런 도움이 되지 않으며, 오히려 결단을 재촉하는 대마 무사들 앞에서 막부의 권위를 잃게 될 우려가 있을 뿐이라고 판단하였다.

막부로서는 대마를 개항할 것인가 아닌가. 개항할 경우, 淺海 부근 마을 일부를 수용할 것인가 아니면 대마 전체를 수용할 것인가. 하는 문제였다. 일부만을 막부가 수용하겠노라고 하게 되면 대마측은 결사 반대로 나설 것이요 전투를 감행할 지도 모르므로, 대마도에서 결정을 내릴 수는 없는 일이었다. 잘못하면 막부 중심의 개항 정책에 불만을 갖는 분위기가 팽배한 당시 상황에서 여러 영주들의 양이운동에 기름을 끼얹는 일이 될지도 몰랐다. 그러나 일부만 수용하는 것은 막부로서는 간단한 일이요 부담이 없는 해결 방법이었음이 틀림없다. 한편 대마 전체를 수용하는 것은 막대한 재원이 필요

---

47)『對州藩文書』5월 24일조.

하고, 재정부담이 되는 것이었다. 또한 여러 영주들에 대하여 막부가 약점을 잡히는 일이 될 수도 있었다. 막부가 뭔가를 제 영주에게 요구하면 그 대가로 서너배의 보상을 요구하는 전례가 될 수도 있었다. 그렇다고 개항을 하지 않는다고 하면 대마측은 막대한 군비원조를 요구하면서 막부의 개항정책이 비겁하였다고 폭로하면서 攘夷운동에 불을 당길 것임도 고려하여야 하였다. 이러한 당시 상황이 小栗을 급거 귀환시켰던 것이다. 그래서 小栗은 에도에 귀환하여 평의를 거친 후, 막부의 권위로 이 문제를 해결하고자 하였던 것이라 판단된다.

결국, 1861년의 대마주의 이봉 운동은 막부가 개항정책을 추진하고 있었던 정세속에서, 대마 개항이 이루어질 것이라는 판단이 전제가 되어 그 대책으로 일부를 수용할 것인가 대마도 전체를 수용할 것인가를 둘러싼 막부와 대마 영주의 이해 대립을 노정한 전형적인 사건이라고 말할 수 있다. 그리고 막부 관리 소율의 급작스런 귀환은 그 이해대립의 정점이라고 할 수 있겠다.

따라서 田辺太一이『幕末懷古談』에서

> 그 삼사(小栗 일행)가 복명 보고하는 중에 개항장이라고 해도 원래 무역을 하고자 하는 것이 아니므로 항구 2,3개의 촌락만을 막부가 수용하고 나머지는 그대로 宗家에 남겨두어도 아무런 지장이 없을 것이라는 의견을 내세웠다.[48]

라고 회고한 것은 小栗등이 일부만 수용할 뜻을 가지고 있었음을 강력히 암시해 준다.

3) 小栗 귀환후 이봉 운동의 전개와 결말

小栗이 대마측의 만류에도 불구하고 급거 귀환하여 버린 후, 대마측은 크게 동요하였다. 加勢雄太郎에 준 지시서 속에도,

---

48) 田辺太一, 전게서, 157쪽.

家運이 경각에 달렸으니, 이곳의 평의도 격렬하여 심히 근심스럽다. 지금의 이곳의 모습은 통치가 제대로 되고 있다고 할 수도 없으며, 그 사실은 당신도 잘 알고 있을 터이다. 따라서 잘 막부에 보고하여 江戶의 가로들도 그 중요함을 인식하고 각오를 정하여 사지에 뛰어들어 생지를 얻고자 하는 조치를 취해주길 바란다.[49]

라고 기록되어 있으니, 그 위기 의식을 살펴볼 수 있다.

이러한 동요의 시기에 막부 老中 安藤가 대마도 전토 이봉을 허락한다는 내허를 에도에 있는 대마번 가로들에게 내려주어 移封 운동은 극적으로 반전하여 성공하는 듯이 진행한다.

즉, 7월9일과 10일, 이틀에 걸쳐 막부 노중 安藤은 영국 공사 올코크와 영국 제독 호프와의 비밀회담[50]을 한 후, 13일 대마도 전토 이봉을 허락한다는 뜻을 대마주 江戶 家老에게 준 것이다. 즉, 대마측의 기록은,

移封 문제에 대해 어떠한 지시가 나올지 심히 근심스럽다는 우리 가로들의 질문에 대해 노중 安藤은 그러한 근심은 당연한 일이라 생각한다고 하고, 매우 긍정적으로 받아들이겠다고 했다. 언젠가 우리들이 지극히 원하는 바의 願書를 제출하게 되면, 서면으로 자기에게 가져다주길 바란다고 하였다. 또 근심되는 바가 있다면 그 부분도 받아들이도록 하겠다는 특별한 후의의 지시가 있었다.[51]

라고 기록되어 있다. 과연 막부의 노중 安藤과 영국공사 올코크·영국제독 호프 사이에 어떠한 대화가 있었기에 이러한 허가가 내려진 것일까. 당시의 대화서를 분석해 보면 노중 安藤의 내허는, 당시 팽배하던 개항 반대 운

---

49) 「加勢雄太郞への含み書」, 『對州藩文書』 전게사료, 5월 24일조.

50) 『初期日本關係米英兩國議會資料』 洞富雄編輯, 1963년 No.5의 Inclosure.
   또 이 내용에 대해서는 石井孝 『明治維新の國際的環境』 제1장 4절 참고.

51) 『對州藩文書』전게서, 8월 20일조, 이 내용은 7월15일자의 에도로부터의 서한이 대마도에 도착하여 기록된 것이다.

154

동에 부딪혀 개항의 속도를 조절하기 위한 것으로 보인다. 즉, 막부는 효고를 개항하기로 이미 서양 열강에 약속하였었다. 그러나 효고는 왕실이 있는 京都와 가깝고, 이를 반대하는 세력을 설득하기 쉽지 않았다. 따라서 막부는 효고 대신에 대마도를 개항함으로 이 문제를 해결하고자 하였기에 이루어진 것임을 알 수 있다. 어쨌든, 이를 바탕으로 對馬州는 8월1일, 영주의 이름으로 移封 청원 원서를 막부에 제출하게 되는 것이다. 이 청원서의 내용은 다음과 같다.

宗 대마영주 願書
올 2월 3일, 제 영해 淺浦에 러시아함대가 정박하여, 그 후의 상황에 대해서는 몇차례 보고드린 바와 같습니다. 그런데 지금껏 퇴함하려는 의사는 전혀 없고, 정박지에 자기들 마음대로 집과 창고를 짓고 우물을 파는 등, 일시의 행동이 아니라 영주하려는 각오로 보이며, 자기들의 지극한 소원 (개항장 요구)을 강력하게 추진할 의도로 보입니다. 또한 영국선도 올 봄 이래 동서 포구에 모습을 나타내 이 또한 러시아와 같이 개항장을 얻고자 하는 것으로 보입니다. 그렇다면, 이 시절을 맞이하여 막부의 위엄으로 러시아 함대를 퇴거시킨다고 하여도, 영국선이 다시 정박할 것이므로 또 지금처럼 안심할 수 없는 사태가 초래될 것입니다. 대마번은 거듭 보고드린바와 같이 대해중의 孤島이며, …… 중략……, 이처럼 빈핍한 지역이므로, 지난번 내려주신 지시대로 속히 결정해 주시지 않으면, 대마번의 위급은 당장 닥쳐올 것입니다. 그들은 점점 우리를 경멸하고 불법의 거동을 행아여 그 중에서도 경비원 安五郎이라는 자를 총으로 쏴 죽이기까지 하였으니, (대마번의) 무사들이 분노가 정상에 달하여 참으라는 명령이 전혀 통하지 않아 당혹스럽습니다. …… 중략……. 만일에 그들의 소원대로 淺浦 지역만이 개항이 되어 그들이 걸어다니게 되고 위 지역에 해당되는 땅만이 보상으로 주어지게 된다면, 앞에서 말씀드린바와 같이(대마번) 무사들이 복종할 리가 없으며 분노가 억제할 수 없는 지경에 이르게 될 것입니다. …… 중략……. 게다가 러시아에 개항장을 허락한다면 영국과 프랑스 그 외의 통상을 허용한 여러 나라들도 같은 요구를 해 올 터이므로 그 때마다 개항장을 허락해 준다면 대마도는 영토를 다 잃어버리

게 되는 형태가 됩니다(중략). 만일 대마도 전체를 막부의 직할로 하신다
면, 부디(그 보상으로) 肥前, 筑前에 있는 영토와 가까운 곳의 땅을 우리
家格(10만석의 대명)에 맞게 주셔서 무사들에게 扶助해 줄 수 있게 해 주
십시오. 그리고 지금까지 명 받아 다스려왔던 대마도와 조선과의 관계는
어떻게 해야 할 지 지시하여 주시길 탄원드립니다. 600여년 동안 면면이
다스려온 구영토, 선조 대대의 분묘를 떠나는 것은 어렵기 그지없는 일이
오나, 우리 입장만 이것 저것 다 주장할 수는 없는 일이오니, 참으로 일본
전체의 큰 일이라 생각하여 대마 무사 전부가 명심하고 각오하는 것은 神
君(도쿠가와이에야스) 이래 계속 받아온 특별한 은혜가 있기 때문이며,
일본 전체의 큰 일을 그르치지 않기 위함이오니, 이를 가련히 살펴주시기
바랍니다. 대마번의 존망이 여기에 달려 있사오니, 대마도는 막부의 직할
로 하시고, 우리들에게는 지당한 토지를 주신다면 대마번의 土民이 모두
안도할 것이며 막부의 높은 은혜를 깊이 감사할 것입니다. 아무쯔록 두터
운 (은혜가 담긴) 지휘를 바랍니다. 이상.52)

  이상의 내용을 살펴보면, 대마측의 판단과 의도가 잘 나타난다. 이를 받아
들여 막부는 대마도를 전부 수용하기 위하여 외국봉행 野野山兼寬 일행을
대마도에 파견한다. 그들은 9월 20일 대마도에 도착하여 4개월에 걸친 정밀
한 조사를 하였다.

  그런데, 그 사이에 일본의 정치정세는 점차 막부에 불리한 쪽으로 전개되
어 갔다. 막부는 양이 운동을 억압하기 위하여 조정을 장악하려고 장군 家茂
와 孝明 천왕의 누이동생인 和宮과의 결혼을 강력히 추진한다. 그런데 이 과
정에서 막부는 조정을 달래기 위해 쇄국양이를 약속하게 되었다. 물론 이는
전략적인 약속이었고 막부의 진심은 아니었다. 그러나, 이를 추진하고, 또한
대마도 전토를 수용하려고 하였던 노중 安藤가 갑자기 양이파 무사들에게 습
격 받아(坂下門外の変) 실각하고 만다. 결국 혼인은 이루어졌으나, 막부로서
는 쇄국양이를 단행한나는 약속을 남겨놓게 되고 말았고, 이를 해결할 남낭사

---

52) 이 원서의 내용은 이미 日野精三郎의 소개가 있었다(日野, 전게서, 198~200
   쪽).

를 상실하여 현상유지조차도 어려운 힘든 상황을 맞이하게 되는 것이다.

따라서 다음해(1862년) 2월 28일, 대마도 조사를 마치고 귀환한 막부 관리 野野山 일행의 보고에는,

> 만일, 쇄항을 단행하게 될 경우도 생각하여야 될 것이다. 그렇다면(대마
> 도의) 전토 이봉은 연기하고…… 중략 ……, 몇 촌락만을 수용하여 각국
> 군함 정박장으로 허가하여…… 중략 ……, 대략 下田을 개항했을 때에 준
> 하여야 할 것이다.[53]

라고 대마도 전토 이봉에 부정적인 의견을 결론적으로 내리고 있다. 이 논리는 오구리의 일부 토지 수용안과 같다고 보이지만, 쇄항의 가능성도 고려하고 있는 것이 특징이며, 그 배경에는 막부장군 家茂와 和宮과의 결혼에 따른 막부의 양이 단행의 약속, 그리고 安藤 피습과 그의 실각에 따른 막부의 동요가 있었음을 무시할 수 없다.

이러한 대마도 조사단의 보고에 대하여 막부의 다른 외국봉행들이 평의를 열어 찬성을 표함[54]으로 결국 대마번의 移封 운동은 우여곡절 끝에 실패로 끝나게 된 것이다.

5. 맺음말

대마측의 제1차 사료를 검토하여 1861년에 일어난 對馬藩의 移封 請願 運動에 대하여 조사해 본 결과, 본 고에서는 다음과 같이 종래의 연구 결과와 다른 결론을 도출할 수 있었다.

첫째는, 對馬藩이 땅을 바꾸어 달라는 이 운동이 당시 지배층(특히 대마영주)의 비겁함을 의미하는 것이라고 매도되기 힘든 사안임을 밝혔다. 이 운동은 막부의 개항정책을 이용하여 한 영주가 자신의 영지에 피해가 가지 않도

---

53) 「開國起源 Ⅲ」, 『勝海舟全集』 3, 勁草書房, 1979, 360~364쪽.

54) 전게사료.

록 여러 가지로 고려한 결론이며, 전통적인 경제구조의 모순을 일거에 해결할 수 있는 적극적인 것이었음을 밝혔다. 즉, 명목고 10만석의 영주이면서도 실지 토지의 생산량은 터무니없이 부족한, 그리하여 조선과 막부 양쪽에 원조를 계속 받고 빚을 얻어가면서 명목에 걸맞는 가신단을 유지하고 있었던 對馬藩이, 막부의 개항정책과 영국·러시아의 대마도 개항 요구에 직면하여 攘夷의 전쟁을 카드로 내세워 유리하게 토지를 얻고자 한 것임을 밝혔다.

　둘째로는, 대마도의 移封을 둘러싸고 소위 보수파와 양이파의 대립이 있었다는 지금까지의 통설이 잘못된 것임을 밝혔다. 막부의 권위가 흔들리는 중에, 영주의 권위는 절대적이었고, 웅번 할거의 전국시대적인 양상마저 띠고 있었음을 놓쳐서는 아니된다. 대마번의 移封이라는 것은 藩論이었으며, 「大願」이라고 불려진 것이다. 이는 일부의 무사가 반대할 사안도 아니며 그런 상황도 아니었다. 그러므로, 移封 운동에 반대하였다고 알려진 소위 양이파의 志士로 불리워지는 사람들이 실은 移封운동의 전면에서 활약하였던 것, 거꾸로 移封운동의 주창자로 알려진 사람들이 전면에 나서지 않았음을 확인할 수 있었던 것이다. 그렇다면, 『對馬遺史』의 기술을 인용한 『長崎縣史』를 비롯한 대마번의 분란사는 다시 쓰여져야 한다는 것을 의미한다(이는 별고에서 입증될 것이다).

　세 번째로 일본 반식민지의 위기의 전형적 사건으로 알려진 大船越 사건과, 바람직한 민중투쟁의 귀감으로 알려진 '安五郎 순국사건'의 실상을 밝혔다. 大船越 사건은 大船越의 경비소를 지키던 경비원들과 이곳을 통과하고자 하던 러시아 수병들과의 충돌이며, 민중들이 들고 일어선 것은 아니었다. 러시아측이 인명사고임을 부정하고 이 사건을 끝끝내 축소하고자 하였던 것이나, 對馬藩측이 이 사건을 확대하고자 하였던 것은 깊이 생각하여야 한다. 따라서 러시아측이 침략을 단행하고자 하였으나 민중의 저항으로 말미암아 단념하였다는 통설은 정확하지 않다. 러시아 함장 비릴레프와 막무관료, 대마 영주, 그리고 대마번 가로들과의 회담 내용을 읽어보면, 러시아측은 대마도를 점령할 의사나 대마도를 조차할 의사를 가지고 있었다고 보기는 어렵다. 그들이 원한 것은 군함이 정박할 수 있는 정박장이었음을 확인해 두자.
그리고 일본과 조약을 맺고 이미 하코다테, 가나가와, 나가사키 항구를 자유
롭게 이용하고 있었던 러시아가 대마도의 항구를 위해 일본과 전쟁을 벌여
영국을 비롯한 조약국들의 비난을 받고 일본과 관계가 험악해 질 필요는 없
었다고 판단된다. 이는 당시 영국 함대 사령관 호프의 분석과도 일치한다.

마지막으로, 여태까지의 일본사 연구에서 해명되지 않았던 막부 외국봉행
오구리의 돌연한 귀환 이유에 대해서 설명이 가능하였다고 본다. 즉, 러시아
의 정박지 개항 요구를 기회로, "대마 전토를 바꾸어 주든지 아니면 서양 열
강과 전쟁이 가능할 만큼의 군비 원조를 달라, 일부 수용에는 절대로 응할
수 없다"는 강력한 대마 측의 요구에 직면하여, 어려움에 처해 있었다. 그리
하여 江戶에 귀환한 뒤에 막부 전체의 관점에서 막부의 권위로 대마도의 부

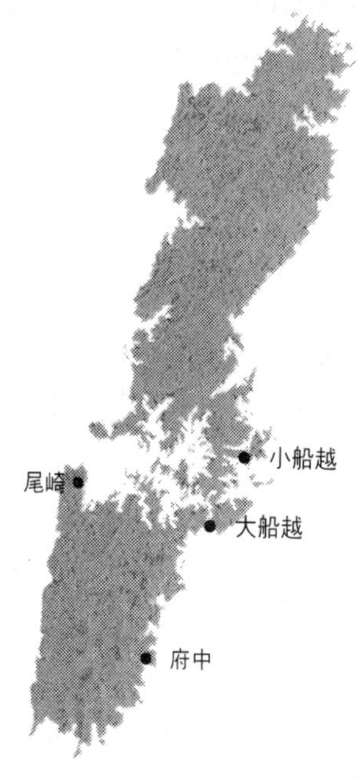

대마도

분 토지 수용과 일부 개항을 도모하려고 하였기에 귀환하지 않을 수 없었던 것이라고 이해하는 것이 타당하다.

한편 대마도 처리 문제는 이후에도 계속 존재하는 것이며 한일관계사에 큰 영향을 미치므로 한일관계사에서 이 부분에 대한 관심과 연구가 필요하다.55)

---

55) 여기에 대해서는 졸고, 「幕末-明治初 對馬藩 처리에 대한 考察」(『일본역사연구』 2호, 일본역사연구회, 1995년 7월)가 있을 뿐이다.

崔南善의 不咸文化圈과 日鮮同祖論

保坂祐二[*]

목 차

---

1. 머리말

일본이 조선을 지배하기 위해서 실시했던 '동화정책'은 피지배민족을 '忠良한 帝國臣民'으로 만들어, 피지배민족의 민족성을 말살하는 소위 '민족말살정책'이었다. 그리고 일본이 동화정책을 실시함에 있어, 그 대표적인 논리적 근거가 '일선동조론(日鮮同祖論)'이었다. 일선동조론은 일본의 역사가들 사이에서 연구되어 왔던 것인데, 그것을 일본이 식민지정책에 동원하였다고 할 수 있다. 여기에서는 특히 일본의 동화정책의 대표적인 논리였던 일선동조론을 개관하고, 그것에 대한 최남선의 논리를 그의 '불함분화론'을 중심으

---

* 세종대 일어일문학과 교수.

로 검토하면서 친일인사이기도 했던 최남선의 친일발언과 그의 일선동조론에 대한 논리의 관계를 분석하는데 주된 목적을 두도록 하겠다.

1927년에 최남선이 일본어로 발표한「不咸文化論」에 대하여, 현재까지는 상반된 평가가 있다. 최남선의「不咸文化論」을 일선동조론에 대한 비판논리였다고 하는 평가가 그 중 하나이다. 이렇게 주장하는 대표적인 논고로서는 김성례의 "무속전통의 담론분석 - 해체와 전망"(『한국문화인류학』 22집, 한국문화인류학회, 1990.), 임돈회 등의 "최남선의 1920년대의 민속연구"(『민속학연구』 2호, 국립민속박물관, 1995) 등이 있다. 한편 최남선의 논리는 일선동조론을 뒷받침해 주는 친일적 논리였다고 주장하는 입장이 있는데, 그 대표적인 논고는 최석영의 "일제하 최남선의 비교종교론의 맥락"(『일제하 무속론과 식민지권력』, 서경문화사, 1999.)이다.

여기에서는 최남선의 논리를 재검토하면서 학자로서의 최남선이 일본과 조선의 문화적 동질성을 주장하였으나, 민족적 동질성에 대해서는 비판하는 입장에 서 있었다는 점을 밝히고, 일본의 동화정책에 대한 최남선의 입장을 살펴보고자 한다.

2. 조선에 대한 동화이념의 도출

일본의 피지배민족에 대한 동화정책은 그 동화이념(=동화이데올로기)을 도출하는 작업으로 시작된다고 할 수 있다. 동화이념에는 일본과 조선의 문화적 동질성을 강조하는 논리, 민족적 유사성을 강조하는 논리 등 여러가지가 있었으나, 조선에 대하여 고대의 역사를 古典을 근거로 해석하면서, 이른바 '일선동조설'을 만들어내는 과정이 동화이념 도출작업의 대표격이었다. 일선동조론이 조선의 역사교과서에 인용 된 사실을 보더라도 조선총독부가 가장 적극적으로 이용했던 동화이념이었다고 할 수 있다. 그러므로 여기에서는 먼저 일선동조론의 기본적 개념들을 확인하고자 한다.

먼저 일선동조론에서는 역사적으로 한일 양 민족은 혈연적인 관계를 오랫

동안 맺어 왔다는 이야기가 주장된다. 그것은 일본인의 피 속에는 조선인의 피가 섞여 있고, 반대로 조선인의 피 속에는 일본인의 피가 섞여 있다는 이야기다. 바로 한일 양 민족은 혈연적인 친척관계에 있다는 논리인데, 일본의 사학자들이 이에 대한 많은 연구결과를 발표했다.[1]

한일 양 민족의 역사적 혈통관계를 밝힐 때 반드시 인용되는 이야기가 몇 가지 있다. 예를 들면『三國史記』의 다음과 같은 기술에 입각하여 신라의 赫居世干王 시대의 宰相 瓠公은 일본(=倭)에서 온 귀화인이라고 주장되었다.

赫居世干三十八年 ‘遣瓠公於馬韓 …… 中略 …… 瓠公者未詳其族姓, 本倭人初以瓠繫腰渡海而來, 故稱瓠公’[2]
赫居世干왕 38년에 馬韓에 瓠公을 보냈다. …… 중략 ……. 瓠公이라는 사람의 족성은 미상이고, 이 왜인은 처음 瓠를 허리에 매고 바다를 건너 왔기에 瓠公이라 칭한다.

그리고 신라의 제4대왕인 昔脫解왕이 역시 삼국사기에 일본인이라는 것이 적혀 있다.

脫解尼師今立一云 …… 中略…… 脫海本多婆那國所生也, 其國在倭國東北一千里[3]
脫解尼師가 서서 말하기를, …… 중략 ……. 脫解는 多婆那國에서 태어났다. 그 나라는 倭 나라의 동북 一千里에 있다.

당시 일본에서 多婆那國이란 일본의 中國地方이나 四國地方에 실존했던 나라라고 여겨지고 있었고, 위와 같은 조선측 문헌을 근거로 신라 건국 당시

---

1) 旗田巍,「日本에 있어서의 韓國史 研究의 傳統」,『한국사시민강좌 1』, 일조각, 1987, 85～88쪽.
2) 조병순,「三國本紀一」,『增修補注三國史記』, 誠庵古書博物館, 1984, 19쪽.
3) 위의 책, 24쪽.

164

일본인이 관여했다는 것은 당연한 역사적 사실로 간주되고 있었다.[4] 이러한 삼국사기의 기록을 근거로 신라와 일본이 혈통적으로 친척관계에 있었다는 이야기가 일본의 동화정책에 항상 이용되었던 것이다.

그리고 神代에 신라왕자인 天日槍[天之日矛(아메노히보코)]가 일본에 귀화한 기술이 『고사기』와 『일본서기』에 있다.

> 후에 大國主(素戔嗚尊의 아들) 시대가 되어 신라의 왕자 한 사람이 일본에 와서 귀화하여 각처에 그 자손을 두었다. 그 중 筑紫에서 번식한 자들이 후에 伊都國을 세웠다. 왕자는 세간에서 天日槍이라 불린다.[5]

이 天日槍의 귀화 이야기도 일본과 신라에 혈연관계가 있다는 논거로서 자주 이용된 이야기였다.

기타 일선동조론은 조선에서 도래했다고 일컬어진 사람들 중 다음과 같은 대표적인 인물들과 氏族을 예로 들면서 고대이래 한일간의 피의 교류가 활발했음을 주장한다.

> 神功皇后의 어머니 葛城之高額比賣尊, 光仁天皇의 皇后 高野皇太后, 百濟氏族 119氏, 高句麗氏族 48氏, 新羅氏族 17氏, 任那氏族 10氏, 漢族의 朝鮮歸化族 179氏.[6]

이것을 보면 삼한정벌 전설의 신공황후 조차도 조선인의 피가 그 몸에 흐르고 있다는 것을 비롯하여 일본에 귀화한 조선인이 의외로 많았다는 이야기가 나왔고, 언제나 이러한 고전의 기록들은 한일간의 혈통적 교류의 예로서 거론되어 왔다. 특히 嵯峨天皇 시대인 815年(弘仁6) 에 편찬된 『新撰姓氏錄』에 나오는 당시 확인된 1182氏 중, 상기와 같이 373氏(31.6%)가 渡來人이

---

4) 小山文雄, 『神社と朝鮮』, 朝鮮佛敎社, 1934, 6~7.

5) 吉田東伍, 『日韓古史斷』, 富山房, 1893, 39~40쪽.

6) 姜昌基, 『內鮮一體論』, 國民評論社, 1939, 82~114쪽.

었다는 것은 고래로부터 한일간의 혈통이 상당 부분 섞여 있었다는 것을 증명하는 자료로서 이용되었다. 즉 이러한 문헌을 근거로 한일간의 피의 교류가 고대로부터 계속 이루어지고 있었기 때문에, 한일 양국은 민족적으로 친척관계에 있다고 강조되었던 것이다.

다음으로 일본 시조의 남동생이 조선의 시조라는 신화가 사실인 것처럼 널리 퍼졌다. 이 단계에서 일선동조론에 의한 일본의 동화이념은 일단 완성 단계에 도달했다고 할 수 있다. 이것이 바로 일본의 시조신 天照大神(아마테라스오오미카미)의 남동생인 素戔嗚尊(수사노오노미코토 : 이후 '수사노오'로 약기함)가 조선(신라)에 강림하여 조선의 시조가 되었다는 신화이다. 이것은 일본의 고전『일본서기(日本書紀)』신대(神代)권 八段 一書의 四에 나오는 다음의 기술에서 도출된 것이다.

> 素戔嗚尊(수사노오), 그 아들 五十猛(이타케루)를 거느리고서 新羅國에
> 내리셔서 소시모리(曾尸茂梨)라는 곳에 있었다.

그리고 수사노오의 별명을 '新羅大明神'이라고 하거나, '牛頭天王'이라고 하는 것을 지적하면서, 일선동조론자들은 수사노오가 조선인의 시조라는 견해를 고집했다. 수사노오가 신라에 강림하여 거처로 했다고 하는 '曾尸茂梨'는 '소시모리'라고 읽는다. 소시모리는 한국어로 소의 머리와 발음이 비슷하기 때문에, 결국 曾尸茂梨는 강원도 춘천에 있는 牛頭山이다라는 견해가 강해졌다. 또 수사노오를 '우두(牛頭)천왕'이라고도 칭하기 때문에, 수사노오가 강림한 땅은 강원도 춘천 牛頭山이고 거기서 조선을 통치했다고 주장하기에 이르렀다. 일선동조론에 입각한 대표적인 저서로서는, 金澤庄三郎의 『日鮮同祖論』, 吉田東伍의 『日韓古史斷』, 靑柳南昊의 『朝鮮文化史大全』, 細井肇의 『朝鮮文化史論』, 阿部辰之助의 『新撰日韓太古史』 능 다수 있다.

한편 阿部辰之助(아베타추노스케)의 『新撰日韓太古史』는 수사노오(=素戔嗚尊, 須佐之男命)와 檀君이 동일 인물이라고 주장하고 있는 점에서 특이하

다.7) 그의 주장의 요점은 다음과 같다.

① 육지로 연결되어 있었던 당시의 한반도 남부와 일본에 살고 있었던 민족이 原日本人이다.

② 그 후 한반도에 남하한 맥족(貊族=곰을 신봉) 은 그 지도자를 모두 단군이라 했다. 맥족은 단목(檀木)을 신목(神木)으로 숭배했기 때문이다. 맥족은 육지로 연결되어 있었던 일본의 九州로 건너가 일본에서 쿠마소(熊襲)나 아이누가 되었다.

③ 한반도에 남은 맥족은 남하한 예족(濊族=호랑이를 신봉) 과 잡거했다. 그리고 농경민족인 한족(汗族)이 남하하여 맥족과 예족에게 농경업을 가르쳤는데, 맥족은 농경민족이 되었으나 예족은 농경이 싫어서 더 남하하여 현재의 강릉에서 山海業으로 생활했다. 한족의 왕인 왕한(王汗)은 평안도에 있었던 맥족의 여자를 처로 삼고 남자가 태어났는데, 이 아이가 단군신화의 단군이고 그는 농업단군이었다. 그는 신라국(神羅國=新羅國) 을 세웠다.

④ 농업단군은 일본국으로부터 농업을 가르쳐 달라는 요청을 받고 맥족을 거느리고 오키(隱岐)를 경유하여 시마네(島根)반도의 가가우라(加賀浦)에 상륙하여 수사(須佐)에 잠시 살았다. 그래서 농업단군을 수사노오(須佐之男命=素戔鳴尊) 라고 부르게 되었다.

⑤ 일본에 농업을 가르친 공로로 단군은 天照大神(아마테라스오오미카미)와 형제관계를 맺었다. 『고사기(古事記)』와 『일본서기(日本書記)』에 전해진 수사노오의 난폭한 행동은, 그 후 天照大神이 냉대한 데에 그 원인이 있다.

⑥ 그래서 단군은 원래의 거주지였던 춘천의 소시모리(曾尸茂梨=牛頭里) 로 돌아갔는데, 그 후 다시 맥족을 거느리고 시마네에 상륙하여, 그

---

7) 阿部辰之助, 『新撰日鮮太古史』, 大陸調査會, 1928.

아들 五十猛(이타케루)에 명령하여 일본각지에 식림을 했다. 단군과 맥족은 귀화하여 이즈모(出雲)족이 되었다. 단군은 이즈모에서 죽고 쿠마나리(熊成)봉에 매장되었다.

일본에 농업을 전할 목적으로 渡日하였고, 天照大神과 형제의 결연관계를 맺었으나, 그 후의 냉대에 분개하여 일시적으로 조선에 돌아갔는데, 다시 식림할 목적으로 일본의 이즈모(出雲)에 와서, 그후 귀화하여 이즈모족(出雲族)이 되었다는 내용이다. 이러한 결론의 근거로서 저자가 들고 있는 문헌은, 『古事記』·『日本書紀』·『出雲風土記』·『蔚珍郡廳記錄』·『東國輿地勝覽』·『八阪社舊記集錄』·『新羅神社寺門傳記補錄』 등이다.

이외에도, 수사노오와 단군의 동일설을 주창하는 학자들은 많았고, 당시의 동화정책에 큰 영향을 미쳤음은 부정할 수 없는 사실이다. 수사노오가 조선에 강림하여, 조선을 통치했다는 설이 주창된 것은 의외로 오래되었는데, 林春齊(하야시순사이)는 寬文6년(1666)에 발행한『東國通鑑』의 서문에, 藤原貞幹(후지와라테이칸)은 天明원년(1781)에 간행한『衝口發』에 각각 '수사노오 조선시조설'을 다룬 학설들8)을 실었다.

수사노오가 신라에 강림했다는 기술과『日本書紀』의 기타 조선관련 부분을 근거로 하여, 결국 수사노오가 조선의 시조가 되었다는 논리가 활발하게 연구되어 유포되었다. 이것은 당시 조선총독부가 공개적으로 말했을 정도로 상식화되고 있었던 이야기였다. 예를들면 조선총독을 1942년 5월부터 44년 7월까지 지냈던 고이소쿠니아키(小磯國昭)는 총독시대 다음과 같이 수사노오 조선시조설을 주장했다.

여기에 반도 2500만의 원민족은 틀림없이 수사노오(素戔嗚尊)의 후손이라고 생각한다. 과연 그렇다고 하면 아마테라스오오미가미(天照大神)의 후손인 내지(=일본) 민족과 바로 뿌리가 같고 하나라는 것은 숨길 수 없

---

8) 위의 책, 110쪽.

는 사실이 아닌가 생각될 뿐만 아니라, 우리가 오늘날 알 수 있는 역사상에서도 그 후에 피의 혼합이 되풀이되고 있습니다. …… 중략 ……. 그런데 명치 43년(1910)의 성대에 아마테라스오오미카미의 후손이신 명치천황에 대하여 수사노오의 후손인 조선이 병합된 것은 신대(神代) 말기의 신사(神事)가 더욱 철저히 완성적으로 다시 되풀이된 것이 아닌가 생각이 든다.9)

수사노오가 조선의 시조이기에 일본민족과 조선민족은 원래 동일민족이라는 주장은 일본의 동화정책에 철저히 이용된 설이다. 즉 일본은 이렇게 만들어낸 일선동조론을 조선에 대한 지배이데올로기의 하나로써 이용한 것이다.

3. 일선동조론에 대한 비판

1) 일선동조론과 '素戔嗚尊―檀君 동일설'에 반대하는 대표적 견해

식민지시대에는 일선동조론과 '수사노오＝단군 동일설'을 주된 내용으로 하는 동화이념이 횡행하였음은 앞에서 지적한 바와 같다. 그러나 이 같은 동화론의 전개에 대해서는 일본국내에서도 여러 가지 반론이 제기되면서 일선동조론 전파에 대한 방해 요인이 되었다. 여기서는 이것을 검토하고자 한다.

(1) 津田左右吉(츠다소오키치)

『고사기』와 『일본서기』의 연구자였던 津田左右吉(츠다소오키치 : 1873～1961)는, 神代의 수사노오와 신라에 관한 기술이, 후세에 가필(加筆)되어진 내용이라고 주장한다.

다음에서 보이는 신라의 이야기는, 수사노오가 신라를 왕복했었다고 하는, 일본서기의 神代卷에 인용된 두개의 '一書'에서 나온 설이다. 이것은

---

9) 鈴木文四郎, 「進步する朝鮮―小磯總督に訊く」, 『朝鮮同胞に告ぐ』, 京城大東亞社, 1944, 223～224쪽.

고사기 속에서는 물론이고, 일본서기의 본문이라든가 혹은 많은 '一書'에
도 보이지 않는 것이기 때문에, 간단히 이러한 점에서 만 살펴보아도, 그
것은 일반적으로 승인되지 않았던 이야기이며, 따라서 훨씬 후에 첨가된
것이라는 추측이 간다.[10]

그리고 츠다는 上代에 있어서 이즈모(出雲)와 신라를 연결하는 동해의 항
로가 존재하지 않았다는 점을 들어, 수사노오의 조선강림이 후세의 삽입이
라는 것을 강조하고 있다.[11] 그리하여 츠다는 당시 한일병합을 정당화하기
위하여 주장되었던 황국사관적 관점을 거의 모두 부정했다. 학문적 진실이
야 어찌됐던 간에 일본으로서는 '皇道主義'로 나라를 통치하고, 일선동조론
에 의해 조선지배를 정당화하려 했으므로, 츠다와 같은 학자는 사상적으로
위험한 인물이었다.

그래서, 1940년 3월 8일, 츠다는 출판법 위반 혐의로 기소 당하고 말았다.
기소내용은 츠다의 저서『古事記 및 日本書紀의 硏究』,『神代史의 硏究』등
4권 중, 19군데가 황실의 존엄을 모독했다는 것이었다.[12] 그리고 1942년 5월
21일, 츠다에게 금고 3개월, 집행유예 2년이라는 유죄 판결이 내려졌다. 츠다
가 기소되었던 시기가, 조선에서의 내선일체(內鮮一體)강화 시기와 일치한
다는 것은 주목할 만한 사실이다. 일본은 먼저 내지의 '위험분자'를 제거함으
로서, 내선일체를 보다 확고한 것으로 만들려고 하였던 것이다.

(2) 今西龍(이마니시류)

조선총독부가 주도한 조선사편찬에도 관여한 동양사를 전공했던 학자이
다. 그러나 그는 일선동조론에는 기본적으로 반대 입장에 서 있었고, 조선에
대한 일본의 지배논리로서는 '朝鮮停滯論'을 채택했던 인물이었다. 그래서
그는 '수사노오＝단군 동일설'에 반론을 제기했다. 그는 전혀 관계가 없었던

---

10)　津田左右吉,『古事記及日本書紀の硏究』, 岩波書店, 1924, 208)쪽.
11)　위의 책, 208〜209쪽.
12)　成殷九 譯注,『日本書紀』, 高麗院, 1987, 13쪽.

170

두개의 전설이 '牛頭(=牛首) 天王'이라는 수사노오의 별명을 빌어 이 이론
에 연결되었다고 다음과 같이 주장한다.

전설과 단군 전설 사이에 아무런 관계가 없다. 그런데 일본에서 수사노오
는 후세 巫覡들에 의해, 해열(解熱)의 묘약 栴檀이 생산된다는 印度의 牛
首山의 天王이 수적(垂迹)한 신이라 하여, 避疫의 신으로 봉제되었으나,
牛首의 조선어 훈독이 우연히 曾茂梨(소머리)라는 것이어서, 牛首天王의
칭호가 조선 曾茂梨로부터 유래되었다고 하면서, 여기에 이어 단군과 동
일신이라는 설을 유포하는 자가 나오기에 이르렀다.13)

일본에서 수사노오=단군 동일설은, 귀로만 학문을 하는 자들 사이에서
유행하고 있었는데, 설령 그 동일설을 믿지 않는 자들도, 수사노오가 조
선을 경영했다는 그런 뜻만으로도 조선에서 수사노오를 봉사(奉祀)하고
자 하였고, 曾尸茂梨는 춘천이라고 하여, …… 중략 …… 여러 설을 유포
하는 자가 나오기에 이르렀다.14)

'수사노오=단군 동일설'을 '어리석은 설'15)이라고 단언한다. 그는, 많은 근
거를 들어서 이 설을 부정한다. 그리고 아무런 근거도 없는 이 설을 대마도
사람들이 먼저 유포했다고 주장한다.16) 이마니시는 '수사노오=단군 동일설'
을 부정하는 과정에서, '수사노오의 조선시조설'도 부정하려고 하였다. 그런
데 그 과정에서 여러 많은 문헌을 인용했기 때문에, 결과적으로는 그것을 강
하게 부정하지 못한 상태로 끝났다는 인상을 준다.
    이상과 같이 츠다처럼 일선동조론의 핵심부분을 전면 부정하는 학자가 있
었고, 이마니시처럼 일본에 협력하면서도 수사노오 조선시조설에는 반대한
학자도 있었다. 일본은 일본 내에서도 사실상 통일되어 있지 않았던 수사노

---

13) 今西龍, 『檀君考』, 國立中央圖書館 所藏, 1931, 77쪽.

14) 위의 책, 83쪽.

15) 今西龍, 『朝鮮古史の研究』, 國立中央圖書館 所藏, 1936, 99쪽.

16) 위의 책, 110~111쪽.

오 조선시조설을 조선 통치를 위하여 억지로 이용하고 있었던 것이다. 이러한 점에, 일선동조론에 의한 일본의 동화이념에는 모순점과 약점이 존재했다고 할 수 있다.

2) 崔南善의 친일논리

식민지시대 조선의 독립운동가들은 일본의 조선지배 자체를 불법으로 간주하여, 일선동조론과 같은 지배이데올로기를 거의 무시했다. 그래서 일선동조론을 거론하는 인물들은 친일인사들이었다고 할 수 있으나, 그 중에서 일선동조론에 대하여 부정적 견해를 갖고 있었던 대표적 인물로서 최남선을 들 수가 있다. 여기서 최남선을 논하는 이유는 그가 학자로서 일선동조론에 대하여 비판적이었다는 점을 부각시킬 필요가 있다고 생각하기 때문이다. 즉 최남선의 학설이 일본의 대표적 동화이념인 일선동조론에 대하여 내부로부터 모순을 만들어낸 역할을 수행한 면이 있었다고 볼 수 있기 때문이다.

최남선은 3.1독립선언문을 기초했고, 조선 지식인 중에서의 거물급 인물이었다. 3.1독립운동으로 감옥 생활에서 풀려 나온 후부터 그는 친일파로 변신했다고 흔히 알려져 있다. 최남선이 친일행각을 하면서도, 그가 자신의 신념을 굽히지 않았던 점을 함께 살펴보고자 한다.

먼저 최남선이 일본의 동화정책에 협력하는 발언을 되풀이했다는 것은 사실이다. 예를 들면 조선총독부가 마련한 어느 종교세미나에서 그는 다음과 같이 말했다.

> 조선을 진정으로 일본으로 만들고, 조선인에게 진정한 일본인이 되는 길을 만들어 준다는 뜻에서도 조선의 고신도(古神道)는 극히 엄숙하게 재평가되고 인식 강화되어야 한다고 생각합니다.[17]

---

17) 崔南善, 「朝鮮の個有信仰」, 『心田開發に關する講演集』, 朝鮮總督府中樞院, 1936, 37쪽.

172

그에 의하면 일본의 신도와 조선의 古神道는 같은 것이며, 전 동양의 '통일원리'라고 볼 만하다. 그러므로 신도에 귀의함은 조선인이 일본인이 되는 길이므로, 그것들이 재평가되어야 한다고 역설하였다. 즉 이러한 발언으로 보아서는 그가 일본의 신사참배정책에 협력했다고 보인다.

그는 전쟁에 出陣하는 조선인 지원병을 격려하는 연설을 했다. 그 석상에서 그는 일본이 일으킨 전쟁을 '성전(聖戰)', '세기적 성업(聖業)'이라고 미화하고 있다.

> 이 세기적 성업에 이바지하게 됨은 실로 남자로서 태어난 보람이 있는 감격이 아닐 수 없다고 생각한다.[18]
> 대동아의 건설, 전 인류의 해방주의와 신념과 이상을 살리려는 거룩한 싸움에 나아가는 이 마당이야 이 얼마나 쾌심사이냐. 아니, 이 얼마나 인생의 큰 행복이냐. 작은 한 몸을 가지고 천황폐하의 방패가 되고 세계 재건의 기초가 되고, …… 중략 …… 죽는다면 그 죽는 곳을 얻는 것이 아니겠느냐.[19]

이러한 그의 발언을 보면, 최남선도 역시 열렬한 일본의 앞잡이였다는 비판이 나오는 것은 당연한 일이다. 그렇다면 그의 친일논리는 어떤 것이었던가 살펴보기로 한다.

최남선의 친일논리는 조선민족에 대한 '改良論' 혹은 '復歸論'이었다고 할 수 있다. 그것은, 일본과 하나였던 고대 조선의 본연의 모습에서 일탈해 버린 조선민족을, 다시 병합을 통해 일본과 일체화시킴으로서, 본연의 모습으로 복귀해야 한다는 논리이다.

최남선은 일본과 조선이 고대에는 동일 문화권에 속해 있었다는 것을 입증하려는 연구를 진행하고 있었다. 그런 면에서는 그의 동화이념은 일선동

---

18) 최남선, 「가라! 청년학도여」, 『親日論說選集』(임종국편), 실천문화사, 1987, 299쪽.

19) 위의 책, 302쪽.

조론이 아니고 '일선동일문화론'이었다. 그는 고대에는 일본과 조선뿐만 아니라 만주, 몽고, 그리고 중앙아시아, 터키에 이르는 넓은 범위의 지역에 살고 있었던 민족들이 태양신을 신앙하였으며, 일본의 神道와 대동소이한 종교 형태를 갖고 있었다고 보았다. 그는 이런 문화권에 '불함문화권(不咸文化圈)'이라는 이름을 붙였다. 그리고 조선의 시조 檀君도 한사람이 아니고, 고조선에 있어서의 제사장적 최고지도자를 가리키는 호칭이었다고 주장한다. 그리고 그는 불교나 유교가 전래하기 이전에 있었던 문화권 속에서 조선인의 본연의 모습을 발견하려고 했다.

> 요컨대 흑해에서 뒷해를 거쳐 파밀 동북에 있는 천산 산맥에서 알타이 산맥, 사얀 산맥, 야브로노이 산맥에 이어진 일대, 그리고 남하하여 흥안 산맥, 대행 산맥에서 동쪽의 땅, 조선, 일본, 유구를 포괄하는 지역에는 붉[Pârk＝태양)] 중심의 신앙과 사회조직을 받드는 민족들이 분포되어 있었다. 그 종족적 상호관계는 알 수 없으나, 문화적으로는 확실히 하나의 연결성을 갖고 있었다. …… 중략……. 근본이 되는 보편적이고 강인한 하나의 신앙에 의하여 동일한 문화적 현상을 보유하고 있었으며, …… 중략 …… 끝임 없이 보다 더 강한 문화에 압박 받으면서도 고금동서에 잘 통하는 그 계통적 생명을 유지해 왔다.[20]
> 단군이란 …… 중략 …… 하늘을 대표하는 통치권자에 대한 호칭임이 틀림이 없다.[21]

최남선이 추구한 논리는 일본의 '국학(國學)'이 추구한 학설과 비슷한 것이었다. 일본의 '국학'이란 일본에 불교나 유교가 전래하기 이전의 일본 고유의 문화와 정신을 연구하는 학문이다. 어떤 면에서는 천황중심의 '大日本帝國'이 바로 그러한 일본의 국학이 만들어낸 정치적 실체였다.

신라시대까지 조선에는 체계적인 신앙이 있었는데, 그 후 강한 외래사상

---

20) 崔南善, 「不咸文化論, 『朝鮮及朝鮮民族』, 朝鮮思想通信社, 1927, 56쪽.
21) 위의 책, 30쪽.

인 불교와 유교에 압박되어서 그것은 약화되어 버렸다고 최남선은 주장한
다. 특히 조선시대에 들어와서 태종조 때에 있었던 신서(神書) 분서로 인해,
안타깝게도 그 방면의 문헌이 절멸되고 말았다는 것이다.

> 고려말에 이르러 유교가 고개를 쳐들었고, 조선에 혁명이 일어나자 그 정
> 치적인 안정을 도모하기 위하여, 신불(神佛)을 모두 억압하는 정책을 취
> 했다. 그 결과, 불교는 몰라도 신도는 …… 중략 …… 보기에도 비참한 모
> 양이 되고 말았다. 특히 태종조에 있었던 신서 분서의 재앙은 거의 이 방
> 면의 문헌들을 절멸시켜, …… 중략 …… 비밀리에 전승되는 것이 고작이
> 었다.[22]

이렇게 불교와 유교에 의하여 조선의 고유신앙이 큰 타격을 받은 다음 조
선민족은 본연의 모습을 잃어 버렸다고 그는 주장한다. 즉 유교사상이 침투
한 조선의 모습은 최남선에게는 조선 본연의 모습이 아니라는 것이다. 그러
나 조선의 고유신앙은 완전히 없어 버린 것은 아니었고, 민족의 전통적 정신
으로 바탕이 되어 남았다. 그에 의하면 동학(東學) 같은 종교도 이러한 민족
의 전통정신이 부활한 것이었다.

그러면 잃어버린 본연의 모습을 회복하기 위해서는 어떻게 해야 하는가.
최남선은 조선인 지원병의 출진을 위한 격려연설 속에서 다음과 같이 말하
고 있다.

> 우리들이 대동아 전쟁의 진두에 선다는 것은, …… 중략 …… 우리 조선
> 사람의 입장에서 본다면 또 하나의 간절한 기대가 담겨져 있다. 그것은
> 우리들이 잃어버린 '마음의 고향'을 발견하는 것이요, 잠자는 혼을 깨우쳐
> 우리들 본연의 모습으로 돌아가는 길이다. …… 중략 ……. 가마쿠라(鎌
> 倉) 무사(武士)들[23]과 나란히 세계 역사상 무사도(武士道)의 쌍벽이라고

---

22) 위의 책, 28쪽.
23) 鎌倉武士 : 1192년, 미나모토노 요리토모(源賴朝)가 현재 가나가와현(神奈川縣)

일컬어 온 고구려 무사, 신라 무사의 무용성(武勇性)을 되찾아, 그 씩씩한
전통을 우리들의 생활 원리로 하여, 우리들의 정신적 부활을 꾀하는 것이
다. 오랫동안 우리들에게 요망되어 오던 바대로 그 절호의 기회가 왔다.
대동아의 전장에 그 특별지원병으로서의 용맹한 출진에 의하여, 이것을
발견할 수 있게 되었음을 나는 통감하는 바이다.24)

최남선은 특히 유교의 영향으로 상실된 조선인으로서의 본연의 모습, 씩
씩한 무사의 모습을 전쟁에 참가함으로써 회복시켜야 한다고 역설하였다.
최남선에게는 전쟁에 나가는 조선인 동원이 조선인을 본연의 모습으로 복귀
시키는 방법으로서 정당화되었던 것이다. 일본과 일체가 됨으로써 일본 속
에 남겨져 있는 조선고래의 모습을 다시 회복해야 하고 그것이 조선인이 갈
길이라는 것이었다.

이상에서 보듯이, 최남선에게 친일은 그것이 결국 조선인을 위한 것이라
는 논리였다. 이것이 '민족개량론' 혹은 '민족복귀론'의 입장이며, 일본의 잘
못을 제대로 보지 못하는 과오를 범하고 있다는 비판을 받고 있다. 이러한
논리는 그의 학문세계와 교묘히 연결되어 있었으며 그가 마지막까지 굽히지
않았던 학자로서의 신념의 일단과도 교묘히 연결되어 있었다.

3) 崔南善의 불함문화권과 檀君 신앙

일본이 한민족의 독자성을 말살하기 위하여 그 이론적 무기로 쓴 것이 전
술한 일선동조론을 비롯한 동화이념이었다. 1920년대 최남선은 일선동조론
에 맞서 조선조의 유교문화의 영향 속에서 거의 잊혀진 단군신앙을 조선에
서 부활시키려고 애를 썼다. 다음은 그의 단군신앙이 가지는 의미와 해방 전
과 후의 그의 발표 내용을 비교하면서, 최남선의 학문적 신념의 세계를 살피

가마쿠라(鎌倉)에 사상 처음으로 무사정권을 수립했다. 그 시대를 이끌어갔던
겐지(源氏)와 호오조오시(北條氏) 무사들을 가마쿠라무사라고 한다.

24) 『親日論說選集』, 302쪽.

고자 한다.

(1) 단군신앙과 고조선

최남선은 그가 주장하는 불함문화권의 정점에 단군을 올려놓고 있었다. 1945年의 해방까지 최남선이 주장하고 있던 단군에 대한 견해를 정리하면 다음과 같다.

① 단군이란, '붉은'이라고 불리던 집단이 대륙 안에서부터 동쪽으로 이동하면서, 신산을 정하고 그 주위에 '불'이라든가 '나라'라는 이름의 취락지를 만들었던 시대의 최고 지도자의 명칭이었다. 그러므로 각지에 만들어진 '불'이라든가 '나라'의 최고 지도자들은 모두 단군이었다. 단군이란 하늘의 명령을 행하는 인물이었다.

② 불'이라든가 '나라'마다 단군이 있고, 각 단군들 위에 다시 천계와 인간계 사이엔 '단군왕검'이라는 단 한 분이 계셨는데, 이 분이 보통 말하는 단군이다. '단군왕검'이 계시는 '나라'를 조선이라고 했다.

③ 단군은 제사를 지내는 제사장 역할을 했고, 돌아가신 후에는 신이 되셨다.[25]

여기에서 최남선은 단군을 '나라'라든가 '불'의 최고 지도자의 호칭이라고 한다. 거기에다 보통 단군이라 불렸던 사람은, 이러한 모든 단군들의 위에 군림했던 '단군왕검'을 말하며, 그 단군왕검은 제사장 역할을 했었다고 정의하고 있다. 단군이 통치하는 '나라'를 조선이라 한다고 정의하고 있는데, 그러면 조선에 대해서는 어떠한 설명을 하고 있는 것일까. 즉 고조선은 다음과 같은 나라라고 최남선은 주장한다.

① 조선은 처음에 송화강, 요하(遼河) 유역에 있었다. 그러나 점점 아래로

---

25) 崔南善, 『故事通』, 三中堂, 1943, 6쪽.

남하하여 대동강 유역까지 왔고, 도읍을 평양으로 정했다.
② 그 후 정교(政敎)가 분리되어, 정치의 중심은 평양에서, 신앙의 중심지
는 구월산의 녹(麓)에서 이루어졌고, 그곳을 당장경(唐莊京)이라고 했
다. 평양의 군주(君主)를 '쇠ㅇ지'라고 불렀는데, 이것은 일자(日子)를
의미하는 말로서, 기자조선은 '쇠ㅇ지'조선이 잘못 전해져온 말이다.
단군은 당장경에서 제사를 지냈다.26)

이것을 보면, 조선(=고조선)이란 처음에는 만주에 있었으나, 남하하여 평
양에 정치의 중심지를, 당장경에 신앙의 중심지를 정했다는 것이다.

최남선이 설명한 단군과 조선에 관한 기술은 중요하다. 그에 의하면 조선
민족의 선조는 아시아대륙의 안쪽에서부터 동쪽으로 진출하여, 각지에 '나
라'라든가 '불'을 만들면서 만주에서 남하하여 평양에 도읍을 정하여 조선을
건국했던 것으로 되어 있다. 즉 이 견해는 素戔鳴尊(수사노오)가 일본에서
건너와, 조선의 시조가 되었다고 하는 일선동조론의 기본적인 주장과는 완
전히 대립되는 견해였다. 즉 그는 한일양민족의 혈통적 동일성이라든가 일
본의 신이 조선을 지배했다고 하는 견해를 부정하고 있었던 것이다.

(2) 조선의 고유신앙과 일본신도

그는 조선의 고유신앙과 일본의 신도는 내용이 일치한다는 것을 주장하고
있는데,27) 여기에 대해서 살펴보기로 한다. 그가 주장하는 조선의 신앙이란
다음과 같다.

① 조선의 '붉은'의 길은 즉 신도이다. 그것은 태양을 신으로 하고, 군장
(君長)을 신의 혈통으로 하는 신앙 체계를 세우고 모든 생활을 여기로
귀일시키는 것이다. '붉은'은 시대와 지방에 따라서 '부루', '부군', '풍
류(風流)', '팔관(八關)' 등으로 부른다.
② '붉은'의 신앙 내용은, 우주를 상중하의 삼계(三界)로 나눠, 상계에는

---

26) 위의 책, 6~7쪽.
27) 『心田開發に關する講演集』, 32쪽.

> 선신이 있어 인간을 보호하고, 하계에는 악신이 있어 인간에게 해악를
> 준다. 그 중간에 위치한 인간은 심신과 사물 모두를 청결 명랑하게 해
> 서 선신에게 접근하도록 노력하고, 심신을 더럽히지 않도록 하며 악신
> 이 들러붙을 틈을 주지 않도록 주의해야 한다.
> ③ 각 부족에서는 1년에 한번 국중육회(國中六會)를 열어 天神을 제사함
> 과 동시에 부족의 큰 공사(公事)들을 합의 처리했다. 그 시기는 농작을
> 끝낸 10월부터 2월 사이로 정했고, 명칭도 여러 가지가 있었다. 부여
> 에서는 영고(迎鼓), 고구려에서는 동맹(東盟), 예(濊)에서는 무천(儛
> 天), 한(韓)에서는 불구내(弗矩內)라고 하였다. 이 부족의 대제전 외에
> 각종 소제전도 1년에 여러 차례 행해졌다.28)

위와 같이 최남선이 말하는 조선의 신도는, 그 사상과 형식에 있어서 일본
의 신도와 일치하고 있다. 그러나 그것은 어디까지나 조선 본래의 것이었으
며, 일본에서 전해졌던 것은 아니다. 최남선의 논법으로는 조선의 신도가 일
본에 전해졌다고 하는 흐름으로 되어 있음을 알 수 있다. 즉 그는 고대에 있
어서의 한일 양민족의 종교적 동일성을 강조하고 있었다.

(3) 수사노오 조선시조설 부정

일본의 동화정책이 본격화되어 있었던 1943년에 최남선은『고사통(故事
通)』을 출판했다. 이 책은 당시 일본의 '일어교육강화' 정책 속에서도 한국어
로 쓰였다는 점에서도 귀중한 자료이다. 이것은 조선의 통사인데 이 속에서
그는 당시 일본이 상식처럼 주장하고 있었던 수사노오 조선시조설을 부정하
고 있다.

'수사노오 조선시조설'은 일선동조론의 핵심이라고 할 수 있는 논리인데,
그는 그것을 부정하고 있는 것을 알 수 있다. 당시는 특히 조선에서 앞에서
인용한 것처럼 일선동조론을 강력히 주장하는 고이소(小磯國昭)가 총독이었
기 때문에, 이러한 작업은 상당히 어려운 것이었다고 생각된다. 그 부분을

---

28) 『故事通』, 8~9쪽.

검토하면 다음과 같다. 그는 신라와 일본과의 관계를 말하면서 사람의 왕래와 사물의 왕래를 논하고 있다.

첫째, 일본과의 사람의 왕래인데, 전술한 바와 같이 신라에서는 처음에 朴·昔·金 3성의 현인들이 교대로 왕이 되었는데, 昔씨의 시조인 脫解王(탈해왕)은 다파나국(多婆那國)의 왕자로서 어렸을 때 동해안 바닷가에 표착했다고 기술되어 있다. 탈해왕이 통치하던 시기의 재상 瓠公(호공)은 귀화한 해외인이다. 최남선의 저서에서 석씨라든가 호공은 일본인이라고 암시되어 있다.

둘째, 일본과의 사물의 왕래인데, 여기에서는 수사노오가 신라에서 금은과 나무들을 일본에 가져갔었다고 다음과 같이 기술되어 있다.29)

> 古事記에는 傳하야 가로되 神代에 素戔嗚尊이 일본 國內에서 용납되지 못하여 新羅에 이르렀다가 거기가 金銀鄕임을 알았고 歸國 後에 나무를 심고 배를 만들어서 新羅의 金屬을 가져다가 쓰는 길을 트게 하였다 한 것이 있다.30)

여기서 주목되는 것은 최남선이 일본과의 교류를 인정하면서도, 수사노오의 조선에 대한 역할을 격하시키고 있다는 점이다. 이 부분의 수사노오에 관한 기술은, 일본과의 사물의 왕래라는 항목 속에 분류되어, 신라의 금은과 나무들을 일본으로 가지고 돌아간 인물로서 만 기술되어 있다. 즉, 여기에서 최남선은 수사노오가 조선의 시조라고 하는 일선동조론을 비판하고 있을 뿐만 아니라, 수사노오의 행동을 격하시키고 있는 것이다.

그가 1943년에 집필한 『고사통(故事通)』에는 수사노오 관계 기록은 이것밖에 나오지 않는다. 즉 그는 『고사기』와 『일본서기』의 기록을 일단 인정하면서도, 수사노오가 조선의 시조가 되었다는 설에는 반대하는 입장에 있었다는 것

---

29) 위의 책, 15쪽.
30) 위의 책, 15쪽.

을 알 수 있다. 그리고 그는 다음과 같이 단군조선이 일본 역사보다 훨씬 이전
에 시작된 것을 명시하고, 단군과 수사노오의 동일설을 부정하고 있다.

> 古來의 傳하는 바를 據하건대 檀君朝鮮은 支那(중국)의 唐堯戊寅 25年
> (皇紀前1673年, 西紀前2333年)을 紀元으로 하야 一千余年을 지내고 '싀ᄋ
> 지'朝鮮은 後에 箕子朝鮮이라고 訛傳하야 다시 一千余年을 지내니 이른
> 바 古朝鮮의 歷年을 合하야 무릇 2140年이라 한다.[31]

즉, 그는 단군조선은 일본보다 1673년이나 먼저 시작되었다는 것을 명시
했다. 이와 같은 최남선의 사상이 당시 일본이 주장한 일선동조론 전파에 부
정적 영향을 미치기 위함이었다는 것을 알 수 있다.

일본의 천황주의의 근본원리는 천황과 국민이 부자관계이고, 그 부자관계
의 조건은 '혈연관계'에 있다는 소위 君民同祖論이다. 그렇기에 일본은 지배
한 민족과 일본민족과의 혈연관계를 입증하여 그것을 동화정책에 이용해 왔
다. 특히 이것은 당시 조선과 만주에서 역사가를 동원하면서 취해진 정책이
었다. 즉, 천황주의 원칙에 따라 철저한 동화정책을 실시하려고 하면, 일본민
족과 피지배민족 사이에 혈연관계가 있음을 입증해야만 하는 것이었다.

일선동조론이나 한일의 혈연관계에 대한 '기록'에 대해서는, 어린 시절부
터 교육을 실시하면, 이것만큼 조선인을 일본인으로 동화시키는 좋은 방법
도 없었다. 그런데 최남선은 일선동조론을 마지막까지 받아들이지 않았다.
그것은 학자로서의 그의 신념 때문이라고 할 수 있다.

이렇듯이 그는 한일양민족의 동조론에는 반대하고 있었다. 그러나 양민족
의 종교적 동일성을 인정하면서 조선인의 일본인으로의 동화를 언급하기도
했다. 일선동조론에 반대하면서도 종교적 동화에는 반대하지 않았다는 그의
발언내용을 단지 기회주의적인 발언으로 격하시켜도 되는지 앞으로의 과제
로 삼고 싶다.

---

31) 위의 책, 6~7쪽.

(4) 불함문화권의 제국주의적 성격

여기에서는 최남선의 논리 속에 숨어 있던 위험성을 밝혀내 보고자 한다. 최남선은 '동양인의 아시아'라고 하는 관점에서 대동아 공영권 구상에는 지지를 보내고 있었다고 볼 수 있다. 먼저 그는 조선의 고유신앙이 아시아에 있어서의 보편원리라고 서술하고 있다.

> 여기서 이 요구에 응할 수 있는 것은 조선인 본연의 정신임과 동시에, 동방세계에 있어서의 보편원리 이외에는 없다고 생각하는 바입니다.(중략) 다행히 조선에는 이러한 요건을 구비한 훌륭한 고유신앙이 있고, 그것이 일본의 고도(古道)와 같은데, 근본적인 것이고 포용성이 있는 것이라는 사실은 정말 다행한 일입니다.[32]

최남선에 있어서 조선의 고유신앙은 '동방세계에 있어서의 보편원리'이고, '포용성이 있는 것'이다. 이러한 개념은 제국주의적 팽창주의와 연결되는 개념이다. 즉, 일본의 일선동조론을 비판한 최남선의 불함문화론 속에는 눈에 보이지 않는 제국주의적 성격이 내포되어 있었던 것이다. 더욱이 그 범위에 포함시킨 지역은 일본이 침략하려고 계획하였던 지역과 중국과 대만을 제외하고 거의 일치하고 있다.

> 여하튼 조선에는 오래된 신앙이 있었는데, 게다가 이것은 훌륭한 계통이었었고, 그리고 이것은 단순히 조선뿐만이 아니고, 남으로는 유구(琉球), 일본, 북은 만몽(滿蒙), 중앙아시아쪽 방면까지 공통적으로 상당히 광범위하게 행하여진 것이라고 말씀드리는 것입니다.[33]

그는 불함문화권의 범위를 위에서처럼 유구 · 일본 · 조선 · 만주 · 몽고 · 중앙아시아까지라고 정의하고 있는데, 이 지역들은 당시 일본의 지배하에

---

32) 『心田開發に關する講演集』, 7쪽.
33) 위의 책, 16쪽.

넣었거나 또는 넣으려고 계획하고 있었던 지역이다. 중국본토와 대만은 이 범위 속에는 들어 있지 않았다. 이것은 학문적으로 중국인은 일본인과 같은 계열이라고 볼 수 없다는 것이 당시의 일반적인 견해였기 때문이다. 최남선의 불함문화권의 범위는 당시 일본이 같은 혈통이라고 주장한 민족의 범위와 일치하고 있었다. 즉 그는 한일양국의 민족적 혈통적 동일성을 인정하지 않았으나, 일선동조론이 민족적으로 흡사하다고 주장한 지역을 동일문화권으로 묶어 놓았다. 그의 논리는 불함문화권이라는 이름으로 일본의 민족론적 침략론을 합리화시켜 주는 역할을 담당했었다고 할 수 있다.

더욱이 신도의 아시아적 가치를 제창했던 최남선은 만주신사 신축의 소식을 듣고 다음과 같이 기뻐하고 있다.

> 신문에 실린 것을 보니 이번에 滿洲國에서는 滿洲神社가 만들어져, 만주 건국의 신을 제사지내도록 되었다고 합니다만, 이것은 매우 바람직한 일이라고 생각합니다. 이것은 일본의 新發展地 정치지침이 정도(正道)에 오른 것을 증명하는 것이어서, 조선합방 당시에 비해서 사상적으로나 도의적으로 훨씬 진보했다고 인정해도 좋을 것이라고 생각합니다.[34]

그는 만주신사에서 만주건국의 신을 제사지내도록 되었다며 기뻐하고 있다. 더욱이 단군이 조선신궁에서 제사지낼 수 없다는 것을 은근히 비난하면서 '조선합방 당시에 비해서 사상적으로나 도의적으로 훨씬 진보했다고 인정해도 좋을 것'이라고 평가했다. 실제로 만주신사에서 만주건국의 신이 祭神으로서 제사지낼 수 있었다고 한다면, 이와 같은 평가도 의미가 있었다고 할 수 있다. 그러나 결국 제신으로서 받들어진 신은 天照大神이었다. 1940년 7월 15일에 만주국에서는 건국신묘 창건의 조서(詔書)가 발표되었고 황제 溥儀에 의해서 건국 신묘 진좌제(鎭坐祭)가 집행되었다. 그리고 天照大神을 봉사(奉祀)하고, 국본(國本)을 전(奠)하고, 제사부(祭祀府)를 설치하여 국가 제

---

34) 위의 책, 37쪽.

사에 관한 사항을 주관하게 하였다.[35)]

더욱이 일본이 天照大神을 '만주건국의 원신'[36)]이라고 주장하고 있는 점을 보면 최남선의 기쁨은 잘못된 것이었다고 할 수 있다. 그가 이와 같은 일본의 수법을 모르고 있었다고 한다면, 그것은 제국주의에 대한 무지 때문이었다고 밖에 볼 수가 없다.

최남선이 불함문화권의 아시아적인 넓이를 주장했던 것은 이미 서술했던 바인데, 그는 불함문화권의 핵심인 태양신 신앙이란 세계적인 넓이를 갖고 있는 고대신앙이라고 보고 있었다. 그는 인도의 Brahma, 셈민족의 Baal, 바빌로니아의 Bel, 그리이스의 Apollo, 로마의 Vulcan, 북구의 Frigga, 과테말라의 Hurakan과 Vukub‑Cakix를 비롯한 많은 나라들의 신들이 불함문화권과 관계가 있었고, 신앙도 관련되어 있다고 주장한다.[37)] 또한 불함문화권이 오랜 심원한 인류사에 있어서의 유산이라고 주장하고, 불함문화의 고구(考究)는 동아시아문화의 문제만이 아니라고 주장했다. 이와 같은 발상은 매우 제국주의적이라고 할 수 있다. 보편적 종교가 정치 경제적인 제국주의의 선진(先陣)적인 역할을 맡았던 예는 크리스트교를 가장 먼저 들 수 있는데, 최남선이 의식했던 못했던 간에, 그의 학문적 업적은 얼마든지 일본의 침략 도구로서 이용될 소지를 갖고 있었던 것이다. 1940년대 이후, 일본이 전세계를 한집으로 만든다는 "八紘一宇"사상을 국가정책으로 채택했었다는 사실을 생각할 때, 최남선의 세계적인 넓이를 가진 태양신앙논리는 일제가 이용할 수 있는 좋은 제국주의적 논리였던 것이다.

(5) 해방 후 최남선의 주장

해방 후 그의 불함문화권의 주장은 어떻게 되었을까. 1947년에 출판된 최남선의 『國民朝鮮歷史』의 기술을 통해서 그의 변화된 면모를 보고자 한다.

---

35) 滿洲國民生部厚生司敎化科, 『國本奠定詔書謹話集』, 滿洲國政府, 1940, 8~9쪽.

36) 위의 책, 32쪽.

37) 『朝鮮及朝鮮民族』, 35~37쪽.

- 단군과 불함문화권의 범위

먼저 단군의 출현은 한층 더 신화적으로 되어 있다. 소위 단군신화 그 자체가 설명되어 있다. 즉 아시아 대륙의 안쪽으로부터 이동해 온 민족의 이야기는 없어지고, 환웅이 태백산 산정의 신단수에 내려와서 웅녀와 혼인하여 단군왕검이 탄생하는 이야기에서부터 조선의 역사는 시작되고 있다. 단군이 나라의 제사장적 역할의 명칭이라고 했던 주장도 모습을 감추었다. 단군 계통의 민족은 태백산의 기슭에서 사방으로 펼쳐져 각지에서 '불'을 만들었다고 한 기술은 비슷하다. 그러나 민족의 출발점이 조선 땅이라는 점이 식민지시대의 주장과 다른 점이다. 즉 그는 단군이 만든 나라를 조선에만 한정시켜서 광복 이전에 주장했던 제국주의적인 논리부분을 제거했다.

- 일본과의 교류

일본과의 교류에 대한 이야기가 크게 바뀌어서 기술되어 있다. 우선 신라의 왕 3성중 한사람인 석씨가 동해상의 다파나국(多婆那國) 출신이라고 했던 기술이 사라졌다. 그리고 백제로부터 많은 문물이 일본으로 전해졌다는 것이 기술되어 수사노오의 신라강림 신화는 금은을 조선으로부터 '훔쳐 갔다'는 이야기로서 현저하게 격하시켜서 기술되어 있다.

- 조선의 古道

식민지시대 최남선이 조선의 고신도(古神道)라고 불렀던 고유신앙은 '신교(神敎)' 또는 '천도(天道)'라고 이름을 바꿨다. 그러나 그가 주장하는 신앙적 내용은 식민지시대와 비슷하다. 해방전에 최남선이 주장한 조선의 '붉은'의 길은 지방에 따라서 '부루', '부군', '풍류(風流)', '팔관(八關)'등으로 불리었다고 하는데, 해방후 그는 이 이름을 '부루'로 통일시켰다.38) 즉 '부루'의 가르침이 '신교(神敎)' 또는 '천도(天道)'라고 그는 주장한다. 최남선이 해방전에 주장했던 태양신 신앙이 한민족의 하느님 신앙으로 재해석되었다. 제국주의적 침략사상으로 연결되었던 태양신 신앙이 해방 후에는 韓族의 하느님과

---

38) 崔南善, 『國民朝鮮歷史』, 東明社, 1947, 16～17쪽.

그 아들에 대한 민족신앙으로 바뀌었던 것이 확인되기도 한다.39)

해방전에 그의 말에 의하면, 인간은 심신과 사물 모두를 청결 명랑하게 해서 선신에게 접근하도록 노력하고, 심신을 더럽히지 않도록 하며 악신이 들러붙을 틈을 주지 않도록 주의해야 하는 것이었는데, 해방 후도 그는 '부루'의 가르침 속에서 가장 중요한 것은 '몸과 마음을 청결하게 함'에 있다고 주장하고 있다.40)

더욱이 그는 해방전에, '부루'의 '각 부족에서는 1년에 한번 국중육회(國中六會)를 열어 天神을 제사함과 동시에 부족의 큰 공사(公事)들을 합의 처리했다'고 주장했는데, 해방후에도 그는 '부루의 道가 행하여지는 나라에서는 1년에 한두번씩 祭天大會를 열고 …… 중략 …… 이 기회에 국왕선거, 전쟁결행, 형벌처단 등 大事를 처리'41)한다고 역시 같은 내용을 썼다. 이 외에 정교분리에 대한 이야기라든가 해방전과 후에 바뀌지 않은 신앙상의 이야기들이 많다.42)

이상과 같이, 해방 후 최남선이 쓴 역사서는, 고대의 기술 부분 중에서 불함문화권의 아시아적 넓이와 태양신앙의 세계적 넓이에 관한 내용이 삭제되어 있음을 확인할 수가 있었다. 그리고 일본에 관한 고대의 기술이 일본을 격하시킬 의도로 쓰여져 있다. 그러나 불함문화권의 신앙적 내용, 즉 고신도를 신교 또는 천도라고 이름을 바꿨을 뿐, 그 내용은 거의 같다. 말하자면 그는 해방 후 불함문화권을 고조선에만 한정 적용하였다. 그것은 민족주의적 요소의 강화이자 제국주의적 요소의 제거라고 볼 수가 있다. 그러나 고대 신앙 체계가 신도와 일치하는 점이라든가, 불함문화를 나타내는 불, 밝 등의 말은 의미를 바꾸지 않았다는 점은 그의 학문적 일관성을 말해주는 부분이다. 즉, 고대의 고조선의 종교가 불함문화에 근본을 둔 신도였다는 주장은

---

39) 위의 책, 17쪽.
40) 위의 책, 17쪽.
41) 위의 책, 18쪽.
42) 위의 책, 5~23쪽.

거의 변화하지 않았다. 즉 해방후의 최남선의 학설은 일본이 이용한 불함문화권의 넓이와 신도적 내용 중, 불함문화권의 넓이를 조선에 축소시키고, 신도적 내용을 그대로 보존한 것이라고 볼 수 있다. 그것은 최남선의 식민지시대 연구가 단순히 일선동조론을 비판하거나 일본에 협력하기 위해서만 짜내어진 전략적인 학설이 아니었고, 순수한 학문적 내용을 함께 갖고 있었다는 사실을 말해주고 있다.

4. 맺음말

일본이 조선에 대하여 쓴 '동화정책'은 특히 1930년대 이후 일선동조론을 철저화시키는 배경 속에서 진행되었다. 그것은 일본이 1931년에 만주사변을 일으켜 지배 영역을 확대했기 때문에 일선(日鮮)을 제국의 중핵으로 해야 할 필요가 생겼기 때문이다. 이를 위해 '내선융화(內鮮融和)'를 바꿔 '내선일체(內鮮一體)'라는 슬로건이 올려졌고, '내선 사실(史實)의 재인식'이 외쳐지는 가운데, 일본의 조상신인 天照大神의 동생 수사노오가 조선의 시조였다고 하는 일선동조론이 정책적으로 이용되었던 것이다.

친일인사인 조선인들도 일선동조론을 스스로의 신념으로 삼으면서 동화정책에 협력해 갔다. 즉, 태고적 옛날부터 일본과 조선은 동족이었고, 혈연관계로 묶여져 있었다고 하는 조작된 역사관이 형성되었고, 그것이 일본의 동화정책에 본격적으로 이용되었다.

일본의 조선지배의 본질은 조선에 대한 외적 지배에만 있었던 것은 아니다. 또한 그 본질적인 지배정책은 조선인의 정신까지 완전 지배하려고 했던 점에 있었던 것을 분명히 하지 않으면 안 된다. 프랑스가 피지배민족에게 천주교로의 개종을 요구했듯이 일본은 조선인에게 일본의 國體的 가치관인 일선동조론을 비롯한 동화이념을 받아들이도록 여러 정책을 시행했다.

친일인사였던 최남선은 해방 후, 반민특위에 의해 연행되었다. 옥중에서 그는 '민족의 일원으로서 반민족의 지목을 받음은 終世 씻기 어려운 큰 치욕'

이라는 글을 서두로 참회문을 쓰지 않을 수가 없었다.43) 그리고 그는 일본을 '악학(惡虐)한 이민족(異民族)'44)이라고 하면서 일본에 대한 감정을 토로했다. 사실 그는 한일 양 민족이 동족이라고 했던 적은 한번도 없었다. 단지 그가 주장해 왔던 것은 한일 양 민족의 제사적 동일성45)이었지 혈통적인 동일성은 아니었다. 그는 혈통적 종족적 동일성을 주장하는 일을 피해 왔다.46) 그는 수사노오가 조선의 시조라는 설에 반대했고 고조선의 역사는 일본역사보다 훨씬 이전에 시작되었다고 쓰고, 조선의 문화적 우월성을 암시하기도 했다.

유교와 불교가 전래되기 전의 조선의 고유신앙이 일본신도와 일치했었다는 그의 주장은 해방 후에도 바뀌지 않았다. 최남선이 유교와 불교를 외래사상으로 간주하여 그것이 전해지기 전의 조선의 고유신앙을 추구하려는 '韓國學'적 발상을 학문적 신념으로 삼고 있었다고 할 수 있다.

최남선의 주장은 이중적 성격을 갖고 있었다. 전술한 바와 같이 조선에서 '수사노오 조선시조설'이 총독에 의해 주장되고 일선동조론이 강화된 1943년에 그는 그것을 비판하는 역사서를 썼다. 그런가 하면 한일 양민족의 종교적 동일성을 주장하면서 아시아뿐만이 아니라 세계적 넓이를 갖고 있는 태양신앙논리를 전개하면서, 일본의 "八紘一宇"정책에 일조를 하기도 했다. 그의 정신세계는 상당히 복잡한 움직임을 하고 있었을 것이다. 그가 일본의 제국주의적 정책에 협력하면서도 '수사노오 조선시조설'에 반대하고 있었다는 점은 그의 학자로서 마지막 양심에서였을지도 모른다.

---

43) 임종국, 『실록 친일파』, 들베개, 1991, 136쪽.

44) 『國民朝鮮歷史』, 序文.

45) 『朝鮮及朝鮮民族』, 51쪽.

46) 위의 책, 56쪽.

『朝鮮後期 漂流民과 韓日關係』

李 薰 (國學資料院, 1999, 485쪽)

鄭成一(광주여대 경영정보학과 조교수)

1

새로운 천년이 시작되는 시점에서 朝鮮時代 漂流民에 관한 연구서가 국내에서 간행되었다. 이 책의 저자인 李薰 박사(이하 '저자')는 국사편찬위원회에서 연구위원으로 다년간 재직해 오면서 그동안 발표했던 글들을 보완하고 거기에 새로 쓴 글들을 모아서 단행본으로 간행한 것이다.

朝鮮時代의 漂流·漂流民 문제에 관해서는 국내에서도 文學史라든가 文化史 연구자들에 의해서 분석이 이루어진 바 있다. 그러나 歷史學 분야에서는 저자의 연구가 선구적이라고 평가되고 있다. 물론 같은 주제에 대하여 일본인 연구자들에 의한 선행연구가 없는 것은 아니나. 그렇지만 저자도 밝히고 있듯이, 그들은 모두 日本史 입장에서 표류 문제를 다루고 있어서, 그것이 韓國史 속에

서 차지하는 의미에 대해서는 제대로 밝혀내지 못했다고 할 수 있다. 예를 들면 일본열도에 표착한 조선인 표류민들의 출신과 그들이 표류하게 된 배경, 그리고 조선정부의 표류·표착에 대한 인식과 조선인 표류민에 대한 처리 등에 대해서는 일본인 연구자들이 명쾌하게 해명하지 못하였다. 그에 반해서 저자는 조선인 표류민들의 해상활동에 대한 치밀한 분석을 통해 표류의 원인에 대하여 좀더 분명한 해석을 내리고 있을 뿐만 아니라, 조선정부의 표류민 인식과 대응 등을 '연안주민의 확보'와 '戶口의 안정'이라고 하는 측면에서 검토하고 있다. 이처럼 漂流·漂着과 漂流民의 송환 문제를 한국사 측면에서 본격적으로 다루었다는 점에서 저자의 연구가 갖는 의의가 매우 크다 할 것이다.

또한 韓日關係史 입장에서도 저자는 새로운 연구 업적을 내놓았다. 특히 표

류민의 送還에 따르는 '費用'과 송환을 둘러싼 '儀禮' 등의 문제가 關係史 측면에서 갖는 의미에 대하여 저자는 세밀한 분석을 하였다. 예를 들면 기존의 연구에서는 '비용' 문제만을 지나치게 강조하여, 임진왜란 이후 조선과 일본 사이의 표류민 무상송환 방식을 조일관계가 交隣이었음을 보여주는 기준으로 이해하여 왔는데, 이러한 무상송환은 조선-琉球 사이에도 존재했기 때문에, 그것이 조일관계에서만 보이는 독특한 특징이라고 말할 수는 없다는 것이다. 그렇기 때문에 송환에 따른 '비용' 문제만이 아니라, 송환을 둘러싼 '儀禮'의 문제도 함께 검토하지 않으면 안 된다고 하는 것이 저자의 주장이다.

저자의 분석에 따르면, 일본에 표착한 조선인 표류민을 송환하기 위해서 조선에 오는 對馬島 [對馬藩] 使者는 조선에서 조선국왕에 대한 숙배 [조공적 의례]를 치러야 했지만, 반대로 그들이 조선에 표착한 일본인 표류민을 송환해 갈 때는, 그들에게 어떠한 '의례' 문제도 제기되지 않았다는 것이다. 즉 '의례'는 오로지 일본에 표착한 조선인 표류민을 송환해 오는 대마번 사자에 대해서만 일방적으로 치러진 셈인데, 이것도 임란 이후인 조선후기의 조일관계에서 보여지는 독특한 특징이라는 점이다. 그 뒤 1872년 일본 외무성의 왜관 침탈 이후 이러한 복속의례는 폐지되었지만, 여전히 무상송환 원칙은 1876년 朝日修好條規가 체결될 때까지 지켜졌다는 것이며, 그렇기 때문에 송환비용 문제를 가지고 본다면 표류민 송환으로 상징되는 朝鮮後期 交隣外交는 1876년 이후에 '붕괴'되었다고 저자는 결론을 내리고 있다. 이 점은 1609년 己酉約條 체결 이후 재개된 조일간 교린외교가 변질·해체된 시점을 1872년으로 볼 것인지, 아니면 1876년으로 볼 것인지와 관련하여 매우 주목되는 점이다.

저자의 연구가 갖는 또 하나의 의의는 철저한 실증을 통해서 표류민 문제를 다루고 있다는 점이다. 이 책의 기초사료는 대부분 朝鮮王朝實錄과 '對馬島宗家文書'(이하 '종가문서')인데, 특히 많은 부분을 일본측 사료인 '종가문서'에 의존하고 있다. 잘 알려진 것처럼 '종가문서'는 일본의 근세 문체('くずし字', 'そうろう文')로 쓰여져 있어서, 국내 연구자로서는 전문적인 해독능력이 없는 한 이 사료에 접근하기가 여간 어렵지 않다. 그러나 저자는 일본 유학을 통해 문서에 대한 분석능력을 갖추었을 뿐만 아니라, 한국에서 유일하게 '종가문서'를 다량 소장하고 있는 국사편찬위원회에서 다년간 근무하고 있기 때문에, 표류민 문제를 푸는 중요한 열쇠의 하나인 '종가문서'에 쉽게 접근할 수 있었던 것이다.

2

『朝鮮後期 漂流民과 韓日關係』는 서장과 종장을 포함하여 제1부와 제2부로 구성되어 있다. 먼저 서장에서는 漂流民이 역사연구의 대상으로 등장하게 된 배경 설명에서 시작하여, 지금까지의 국내외 연구성과, 선행연구의 문제점, 그리고 저자의 문제의식 등에 관한 서술이 담겨져 있다. 그런데 주목되는 것은 지금까지의 연구(주로 일본학계의 연구)처럼 '지역'이나 '변경'·'민간교류'라는 시각이나 관점만으로는 한일관계사의 다양한 측면이 해명될 수 없다는 저자의 지적이다. 이러한 인식 속에서 저자는 기존의 연구와는 달리, 朝鮮社會의 特性이나 必要, 더 나아가서는 朝鮮政府의 對內外政策 측면에서 표류민 문제를 소재로 한일관계사를 재조명하고 있다.

제1부「표류민송환체제와 朝日 交隣」에서는 조선시대 전반에 걸쳐 표류민의 발생과 송환에 관한 제도적 고찰이 중심을 이루고 있다. 제1장 '朝鮮前期 표류·표착에 대한 조선의 인식과 표류민 송환'에서 저자는 조선(조선정부)이 연안지역의 戶口確保와 倭寇問題와 관련시켜 표류·표착문제에 대응하고 있었음을 밝혀냈다. 그와 동시에 朝鮮-日本間의 표류민 송환은 朝鮮과 倭 사이의 외교관계와 무관할 수도 없었기 때문에, 결과적으로 조선인 표류민의 송환은 15

세기 중엽에, 그리고 일본인 표류민의 송환은 16세기 중엽에 이르러서야 비로소 안정되기 시작했다고 저자는 보고 있다.

제2장 '朝鮮後期 연안 주민의 일본 표착과 조선의 대응'에서는 조선인의 표류·표착사고가 주로 연안지역간의 商品流通이나 出漁 등을 배경으로 하여 발생한 점, 조선정부가 일본에 표착했다가 귀국한 조선인 표류민에 대해서는 비교적 관용을 베푼 반면 표류민 발생을 방기한 지방관에 대해서는 상대적으로 엄격하게 대처한 점 등을 규명함으로써, 저자는 표류민 송환문제를 朝鮮政府의 地方統制政策이라고 하는 측면에서도 파악하고 있음이 돋보인다.

제3장 '朝鮮後期 표류민송환체제와 대일본관계」에서는 1640년대 일본 幕府의 대외관계 독점 이후 표류민의 송환절차나 경비 등 시스템이 朝鮮後期에 들어와 달라지는 점에 대하여 소개하고 있다. 또 표류민 송환을 위해 조선에 내왕하는 대마번 漂差倭에 대한 조선정부의 접대가 조선전기와 같은 무역적 대응이라기보다는 외교적 차원의 交隣儀禮 정비에 치중한 것이며, 그 결과 조선후기의 표류민 송환이 前期보다도 더욱 안정적으로 이루어질 수 있었다고 저자는 주상하고 있다.

제4장 '조선후기 일본인의 조선 표착과 송환'에서는 조선에 표착한 일본인들

192

이 어떠한 대우를 받으면서 어떤 절차를 거쳐 일본에 송환되었는지가 '종가문서'라고 하는 제1차 사료에 근거하여 실증적으로 분석되고 있다. 일본에 표착한 조선인의 경우와 달리, 조선 표착 일본인의 송환은 대마번이 使者를 세워서 일본에 송환하였을 뿐, 조선이 사자를 붙여 호송하는 등의 외교의례는 없었다는 것이 저자의 분석이다.

제5장 '개항전후 일본의 정치적 변동과 표류민 송환체제의 변질'에서 저자는 1868년 일본의 明治政府 수립 이후 일본의 조선인 표류민 송환 실태에 대한 검토를 통해 조·일 통교의 변화를 고찰하고 있다. 1872년 일본의 왜관 침탈 이후 前近代的인 통교관계가 단절되었다고 주장하는 학계 일부의 견해와 달리, 저자에 따르면 1872년 이후에도 '舊幕府時代의 舊態'가 유지되고 있었다고 한다. 즉 일본의 메이지정부 수립 이후 조·일 양국 漂流民의 送還에 관한 約條의 체결이 1876년 朝日修好條規에 의해서 마침내 이루어지게 되므로, 그 이전까지 전통적인 交隣外交體制의 '변질'은 인정되지만 그것이 '붕괴'까지는 이르지 않았다고 저자는 주장한다.

한편 3개의 장으로 구성된 제2부 「조선후기 표류민 송환을 둘러싼 조·일 교섭과 교린의 실태」에서는 표류민 송환시 발생하는 사고나 마찰, 그리고 적폐를 둘러싼 조선측의 대일외교와 대마번

의 교섭형태를 중심으로 양국간 교섭의 특징을 살피고 있다. 제1장 '1682년 표류민 '順付'송환과 대마번'에서는 1682년의 漂流民 順付送還을 소재로 하여 조·일의 입장을 분석하고 있는데, 특히 표류민의 송환과 관련된 경제적 측면을 주요 대상으로 삼고 있다. 제2장 '18세기 중엽 일본 표선에 대한 '雜物'지급과 조·일 교섭경로 왜곡'에서는 대마번의 표착 선박에 대한 조선측의 雜物支給 실태를 분석하면서, 대마번이 그들의 경제적 이익을 증대시키기 위하여 조선과의 외교교섭 경로를 왜곡시킨 사례를 실증적으로 밝혀냈다. 그리고 제3장 '일본에서의 조선인 표류민 송환사고와 '선린우호'의 실태'에서는 일본열도에 표착한 조선인들의 송환 과정에서 발생한 마찰과 갈등, 그리고 그것을 대마번이 수습해가는 과정에 대한 분석을 통해, '선린우호'로 상징되어 왔던 교린관계가 반드시 평화 일변도만은 아니었음을 밝혀냈다. 뿐만 아니라 대마번에 의한 사태 수습이 사실의 은폐·축소, 조선의 말단 관리들과의 유착을 통해 해결되는 일이 적지 않았는데, 이러한 교섭 스타일은 결국 일본의 明治政府 초기 조·일 통교 개편시 악재로 작용하였을 것이라고 저자는 결론짓고 있다.

마지막 종장에서는 본론에 해당하는 제1부와 제2부의 내용에 대한 요약과 함께, ① '居民'의 실체라든가, ② 대마번

사자의 조선국왕에 대한 복속의례의 외교상의 의미, ③ 의도적인 표류를 뜻하는 '故漂'와 전근대 동아시아 국가에서 공통적으로 보이는 '海禁'과의 관련성, ④ 조선측 역관의 경제적 궁핍과 대마번과의 유착관계 등 저자가 앞으로 좀 더 세밀하게 고찰하고자 하는 연구과제가 제시되어 있다.

3

이상이 『朝鮮後期 漂流民과 韓日關係』에 대한 평자의 이해이다. 저자의 연구결과에 대한 비평의 임무를 부여받은 평자로서 다음 몇 가지 문제점을 제기하고자 한다.

첫째 저자는 표류민 문제를 조선 내부의 정치경제적 상황과 연결시켜 파악함으로써 연구수준을 한 단계 끌어올렸을 뿐만 아니라, 그것을 한일관계사 연구로까지 확장시킨 점이 돋보인다. 예컨대 저자는 그간의 표류민 연구성과를 토대로 하여 조선시대 한일관계사의 시기를 구분하면서, 15세기 중엽부터 18세기 중엽까지를 '間接通交體制'로, 그리고 18세기 중엽 이후를 '直接通交體制'로 규정하고 있다. 이것은 종래의 연구가 일본의 明治政府 등장 시기에 해당하는 18세기 중엽 이후를 '一元的' 외교체제로(A), 그리고 그 이전의 前近代 한일관계를 '多元的' 외교체제로(B) 구분하고 있으며, 다시 전근대 한일관계를(B) 임진·정유왜란을 기점으로 하여 그 이전을 대마번을 비롯한 九州의 여러 지방세력에 의한 '중층적' 외교체제로(B-a), 그리고 임란 이후 대마번에 의한 '독점적' 외교체제로(B-b) 구분해 온 것과 배치되는 결과이다. 18세기 중엽의 이른바 근대 이전까지는 한일관계가 조선정부와 일본정부 사이에 대마번(혹은 기타 九州의 여러 세력들)을 매개로 하여 '間接的'으로 이루어진 데 반해서, 그 이후는 양국의 중앙정부 사이의 '直接的'인 관계로 바뀌게 되었음을 두고 저자가 이러한 시대구분과 성격규정을 내린 것으로 보인다. 그러나 종래의 연구가 어떤 점에서 성격규정을 잘못하고 있으며, 그것이 저자의 성격규정과 어떤 점에서 근본적으로 차이가 있는 것인지 저자는 명확하게 밝히고 있지 않다. 저자 역시 조선시대 표류민 문제를 전기와 후기로 나누어서 고찰하고 있는 데서 알 수 있듯이, 오히려 종래 연구가 전근대 한일관계를 전기와 후기로 구분하여 시대적 성격 차이를 좀 더 분명하게 제시하고 있다는 점에서 기존의 시기구분과 성격규정이 여전히 유용하지 않을까 생각된다.

둘째 저자는 조선시대 표류민 송환을 전기와 후기로 구분하면서, 朝鮮前期 조선인 표류민 송환은 15세기 중엽에, 그리고 일본인 표류민 송환은 16세기 중엽에 안정된 점을 들어서 양국간 표류민

송환의 안정성이 상호 불균형을 이루고 있었다고 결론짓고 있다. 다만 평자가 의문을 제기하고자 하는 것은 저자가 들고 있는 '변경문제'와 '외교문제'의 개념이 명확하지 않다는 점이다. 倭寇(raiders)가 평화적인 通交者(traders)로 轉化되었다고는 하지만, 15세기 중엽까지만 하더라도 이른바 왜구문제가 완전하게 종식되지 않아, 여전히 조선측이 일본인의 표류·표착사고를 '변경문제'로 인식하고 있었다는 조선측의 사정을 저자는 일본인 표류민의 불안정한 지위의 배경으로 지적하고 있다. 평자 역시 이러한 해석에 동의한다. 다만 저자가 말하는 '변경문제'라고 하는 것이 '군사문제'를 이름인지, 그렇다면 그것이 개념적으로 '외교문제'와는 어떤 차별성을 갖는 것인지가 명확하지 않다는 것이 평자의 생각이다. 어느 시기이든 공해나 자국의 영해에서 표류·표착사고가 발생하면 일단 그 문제를 자국의 '국방문제'(혹은 '海防問題')와 결부시켜 보지 않을 수 없을 것이다. 삼면이 바다로 둘러싸인 조선의 경우도 예외는 아니었을 것이다. 따라서 일본인 표류민의 안정적 송환이 이루어진다고 하는 朝鮮後期에도 조선정부는 표류·표착사고의 발생을 '국방문제'와 무관하게 다루지는 않았을 것으로 생각된다. 이렇게 본다면 일본인 표류민 송환의 안정성 문제는 좀 더 명확한 개념으로 설명되어야 하지 않을까 하는 것이 평자의 생각이다.

셋째 저자는 서장에서 표류민 문제가 역사연구의 관심사로 등장하게 된 배경에 대하여 국내외 학자들의 연구방법론과 주장들을 자세하게 설명함으로써, 표류민 문제에 대하여 깊은 이해가 부족한 일반인들에게도 크게 도움을 주고 있다. 특히 국내 연구자들 사이에서 논란을 일으키고 있는 일부 일본인 연구자들의 '地域·邊境·海民'의 시각에 대하여, 저자는 그것을 '부정하지는 않는다'고 하면서도, 그것이 한국사 속에서 구체적으로 어떻게 수용될 수 있는지에 대하여 설명을 하지 않고 있다. '한국의 관점에서 중세나 근대를 전망해 볼 수 있는 논리를 찾아낼 필요가 있다'는 점을 저자가 인정하고 있지만, 저자의 저서를 통해 이 점이 명쾌하게 밝혀지지 않은 점은 평자가 크게 아쉬워하는 부분이다. 저자의 치밀하고도 방대한 실증분석의 연구성과가 더욱 빛을 발휘하기 위해서는 그것을 理論化하는 작업이 요구되기 때문이다. 저자의 앞으로의 연구를 기대하는 바이다.

평자의 편협한 시각과 이해력 부족이 저자의 연구가 가지는 학문적 의의를 손상시킬 수 있음을 염려하면서도 평자가 감히 이상의 몇 가지 문제점을 제기한 것은, 국내 연구자 중 朝鮮時代 漂流民 문제의 선구자라 할 만한 저자의 위치와 학문적 깊이에 대한 기대감을 가지고 있기 때문으로 이해되길 바랄 뿐이다.

한일 관계사의 양상

인쇄일 초판 1쇄   2000년 10월 20일
         2쇄   2016년 04월 10일
발행일 초판 1쇄   2000년 10월 25일
         2쇄   2016년 04월 18일

지은이 한일관계사학회
발행인 정 찬 용
발행처 **국학자료원**
등록일 1987.12.21, 제17-270호

서울시 강동구 성내동 447-11 현영빌딩 2층
Tel : 442-4623~4 Fax : 442-4625
www. kookhak.co.kr
E- mail : kookhak2001@hanmail.net
ISBN 978-89-8206-531-6 *93910
가 격 10,000원

★저자와의 협의 하에 인지는 생략합니다.